U0725354

大学生就业指导

微课版

王仁伟 贾杏◎主编

薛书彦◎副主编

人民邮电出版社

北京

图书在版编目（CIP）数据

大学生就业指导：微课版 / 王仁伟，贾杏主编. --
北京：人民邮电出版社，2022.5
高等职业院校新形态通识教育系列教材
ISBN 978-7-115-57484-8

Ⅰ. ①大… Ⅱ. ①王… ②贾… Ⅲ. ①大学生－就业
－高等职业教育－教材 Ⅳ. ①G647.38

中国版本图书馆CIP数据核字(2021)第255270号

内 容 提 要

  本书详细介绍了大学生在就业过程中可能遇到的问题及相应的应对措施，同时对我国有关就业的政策进行了解读。本书主要内容包括大学生就业形势与政策解读、大学生就业准备、大学生就业心理调适、大学生就业信息收集、大学生求职材料制作、大学生求职应聘技巧、大学生就业陷阱防范、大学生就业权益与保障、职场礼仪和职业适应等内容。

  本书不仅知识全面，而且穿插大量案例可供学习、参考，有利于引导大学生树立正确的就业目标，合理规划自己的职业理想。章末提供了课后思考与练习，供读者巩固所学知识。

  本书可作为高等院校大学生就业指导课程的教材，还可供有志于确立自己的人生规划、提高自己的就业能力的广大青年阅读。

◆ 主　编　王仁伟　贾　杏
　　副 主 编　薛书彦
　　责任编辑　楼雪樵
　　责任印制　王　郁　彭志环

◆ 人民邮电出版社出版发行　　北京市丰台区成寿寺路 11 号
　　邮编　100164　　电子邮件　315@ptpress.com.cn
　　网址　https://www.ptpress.com.cn
　　三河市中晟雅豪印务有限公司印刷

◆ 开本：787×1092　1/16
　　印张：12.75　　　　　　　　　2022 年 5 月第 1 版
　　字数：268 千字　　　　　　　2025 年 8 月河北第18次印刷

定价：46.00 元

读者服务热线：(010)81055256　印装质量热线：(010)81055316
反盗版热线：(010)81055315

前　言
PREFACE

　　党的二十大报告指出，实施就业优先战略。强化就业优先政策，健全就业促进机制，促进高质量充分就业。就业是当前社会面临的挑战，特别是随着高等教育的普及，高校毕业生不断增多，据教育部官方数据，2022 届全国普通高校毕业生总规模预计达 1076 万人，同比增加 167 万人，促进就业的任务将更加重要。

　　大学生就业指导是社会职业指导工作的重要组成部分，也是高校完成高层次专门人才培养社会责任的重要环节。大学生就业指导课程的目的在于帮助大学生客观地认识自我，了解职业概况和社会需求，了解国家现行的就业政策，确定职业发展方向，树立正确的择业观，最终指导和帮助大学生顺利就业，并为今后的职业发展奠定良好的基础。

　　为了进一步响应国家号召，同时完善大学生职业生涯规划指导和毕业生就业工作，提高大学生就业质量，从而更好地面对当前的就业形势，我们本着实用、新颖、贴近大学生实际的原则编写了本书。

　　本书的内容具有以下特点。

　　第一，立足实际，提供全方位的就业指导。本书对大学生就业需要具备的能力、心理素质、求职应聘技巧、陷阱防范意识、职场礼仪等方面进行了全面阐述，引导大学生树立团队合作意识、角色转换意识，提高自主就业能力。本书还根据目前大学生就业环境的变化趋势，从就业心理调适、就业权益与保障、职业适应等方面进行阐述，帮助大学生提高辨别能力、维权能力和职场适应能力。

　　第二，案例教学，以学生为中心。本书每章以案例导入，引出本章的内容，在正文中穿插大量求职案例、就业案例、职场案例。这些案例通过模拟或重现现实生活和职场中的一些场景，引导大学生把自己放入场景中，通过切身感受，启发大学生积极主动地学习和判断事物，在丰富自己知识面的同时获得经验、教训和感悟。

第三，内容讲解全面，拓展知识丰富。本书全面讲解了大学生就业的专业知识、技能与人文素养，并在讲解过程中提供了知识链接小栏目和拓展知识，读者通过扫描二维码可学习拓展知识，拓宽自己的视野。

第四，配套教学资源丰富。本书提供了丰富的教学资源，包括 PPT 课件、教学大纲、教案和题库软件等。读者可通过访问人邮教育社区（www.ryjiaoyu.com），搜索本书书名免费下载。

本书由王仁伟编写第一章、第九章，薛书彦编写第二章、第六章，张云岗编写第三章、第五章，贾杏编写第四章、第八章，冯果果编写第七章、第十章，胡雪梅作为编者，参与教材的整体涉及、规划、调研及编写人员培训工作，协助主编对教材整体框架、内容、案例及思政元素进行把控，并参与教材的审阅、出版工作。尽管编者在编写过程中始终保持严谨、认真的态度，但由于水平有限，书中难免有疏漏和不足之处。广大读者在使用过程中若发现问题，敬请批评指正，以便我们修订、改正。

编　者

2022 年 11 月

目 录
CONTENTS

第一章
大学生就业形势与政策解读

01

随着我国综合国力的不断提升，教育事业稳步发展，越来越多的人有机会接受高等教育，因此，大学毕业生的人数也在逐年增多，就业就成了绝大多数大学生在毕业前必须面对的一道题。那么目前大学生的就业形势如何？我国政府出台了哪些促进大学生就业的政策？本章就介绍这些大学生关心的就业问题。

学习目标

◆ 了解大学生就业指导的含义、目标、原则和主要内容。

◆ 了解目前大学生就业的形势和趋势变化。

◆ 熟悉当前我国政府出台的促进大学生就业的主要政策。

🔀 案例导入

小王是某大学金融学专业的应届毕业生。她参加了多场学校和用人单位组织的招聘会，搜罗了各种适合自己专业的岗位，简历也投了很多份。一开始她打算去银行、证券、保险行业谋求职位，可求职的人实在太多，除了大量的应届毕业生外，还有很多往届毕业生，甚至还有具有数年工作经验的"职场老人"。小王觉得自己优势不明显，难以竞争过其他对手。

一次，小王了解到，自己所在的学校在国家"三支一扶"的政策指导下，有一项与某农业大省对接的支农活动，需要一名金融或财务专业的应届毕业生。小王认为，这项活动正好可以帮助自己丰富实践工作经验，也能锻炼沟通和交际能力。老师向她推荐了这条就业途径后，建议她先到基层锻炼一段时间，在提高了自己的实践能力和就业技能之后，再回到城市中重新就业。

【案例小贴士】

从以上案例可以看出，在目前的就业形势下，大学生应该注意到，在同等学力水平的基础上，提高个人素质和能力尤为重要。另外，要想保证自己在毕业生群体中有较强的竞争力，就需要认真分析当前的就业形势，熟悉国家和地区出台的促进大学生就业的政策，灵活就业。

第一节　大学生就业指导概述

大学生就业是大学生从校园进入社会的必经之路，需要大学生摒弃空想，脚踏实地地在现实中谋求发展。因此，大学生需要在就业前获得一些理论和实践上的指导，以解决就业中存在的各种问题，明确职业生涯的方向，奠定成功就业的基础，最终实现轻松就业。下面就通过介绍大学生就业指导的含义、目标、原则和主要内容，帮助大学生了解就业指导的相关知识。

一、大学生就业指导的含义

就业是劳动者与生产资料相结合，从事一定的社会劳动并取得劳动报酬或经济收入的活动。大学生就业则是大学毕业生通过一定方式，根据社会需要和自身具备的条件，参加工作，从事经济或其他有益于社会的劳动。

人需要通过工作实现自己的价值，从而满足自己生活的需要，并在一定程度上为社会做出贡献。因此，大学生应尽可能选择最能发挥自己才能的职业，将生产资料和工作岗位全面、迅速、有效地结合在一起，而为实现这种结合进行的促进或优化工作就是就业指导。

扫码看微课

认识职业与行业

大学生就业指导也可称为大学生求职择业指导。从狭义的角度来看，大学生就业指导是指向求职择业的大学生传递就业信息，帮助其求职和择业，为其与职业的结合牵线搭桥；从广义的角度来看，大学生就业指导是为大学生选择职业、准备就业以及在职业中求发展、求进步等提供知识、经验、技能和指导。另外，大学生就业指导的含义还应该包括大学生就业政策导向和与之相适应的思想工作等内容。

二、大学生就业指导的目标

只有确立了明确的目标和发展方向，才能实事求是地朝着目标努力。因此，有效的大学生就业指导不是简单制定一个宏大的目标，而是制定一个切实可行的目标，并且这个目标可以随环境、大学生个人就业技能的变化而适时调整、修正。高校大学生就业指导工作一方面是为提高大学生的素质和帮助大学生顺利就业提供多方面的服务；另一方面是帮助和引导大学生根据自身特点和社会职业的需要，选择最能发挥其人生价值和社会价值的职业岗位，使其与生产资料、工作岗位全面、迅速、有效地结合。大学生就业指导的目标主要有以下几个方面。

（一）帮助大学生树立积极向上的就业观念

有效的大学生就业指导可以帮助大学生重新定位自己的个人价值和社会价值，树立积极向上的就业观念，并引导大学生学会评估个人目标与现实之间的差距，学会如何运用科学的方法、采取可行的步骤和措施，不断增强自己的就业竞争力，最终实现就业目标。

就业观念是指大学生对职业选择的基本看法，是大学生对自己未来从事职业和发展方向的基本认识和态度。指导、帮助大学生树立积极向上的就业观念对大学生求职、择业和就业准备有直接影响，特别是会影响大学生的职业选择。每个大学生从学校进入社会，从校园生活步入职场生活，人生态度和价值观都会经历一次考验。大学生在择业时，要着重处理好以下3种关系。

1. 谋生与事业的关系——事业为重

大学生就业、择业时应重点平衡谋生与事业之间的关系。一些工作多年的职场人士通常把就业作为谋生的手段，但对于大学生来说，就业不仅仅是为了谋生，更重要的是把自己从事的职业融合在事业中，树立积极向上的工作目标。

2. 奉献与索取的关系——奉献为重

任何人就业都希望通过自己的劳动获取一定的报酬；与此同时，个人也需要为社会的发展和进步、国家的安定和繁荣做出自己的贡献，这同样也是大学生的社会责任。从这个意义上讲，在就业指导的引导下，大学生需要树立奉献重于索取的就业观。

3. 发展与眼前的关系——发展为重

大学生就业通常希望职业生涯有一个比较高的起点，或者通过职位能直接获得较丰厚的物质酬劳。但现实工作中没有那么多符合大学生预期的用人单位，这就需要通过就业指导来调整大学生就业时的思想观念。高起点容易限制职业生涯的上限，丰厚的物质酬劳容易磨灭初入社会的大学生的工作热情和斗志。所以，在就业指导的引导下，大学生需要树立发展重于眼前的就业观。

（二）帮助大学生选择适合自己的职业

当代大学生就业是一个双向选择的过程，一方面是大学生对用人单位的选择，另一方面是用人单位对大学生的选择。大学生就业通常需要根据自己的条件、兴趣爱好、对不同职业的不同看法，以及该职业的社会地位、劳动报酬、福利待遇、工作环境、工作条件及工作地点等，挑选适合自己的就业岗位。对于进行了多年知识积累和就业培训的大学生来说，选择职业与实现人生目标紧密相连，职业选择会直接影响其工作的积极性，甚至会在一定程度上影响大学生在以后的职业生涯中能否为国家、社会做出贡献，以及个人生活是否幸福。大学生就业指导可以引导大学生遵循职业选择原则，做好职业选择。

大学毕业生通常都是初次就业者，对就业的许多内容、方式、流程和操作都不熟悉、不了解，甚至十分陌生。有些大学生在就业过程中在主观上可能存在自视过高、主观期望值偏高，以及看问题片面、绝对、理想化等问题。大学生就业指导能够帮助大学毕业生在正确的人生价值观、良好的道德准则和行为规范的基础上选择职业并获得成功。

（三）促进大学生学习实践的自主性

大学生就业指导通常能帮助大学生确立自己的就业目标，不断鼓励和督促大学生向这个目标努力，并且使大学生相信自己能够实现该目标。在大学生制定就业目标后，大学生必将根据这一目标主动制订自己大学阶段的学习和能力培养计划，发挥自身的主动性，更加孜孜不倦地学习知识，充实自己，完善自我，使整个大学阶段的学习和生活由被动变为主动。例如，大学生如果希望自己毕业后去政府机关工作，那么在大学期间就要主动加强自身的政策理论水平修养，加强个人口头表达能力和文字处理能力的训练；如果毕业后想从事营销工作，则应注重培养自己的市场分析及预测能力和应变能力。在努力达到目标的过程中，大学生就会集中精力、心无旁骛地投入其中，建立一种自我激励机制，即使遇到困难和挫折，也会全力以赴地去克服，真正从内在方面激励自己的成才愿望和成才行为。

（四）促进大学生发展与成才

大学生就业指导能帮助大学毕业生找到一个适合自己的工作岗位，从而激发大学生热爱工作、努力向上的热情，为将来的发展和成才创造条件、打下基础。大学生学习了更多的知识和文化，其就业的目的不应仅仅局限在衣食住行方面。大学生更应关注的是职业是否有很好的发展，自己未来是否能成为栋梁之才，能否为社会和国家做出一定的贡献等。通过职业实现自己的人生价值才应该是大学生对就业的最大期望，这在一定程度上影响大学生就业的职业选择。

在就业时，大学生如果能选择与自己的兴趣、能力和特长相吻合的职业与职位，就会努力向上、快速成长。而如果就业时大学生选择自己不熟悉且无法胜任的职业职位，就可能会在失意中沉沦。大学生就业指导能帮助大学生明确选择职业的方向，不过多考虑职业能带来多大利益，而去选择最能使自己全力以赴的职业，选择最能使自己的品格和长处得到充分发展的职业。

（五）实现人才资源的合理分配

影响大学生职业选择的因素有很多，包括职位高低、薪酬待遇、单位性质、地理位置、工作条件和企业规模等。而对于用人单位对人才的迫切需求程度、人才分配对社会影响的重要程度，以及个人能力匹配程度等因素，大学生则考虑得较少。在"双向选择"的就业政策下，一部分大学生盲目崇拜大城市、大企业和三资企业。在从众、攀比等错误就业心态的影响下，就业过程中地区流向和单位流向失衡，急需人才的地区和求贤若渴的单位难以引进人才，出现人才资源配置的问题。而大学生就业指导能够解决这一问题，因为大学生就业指导具有科学和强大的"导向"作用，能够帮助、引导大学生正确选择职业、职位，实现人才资源的合理分配。

（六）促进教育改革和提升学校的声誉

高等院校的主要工作是为社会培养和输送人才。如果某个大学的应届毕业生就业率很高，而且能够符合用人单位的要求，并在岗位上做出很好的成绩，且具有很高的社会声誉，那么这种现象就会反过来提升该大学的声誉，给予该大学正面、积极的影响，通常该大学的毕业生就会受到用人单位的欢迎，报考该大学的人就会增多，招生质量也会提高，从而有利于大学生的培养。培养的大学生的素质好、能力强、社会适应性强，又会反过来推动就业工作的顺利开展，形成一种良性循环，这也是大学生就业指导的重要作用之一。

三、大学生就业指导的原则

大学生就业指导应帮助大学生顺利步入职场并走向成功，因此，需要引导大学生在就业的过程中把握职业选择的方向，切忌随意而为。大学生在择业时必须遵循一定的原则，才能科学地制订就业规划。下面介绍大学生就业指导的基本原则。

（一）相适应原则

随着社会的发展，岗位的数量和需求也会发生改变，有的新兴行业带来了新的岗位，也有的岗位可能会自然消亡。因此，就业指导老师在进行大学生就业指导的时候，一定要分析社会需求，必须把社会需求与个人愿望有机结合，这样才能顺利实现大学生的职业目标。

案例　投身新兴行业，创造新的价值

小刘是某高职院校大数据技术与应用专业的学生，他的专业成绩很不错。有一次，小刘被老师推荐参加一个大数据峰会。在这次峰会中，小刘不仅和天南海北的高手切磋交流，还意外地与人工智能结下了不解之缘。人工智能是计算机领域的前沿科学，在近几年得到了广泛的发展和应用。小刘一接触人工智能就被深深吸引了，他认为人工智能是未来的方向，是真正能改变人类生活的技术。在和其他与会人员的交流中，小刘了解到我国人工智能还处在起步阶段，潜力非常巨大，而从业者较少。小刘当即决定更深入地学习与人工智能相关的知识，以便将来投身这一领域。

毕业之际，小刘主动寻找人工智能领域的相关岗位，最终顺利进入了一家科技企业担任大数据开发工程师。虽然事业才刚刚起步，但小刘相信凭借自己的专业知识和不断钻研的精神，一定能在这个行业有所收获。

【启示】大学生在择业时切不可单单关注当下的热门行业和岗位，而应该放眼未来，使自己的职业选择适应社会的发展变化。

（二）目标导向原则

大学生就业指导需要首先为大学生制定一个就业目标，目标导向原则是大学生进行职业生涯发展规划的首要原则。在职业生涯发展上，大学生只要不放弃目标，每一次挫折、每一次失败都是有价值的。大学生设定就业目标是十分重要的。一般而言，就业目标的制定原则如下。

（1）目标要明确。目标要有针对性，主要解决的问题要明确。

（2）目标要具体。目标要有具体的衡量标准，如实现目标的准确期限、有关的约束条件等。

（3）目标要系统。全面考虑规划目标在生涯发展中的主次、先后关系，建立起层次结构分明的目标体系。

（4）目标要切实可行。目标应依据个人的能力、所处环境、某些不确定因素的影响等来制定，避免制定一些不太现实甚至纯粹空想的目标。

（三）相匹配原则

个人职业规划与个人专长相结合，实际上就是要在规划职业道路时，充分发挥自身优势，人尽其才，物尽其用。每一个行业，对从业者都有共性的能力素质要求，或是在某一专项上有较高的要求。例如，外贸行业要求有较好的外语听说能力。大学生要对自身能力与素质充分分析后再正确地确定职业目标。

一般来说，大学生的专长与专业关系密切，因此个人规划与个人专长是否匹配的评判标准之一是职业目标与专业是否对口，但这也并非绝对。例如，法律专业的大学生擅长管理；会计专业的大学生擅长营销等。因此，大学生只有从自身实际出发，衡量比较出自己的专长才是最重要的。以专业代替专长，在求职时一味局限在所学专业对应的行业里来确定自己的职业目标有时会适得其反。

> **案例** **专业对口是不是就业的唯一方向**
>
> 王静是某职业技术学院会计专业的应届毕业生，她的目标是毕业后进入知名企业从事会计工作。她认为知名企业不仅待遇较高，而且工作比较稳定。为此，她努力学习，读书期间成绩也很理想，还拿过两次奖学金。从大三开始，她就陆陆续续向各企业投递简历，并参加各种现场招聘会和网络招聘活动。投出的简历也有近百份，但很少有回复，只有几家公司通知她面试。虽然最后有两家公司愿意录用她，但她觉得这两家公司提供的职位与自己的专业不对口，所以一一拒绝了。王静心想，自己学了几年的会计，到头来放弃专业，岂不浪费了这几年所投入的人力、物力和财力？
>
> 【启示】大学生就业指导要遵循相匹配原则，大学生在选择职业职位时要结合市场需求和个人专长，适时进行择业的调整，做好职业规划。专业对口固然好，但是学校培养学生，除了专业课，还有各种辅修课，能够帮助大学生提高综合素质。当专业与职位发生冲突时，大学生可以找与自身所学专业相近的职位，也可以结合自身的特点和优势，来寻找既能发挥个人专长，又能在一定程度上发挥专业优势的职业，把眼光放长远一点，先就业，后择业。

（四）实践性原则

大学生就业指导的本质在于指导大学生自身的就业实践。如果没有积极的实践，就业规划就会变得毫无意义。确定了职业目标，就应为之不懈努力。坚持就业指导的实践性原则，在制订就业规划时，大学生就能客观地审视内外条件、清醒地认识自我、敏锐地感知社会需求，从而"量身定做"出切实可行的就业规划。

四、大学生就业指导的主要内容

大学生就业指导的主要内容其实就是根据大学生自己的职业倾向，为其确定职业奋斗目标，并帮助大学生为实现这一目标做出行之有效的安排。大学生就业指导主要包含以下内容。

（1）就业的规划年限、个人的年龄跨度、就业的起止日期。

（2）职业方向及总体目标。

（3）对经济环境、法律环境、政治环境、职业环境等社会就业环境的分析。

（4）对即将从事行业的分析，若有目标企业，可分析该企业的制度、企业文化、领导、企业产品和服务、未来发展领域等。

（5）对目标职位的分析，包括职位高低、竞争激烈程度、能力要求等。

（6）大学生个人素质及潜力测评结果。

（7）对大学生职业生涯影响较大的一些人的建议。

（8）就业目标分解及目标组合。

（9）大学生个人实际情况与实现就业目标之间的差距。

（10）缩小差距的方法及实施方案。

第二节　大学生就业形势分析

大学生就业指导中的环境分析、行业和企业分析、职位分析这些主要内容归纳起来其实就是对大学生就业形势的分析。就业形势通常反映一段时间内就业市场的整体趋势，大学生就业前应该先对当前的就业形势有清晰的认识，以帮助自己做出正确的择业判断。

一、大学生就业形势

近几年来，我国大学应届毕业生的人数逐年上升。近 10 年高校毕业生人数如图 1-1 所示。

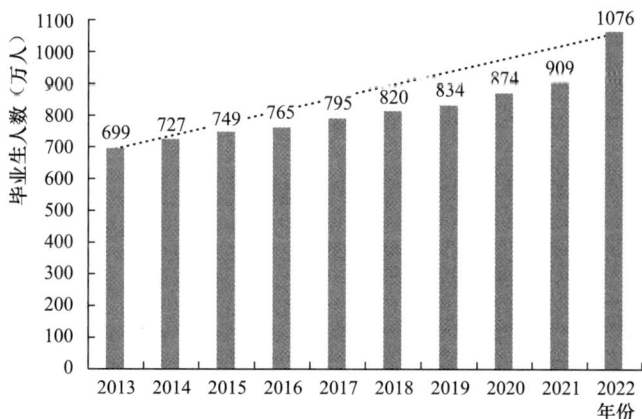

图 1-1　近 10 年高校毕业生人数

2022 届高校毕业生规模预计 1076 万人，同比增加 167 万人。不包括城镇待业人员和海外学成归来的学子，高校毕业生就业人数就已突破了千万。下面对就业形势受经济发展形势的影响和大学生的就业环境进行介绍。

（一）大学生由"精英"迈向"大众"

近年来，随着经济和各项事业的不断发展，我国高等教育模式已从传统的精英化模式向现代的大众化模式转变。在"大众化教育"阶段，接受高等教育成为多数人的权利，因此，与"精英教育"阶段相比，大学生不再是"宠儿"了，一样要公平地参与社会竞争，双向选择，自主择业。

扫码看微课

大学生就业形势

（二）大学生就业市场从"卖方"步入"买方"

在"精英教育"阶段，高校毕业生供给小于社会需求，大学生处于"卖方市场"。但是当高等教育迈向"大众化教育"阶段时，大学毕业生紧缺的时代一去不复返，大学毕业生与市场需求逐渐呈现"供需平衡"，甚至"供大于求"的状态。此时，大学生就业基本趋于市场化，价格机制在就业市场的调节作用越来越大，在今后很长的一段时间内，高校毕业生将处于"买方市场"。

> **知识链接**
>
> 大学生必须清楚地意识到，就业机制已向市场化、网络化转变，不能再像以前那样被动或消极地等待机会的来临；而应主动出击，通过各种渠道，如学校的就业信息网、各大网络招聘平台、企业的官方网站、本地人才市场等，寻找就业机会。

现在，大学毕业生层次间的较量是一个较明显的趋势，同层次、同专业毕业生的培养质量和特色竞争将格外激烈。当前，就业市场呈现新的态势，职业供求产生波动，原有的需求降低，新的需求不断产生，因此，更需要大学生凭借自己的综合能力和特长来适应职场竞争。

案例

不能好高骛远，应把握当下

小郭是某大学市场营销专业的学生。临近毕业时，当地一家知名企业来学校招聘。听闻这个消息后，除了几个已经找到不错工作的学生外，几乎整个市场营销专业的学生都参加了这场招聘会，就连其他专业的同学也来参加。最后，这家企业只挑选了小郭所在班级的 3 名学生。

后来，陆续有一些企业来学校招聘，但每次对市场营销专业都只招聘两三个人，甚至有时还要求有相关实习经历。小郭总结了一下，来学校招聘市场营销专业学生的总人数在 20 人左右，是他们班级人数的三分之一。慢慢地，小郭放低了对于企业性质、薪酬的要求，终于找到一份工作。恰好有一位和他同专业的师兄也在该单位工作，他们成了同事。聊起当前大学生的就业情况，这位师兄不禁慨叹：大学生的总量是一年多于一年，远远超过了市场需要。

【启示】从以上的案例中可以看出，在就业竞争中，大学生要客观分析个人的条件，不要好高骛远。任何一项工作都要有人去做，只要努力加用心，任何一项工作都可以做得非常出色。不要太在意企业的性质、福利这些客观因素，最重要的是找到一个适合自己发展的平台。

（三）用人标准由"重学历"转向"重能力"

现在，各类企业和机构在招聘时，首先看重的是求职者的能力和学识水平，学历高低仅作为参考，不是硬性指标。如果学历和能力都不符，想找到一份满意的工作就比较困难。为了寻求一份满意的工作，大学生应在提高自身的能力水平上下功夫。

（四）就业形式由"单一"走向"多样"

高等教育逐渐步入大众化发展阶段，已不仅仅是数量的变化，还包括培养模式、教学方式、培养目标等一系列的改变。培养目标和要求的多样化必然导致毕业生就业取向、就业形式的多样化。就业形式的多样化体现在以下两个方面。

（1）就业地点有大城市、中小城市和城镇等。

（2）就业单位属性有党政机关、事业单位、国有企业和民营企业等。

（五）战略新兴产业受青睐

随着国家发展的大布局，特别是与"一带一路"建设、京津冀一体化、粤港澳大湾区等相关的项目、产业对人才的吸引力巨大。电子商务行业、电子信息及互联网行业、机械制造业、房地产建筑业对毕业生的需求旺盛，大数据、物联网、智能装备、新材料、新能源汽车等战略性新兴产业对大学毕业生的需求也呈上升趋势。

（六）就业机制更加健全

党的二十大报告指出，就业是最基本的民生。为此，国家提出了一系列促进就业的政策，包括健全就业公共服务体系，完善重点群体就业支持体系，加强困难群体就业兜底帮扶等。这些政策使就业机制更加健全，就业形态更加多样化，为大学生就业提供了更有利的保障，有助于解决大学生对就业的担忧，让大学生能够安心就业。

二、大学毕业生就业趋势变化

在了解了近几年大学生的就业形势后，大学生也需要了解目前就业趋势的变化，通过这些变化趋势来认清就业现状，从而在当前的就业形势下进行科学的自我定位，并树立正确的就业观。大学毕业生就业趋势的变化主要有以下几个方面。

（一）片面的人才观依然存在

党的二十大报告指出，"消除影响平等就业的不合理限制和就业歧视"，这里的不合理限制和就业歧视，一方面是指大学生对就业岗位的认识偏颇，好高骛远追求不切实际的工作；另一方面是指用人单位在招聘时对求职者提出诸多限制，如性别、地域、年龄、身高、体重等方面，造成的就业歧视现象。

针对这些现象，首先，大学生要摆正态度，正确认识到职业没有高低贵贱之分，要根据自身的能力选择适合自己的职业。其次，政府部门、各大高校和用人单位要积极响应国家号召，避免就业歧视。例如，高校要积极营造平等的就业环境，在各类校园招聘活动中不得设置违反国家规定的歧视性条款和限制性条件。

（二）用人单位对学历要求进一步提高

随着高校的不断扩招，每年毕业的大学生不断增多，大学生的地位不再"高高在上"，同样一家公司、同一个职位对于学历的要求，可能每年都会有所提高。虽然学历不代表一切，但在相同的条件下，学历还是用人单位考虑的因素之一。

当下，很多用人单位对于学历的要求是本科及以上，高职学生可以通过专升本考试，在大学继续学习深造，取得本科学历。2020年2月28日，在国务院联防联控机制新闻发布会上，教育部有关领导表示"研究生招生规模比去年增加18.9万人，专升本规模争取增加32.2万人"，并向临床医学、公共卫生、集成电路、人工智能等专业倾斜。这表示国家扩大了本科攻读研究生以及专升本的录取规模，重视高校毕业生的学历提升工作，对于想要提升学历的大学生来说无疑是一个积极的信号。

（三）素质要求大于学习成绩

随着社会经济的发展，用人单位的择才观念也在发生变化。调查显示，用人单位对大学生的基本能力要求的需求程度如图1-2所示。

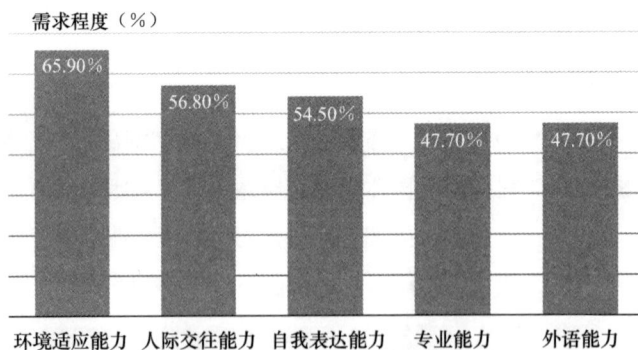

图 1-2 用人单位对大学生的基本能力要求

由图1-2可知，能力已成为影响大学生就业最基本、最直接的因素。除了专业能力外，用人单位还提出了明确的非专业能力要求，主要集中在环境适应能力、人际交往能力、自我表达能力、外语能力等方面。影响大学生就业的非专业能力还有很多，如协调沟通能力、组织管理能力、实践能力，以及学习能力、应变能力、观察能力和分析能力等。尤其是学习能力，已成为现代用人单位考察大学生的重要因素。

三、职业发展趋势及对大学生就业的影响

在新的经济形势和就业形势下，大学生的行业和职业选择也受到了影响，经济转型带来的产业结构调整主要是指以第一产业（农业）、第二产业（劳动密集型产业）社会职业的消亡变动和重组为主，第三产业迅猛发展，例如，物联网、数字通信业、金融保险业、信息咨询业、租赁广告业、新媒体行业、互联网行业、教育培训和文化艺术等。这些新兴行业的出现和兴起，将为社会提供更多的就业岗位。下面就介绍未来职业的特点和相对具有发展前景的职业来帮助大学生了解职业发展趋势对就业的影响。

（一）未来职业发展的特点

大学生的就业定位需要参考未来职业的发展趋势。根据目前的经济发展情况分析，未来的职业发展情况表现为以下 4 个特点。

1. 职业需求不断变化

世界范围内出现了许多新的职业领域。例如，云计算、云安全、大数据、物联网，由此带来了新的职业需求，如高级信息服务技术人员，人身安全保障和娱乐服务人员，太空和海洋开发专家，环保专业人员，院外保健（如戒酒、戒毒等）人员等。这些不断出现的新职业因为具有新的工作条件和工具，会对工作者产生新的要求。例如，新媒体从业者除了要求从业者要具备传统媒体从业者的文字写作能力和口头表达能力外，现在还要求从业者具备社会交往能力、办公自动化操作能力，以及一定的宣传和营销能力、用户沟通和内容运营能力等。

2. 永久性职业减少

知识经济的出现和发展导致越来越多的工作包含知识的加工而不是对物质的处理，引领着未来职业中只有少数人能拥有"永久性"工作的发展趋势，传统的固定职业中有相当一部分正在被临时性工作、项目分包、专家咨询、交叉领域的合作团队或自由职业者所代替。例如，互联网时代的新媒体从业者所涉及的工作很难像传统的工厂和办公室的工作那样职责界定明确，其工作内容可能由互联网中的用户或独立的信息创作者完成。美国职业指导专家威廉·布里奇斯在《创建你和你的公司》一书中预言："传统的固定职业越来越有可能被更加灵活的非固定职业所取代。"

3. 专业化的职业教育越来越重要

在未来，从事管理工作的白领和从事制造业的蓝领阶层的界限将越来越模糊，职业逐渐向专业化方向发展，各种就业岗位需要更多的受过良好教育、掌握最新技术的技术工人，单纯的体力劳动或机械操作职业将明显减少。也就是说，站在大学生就业的角度，未来职业的专业化发展趋势需要大学生更多地接受专业化的职业教育，有针对性地提高自身的就业能力和技能，这样才能适应职业发展的要求。

4. 自由职业逐渐发展

自由职业特指摆脱了企业与公司的管辖，自己管理自己，以个体劳动为主的一种职业，如律师、自由撰稿人、独立的演员歌手、自媒体等。自由职业拥有平等合作、时间自由的特点，现在越来越被广大职业人接受和喜欢。近年来，科技的发展为自由职业工作者提供了更多、更便捷的沟通和工作工具。未来，自由职业还将进一步发展。

（二）未来相对具有发展前景的职业

现在是知识经济时代，互联网、高新技术、电子通信将是经济新的增长点，所以，一些与信息、生物、高新科技迅速发展相关的职业将具有发展前景。大学生如果具备这些职业的相关知识和技能，就能在就业市场的竞争中获得更多的生存机会和发展机会。据有关专家估计，未来相对更具发展前景的职业包括以下几种。

1. 高层次计算机科技类

随着以移动互联网和 5G 技术为代表的移动通信技术的迅猛发展，当今社会已步入信息化时代，计算机应用从普及向人机互联和智能化方向发展，以大数据、人工智能和区块链技术为代表的更高层次的计算机科学技术需要大量的专业人才。据有关方面预测，数年之内与这些高层次计算机科学技术相关的面向软件开发、硬件维护、网络集成和数据分析等计算机专业的大学毕业生将持续走俏人才市场，成为高新技术企业争夺的焦点。

2. 电子工程类

随着 5G 移动通信技术的正式应用，建设和维护移动通信网等通信设备的工作需要大批对应专业的人才，这就为通信工程、无线电技术等电子工程类专业的大学毕业生提供了大量的就业岗位。而且，随着国家把机械、电子、汽车制造业定为带动整个经济增长和结构升级换代的支柱产业，与此相关的专业将在未来若干年内具有十分广阔的就业前景。

3. 第三产业类

第三产业包括以金融、现代物流和信息咨询为代表的技术密集型产业，是发展经济的重点。这些产业具备容纳大量大学毕业生的能力，特别是学历和技术层次更高的大学毕业生。例如，金融专业的研究生和名校金融专业的本科生在如今的人才市场上也依然抢手。

总之，职业发展从整体来看是动态发展的，大学生应关注职业、行业、社会发展趋势，每隔一段时间对自己的职业发展进行重新评估与审视，在就业过程中应结合职业发展趋势及特点来把握当今行业行情，做好职业规划，从而为自己准确定位，做到有的放矢。

四、大学生应树立正确的就业观

在了解了大学生的就业形势情况，以及职业发展趋势对大学生就业的影响后，大学生要树立正确的就业观，认清当前的就业形势，不要让短期情况蒙蔽双眼；在就业的道路上要不断提高自己的综合素质，转变就业观念，不断增强经济意识、自主意识、竞争意识和创新意识，增强自己的就业竞争力，在政府、学校、社会和家庭的大力帮助下，寻求自己生存和发展的空间，找到自己理想的位置。下面就介绍大学生应该如何树立正确的就业观。

（一）认清就业形势，把握就业机会

随着高等教育的普及，高校毕业生已成为城镇新增就业主体，他们就业虽然可能遇到困难，但也面临很多机遇。党中央、国务院一直高度重视高校毕业生的就业工作。党的二十大报告指出，"实施就业优先战略，强化就业优先政策，健全就业公共服务体系，加强困难群体就业兜底帮扶，消除影响平等就业的不合理限制和就业歧视，使人人都有通过勤奋劳动实现自身发展的机会。"国家、省（自治区、直辖市）、市、县等各级人民政府，以及各院校都相继出台了多种就业帮扶政策，以支持大学生就业。

（二）提高个人素质，增强就业竞争力

大学生在校学习期间，除了努力学习课本知识外，还必须培养良好的职业道德，树立正确的世界观、人生观、价值观。大学生还应当具有创新精神，能视变化为机遇，视困难为坦途，对生活、对未来充满期望，充满热情。同时，大学生还要注重能力的培养，能力是一个人素质的外在表现。大学生应尽可能培养自己处理信息的能力、处理人际关系的能力、处理好人与资源的能力、系统看待事物的能力、运用技术的能力等；只有这样，才可能在社会上有更好的立足之地。

（三）找准自己的位置

大学生找准自己的位置在择业中尤为重要。不管是"双向选择"还是"自主择业"，最后你只能落实到一个具体的工作岗位。要选择适合自己的岗位，大学生首先要从需求信息入手，信息越多，选择的余地就越大；信息越可靠越有利于做出决定。

同时，要善于筛选信息，筛选信息要从主客观两个方面考虑。从主观来讲，要考虑自身条件适合哪些单位、哪些职业；从客观来讲，要考虑用人单位的工作性质、发展前景、人才结构、需求情况是否与自己的预期相同。只有综合考虑主观因素和客观因素，大学生才能在择业的过程中不至于迷失方向，通过理性的"双向选择"寻找到适合自己的工作。

第三节　大学生就业政策解析

机遇通常存在于困难的环境中，大学生就业虽然可能遇到种种困难，但也面临很多机遇。国家、省（自治区、直辖市）、市、县等各级人民政府，以及各院校都相继出台了多种就业帮扶政策，以支持大学生就业。下面分别介绍当前我国出台的关于促进高校毕业生就业的主要政策。

一、当前我国促进高校毕业生就业的主要政策

为促进高校毕业生多渠道就业创业，努力实现更高质量和更充分就业。教育部于 2021 年 11 月 15 日发布的《教育部关于做好 2022 届全国普通高校毕业生就业创业工作的通知》（教学〔2021〕5 号），对高校毕业生就业做出了以下 7 个方面的指示。

（一）完善市场化社会化就业促进机制

（1）加强校园招聘市场建设。各地各高校要进一步发挥校园招聘主渠道作用，切实加强校园招聘市场建设，建立完善就业资源开发机制，充分发挥专职就业工作队伍和党政干部、专业教师、校友等各方面积极性，千方百计拓展岗位信息来源。高校可通过组团、联盟等方式开拓就业岗位，推动校内校外就业资源共享。教育部会同相关部门、地方政府，发挥全国普通高校毕业生就业创业指导委员会作用，建设、打造一批全国性、区域性、行业性大学生就业市场。

（2）促进网络招聘市场建设。教育部升级打造"24365校园网络招聘服务"平台，引入优质人力资源服务机构、行业协会等，深入实施"岗位精选计划"，推进就业信息联通共享。各地各高校要组织就业工作人员、毕业班辅导员和求职毕业生注册使用"24365智慧就业平台"，加强线上服务联动；大力推进校园网络招聘市场建设，建设维护好本地本校用人单位需求库、毕业生求职意向库等，及时发布专业设置和生源信息。积极开展网络招聘服务，鼓励用人单位通过线上宣讲、远程面试、网上签约开展校园招聘，促进线上线下招聘相结合，提高招聘成功率。

（3）鼓励中小企业更多吸纳高校毕业生。各高校要为中小企业进校招聘提供便利，不得设置限制条件。教育部会同相关部门、大型平台企业，举办"全国中小企业人才供需对接大会""全国中小企业网上百日招聘高校毕业生""全国民营企业招聘月"等活动。各地要积极配合本地相关部门加大对中小企业支持力度，推动企业和高校毕业生用足用好税费减免、创业担保贷款等支持政策，创造更多适合高校毕业生的就业岗位，对符合条件的高校毕业生按规定给予社会保险补贴和职业培训补贴。

（4）促进创新创业带动就业。各地各高校要加大国家创新创业政策落实力度，加强创新创业服务平台建设，大学科技园、创业园、创客空间等要向高校毕业生提供场地优惠和专业化孵化服务，指导创业团队争取各类创业优惠政策，促进创新创业项目落地发展。办好中国国际"互联网+"大学生创新创业大赛，切实发挥大学生创新创业带动就业作用。建立完善大学生创新创业信息服务平台，提供与创新创业相关的政策发布、解读、项目对接等服务。组织双创导师深入校园进行政策解读、经验分享和实践指导，支持大学生返乡创业、到城乡基层创业就业。

（5）支持引导灵活就业。各地各高校要积极挖掘新产业新业态新模式中的就业机会，引导毕业生在数字经济、平台经济等多个领域灵活就业。配合有关部门完善灵活就业社会保障政策，切实维护高校毕业生劳动保障权益。组织开发一些面向市场的培训项目，开展新兴产业、先进制造业、现代服务业等领域新职业技能培训，增强毕业生就业能力和竞争力。

（二）充分发挥政策性岗位吸纳作用

（1）健全毕业生基层就业支持体系。进一步完善并落实毕业生到基层就业学费补偿贷款代偿、考研加分等优惠政策，采取有效方式引导更多毕业生到中西部地区、东北地区、艰苦边远地区和基层、乡村振兴一线就业创业。组织实施"特岗计划""三支一扶""西部计划"等中央基层就业项目。配合有关部门设立"城乡社区专项计划""村医专项计划"等相关项目，鼓励各地结合实际扩大实施地方基层就业项目。持续开发科研助理岗位，增强科研助理岗位吸引力。

（2）做好大学生征兵工作。各地各高校要落实"两征两退"改革要求，配合兵役机关制定本地本校征兵工作方案，做好大学生特别是毕业生参军入伍工作。按照有关政策规定，落实退役普通高职（专科）士兵免试参加普通专升本招生、退役大学生士兵专项硕士研究生招生计划等优惠政策，研究制定细化方案和实施办法。密切军地协同，加强征兵工作站建设，办好征兵宣传教育进校园等活动，畅通入伍绿色通道，进一步推进以高校毕业生为重点的精准征集，提高毕业生入伍数量。

（3）促进升学与就业有序衔接。各地各高校要统筹安排好各类升学考试招生工作时间，硕士研究生招录工作在 2022 年 5 月底前完成，普通专升本和第二学士学位招录工作在 2022 年 6 月底前完成。坚持复合型人才培养定位，加强第二学士学位招生工作，高校教务、招生等部门要加强工作协同，扎实开展招生宣传、考试录取等工作，并纳入高校整体工作进行统筹部署。

（4）优化招考时间安排。各地教育部门要与相关部门加强协调配合，统筹推动各地尽早安排机关、事业单位招聘考试工作和各类职业资格考试时间，给高校毕业生离校前留出充足的求职时间。办好"国聘行动"第三季，发挥国有企业稳就业示范作用，并配合国有企业尽早完成招录工作。

(三) 强化就业指导服务

（1）建立健全就业育人支持体系。各地各高校要把就业教育、就业引导全面纳入大学生思想政治教育体系，多种形式开展就业育人主题教育系列活动，打造一批大学生就业创业教育基地，引导毕业生树立正确的职业观、就业观和择业观。要加强重点领域就业引导，鼓励毕业生积极投身重点地区、重大工程、重大项目、国际组织等领域就业创业。组织开展大学生就业实践调查活动，持续打造"互联网＋就业指导"公益直播课，建立就业创业指导优质师资库，打造一批就业指导"名师金课"。加强职业生涯教育和就业创业指导，组织举办大学生职业生涯规划比赛活动。

（2）强化就业实习实践。各地各高校要将实习实践作为促进就业的重要举措，纳入人才培养方案，深化校企校地合作，开发更多实习实践岗位，推动更多毕业生通过实习实践实现就业。鼓励地方政府、高校和用人单位共同打造一批大学生就业实习实践基地。配合落实好将职业技能提升行动专项资金补贴性培训对象扩大至普通本科高校、中高职院校的政策，积极组织毕业年度毕业生参加职业技能培训。

（3）加强高职毕业生就业服务。各地各高校要针对高职百万扩招毕业生群体，制定专门的

拓展阅读

大学生服务西部计划

拓展阅读

大学生应征入伍政策

就业工作方案，结合扩招毕业生生源类型特点，有针对性地分类开展就业指导服务，引导他们合理调整就业期望、找准职业定位，积极主动就业。支持高职院校紧密结合市场需求，按规定开展相关职业技能培训、项目制培训等多种形式的就业创业培训，并做好职业培训补贴政策的衔接工作。

（4）加强就业权益保护。各地各高校要配合有关部门积极营造平等就业环境，努力消除就业歧视；在各类校园招聘活动中，不得设置违反国家规定的有关歧视性条款，不得将毕业院校、学习方式（全日制和非全日制）等作为限制性条件。加强诚信和安全教育，引导毕业生诚信求职，树立遵纪守法意识，防范招聘欺诈、"培训贷"陷阱等。积极配合有关部门推进毕业生就业体检结果互认。

（四）开展重点群体就业帮扶

（1）实施宏志助航计划。教育部组织实施"中央专项彩票公益金宏志助航计划——全国高校毕业生就业能力培训项目"，设立"全国高校毕业生就业能力培训基地"，面向有就业意愿的毕业生群体开展线上线下就业能力培训，帮助他们提高综合素质和就业能力。各地各高校和各培训基地要精心组织实施，加强政策宣传，提升项目培训效果，努力帮助参加培训的毕业生实现就业。鼓励各地创造条件，推动"宏志助航计划"覆盖更多毕业生。

（2）完善就业帮扶机制。教育部组织开展直属高校与地方高校、东部高校与西部高校就业对口帮扶，推动区域间、校际间就业渠道互补、就业资源共享。各地各高校要进一步完善就业帮扶机制，建立就业困难毕业生群体帮扶工作台账，对低收入家庭、身体残疾等毕业生重点群体，按照"一人一档""一人一策"开展重点帮扶。

（五）完善就业统计发布机制

（1）加强就业统计核查。完善毕业生就业进展报送机制，及时汇总、通报就业进展情况。全面推广使用全国高校毕业生毕业去向登记与网上签约平台，推进毕业生求职、签约、登记、查询、反馈等"一站式"线上办理。继续开展毕业生就业状况布点监测。委托国家统计局开展毕业生就业状况抽样调查。严格执行就业工作"四不准"规定，确保就业统计数据真实准确。完善部、省两级就业统计举报机制，开展毕业生实名查询反馈，统一公布举报电话和邮箱。

（2）健全就业质量报告制度。高校毕业生就业质量年度报告要准确客观全面反映本校毕业生就业状况、就业工作进展、就业与招生和人才培养的反馈联动等情况。报告相关指标内容要与全国高校毕业生就业管理系统中的数据保持一致。报告经学校校长办公会、党委会审议通过后，按信息公开有关要求在每年12月31日前发布。

（六）持续深化高等教育改革

（1）推动就业与招生培养联动改革。优化学科专业设置，引导高校重点布局社会需求强、就业前景广、人才缺口大的学科专业，对就业率过低、不适应市场需求的学科专业要及时调整。开展高校毕业生就业状况跟踪调查，将调查结果作为"双一流"建设绩效评价、本专科教学评估、学科评估、专业设置与管理等重要依据。研制发布就业状况白皮书，发挥就业大数据对高校招生计划安排、人才培养方案调整的作用，不断提高人才培养和社会需求的契合度。

（2）实施供需对接就业育人项目。教育部组织征集相关用人单位对人才培养合作的需求，定期发布就业育人项目指南，在定向人才培养培训、就业实践实习基地建设、人力资源提升等方面促进校企供需对接。各地各高校要用好项目资源，强化组织动员，积极对接用人单位，确保项目实施效果。要以实施就业育人项目为抓手，深化产教融合、校企合作，培养更多实用型、复合型和紧缺型人才。

（七）加强组织领导

（1）落实就业"一把手"工程。各地各高校要把高校毕业生就业摆在突出重要位置，列入领导班子重要议事日程，建立健全主要负责同志亲自部署，分管领导靠前指挥，院系领导落实责任，各部门协同推进、全员参与的工作机制，并纳入领导班子考核指标。健全高校领导联系走访用人单位制度，主要领导要带头开展走访。

（2）配齐建强就业工作队伍。各地各高校要积极创造条件，认真落实高校就业机构、人员、场地、经费"四到位"要求，明确相关标准和指标，配齐配强校级专职就业工作人员，鼓励在院系专门设立就业辅导员。要加强就业工作队伍职业化、专业化建设，定期开展业务培训交流，鼓励就业指导人员按要求参加相关职称评审，畅通就业指导人员职业发展渠道。

（3）加强就业工作督促检查。教育部把毕业生就业工作纳入省级人民政府履行教育职责评价、直属高校领导班子年度考核等重要内容，并视情开展对有关省份的就业专项调研工作，适时通报高校毕业生就业进展情况。各地各高校要进一步完善就业工作督查、通报、约谈、问责机制，确保就业工作落实到位。

（4）统筹就业工作安排。教育部在秋招季、春招季和毕业季三个就业工作时段，组织在全国范围内开展"校园招聘月""就业促进周"和"基层就业出征仪式"系列活动。各地各高校要统筹就业工作安排，精心组织相关就业活动。

（5）做好就业总结宣传工作。各地各高校要广泛开展就业宣传系列活动，深入宣传国家的就业创业政策、各地各高校和用人单位促就业的好经验好做法，营造全社会支持毕业生就业的良好舆论氛围。组织开展就业育人典型案例和毕业生就业创业典型人物总结宣传工作。要认真制订年度工作计划，做好工作总结，有关进展情况及时报教育部。

二、部分省市就业帮扶政策与措施

高校毕业生人数年年创新高。面对庞大的大学生求职群体，除了国家层面，地方层面也出台了政策、措施，为高校毕业生就业"保驾护航"。下面介绍部分省市的就业帮扶政策与措施，其他省市的就业人员可以查询当地政府官方网站公布的相关就业政策。

（一）北京市

《北京市"十四五"时期教育改革和发展规划（2021—2025年）》提出，要加强毕业生就业指导力度。健全就业指导课程体系，遴选50门市级就业指导"金课"、50个市级就业指导名师工作室和50个市级优秀毕业生职场体验基地。引导毕业生投身国家重大工程、重大项目、重要领域就业，鼓励毕业生到西部、到基层、到祖国最需要的地方建功立业。加大对困难群体毕业生的帮扶力度，努力使有就业意愿的毕业生在合理预期下都能就业。

2020—2021年，北京市政府先后印发《北京市人力资源和社会保障局　北京市财政局关于开展一次性创业补贴工作的通知》《北京市人力资源和社会保障局　北京市教育委员会　北京市卫生健康委员会关于进一步简化本市高校毕业生就业手续优化就业服务的通知》《北京市引进毕业生管理办法》等文件，通过发放一次性补贴、简化就业手续、放宽落户条件等措施促进大学生就业。

（二）上海市

《上海市就业和社会保障"十四五"规划》指出，要推进落实促进高校毕业生就业的各项政策举措，加大机关、国有企事业单位、基层就业项目、社区工作者队伍等吸纳高校毕业生就业的力度，多渠道稳定和扩大高校毕业生就业。强化"不断线"就业服务，加强精准化职业指导，引导转变就业观念，促进未就业高校毕业生实现就业创业。

2021年11月1日，《上海市人力资源和社会保障局等5部门关于本市延续实施部分减负稳岗扩就业政策措施的通知》（沪人社就〔2021〕398号）发布，对大学毕业生就业工作进行了全方位支持。该政策涉及6个方面，分别是继续实施以工代训政策，继续实施困难人员培训生活费补贴政策，对获得职业技能等级证书的劳动者实施技能提升补贴，继续实施就业见习补贴提前发放政策，支持毕业生基层就业和升学入伍，支持毕业生自强自立、就业创业。

（三）广东省

2021年4月30日，广东省就业工作领导小组印发了《2021年广东省高校毕业生就业创业十大行动方案》，该方案共有10个行动，并为每个行动确定了完成时限和责任部门。

（1）市场就业拓展行动。促进就业市场供需匹配，充分发挥人力资源服务机构的作用，通过线上线下结合、跨区域协同、各类机构联动等方式，全年全省组织举办高校毕业生招聘活动2000场以上，其中大型招聘会100场以上。发挥民营企业吸纳就业主渠道作用，引导每家规上民营企业拿出1个以上岗位吸纳广东高校或广东籍高校毕业生就业。

（2）创业创新扶持行动。加大资金扶持，对自主创业的高校毕业生，可发放最高30万元的创业担保贷款，全年发放创业担保贷款20亿元以上。强化场地支持，政府投资开发的孵化基地等创业载体应安排一定比例的场地免费向高校毕业生提供。优化创业服务，组织开展"高校毕业生创业服务专项活动"，倾斜创业服务资源，推荐适合的创业项目，提供咨询辅导、成果转化、跟踪扶持等"一站式"服务。举办创业创新大赛，组织开展第七届中国国际"互联网＋"大学生创业创新大赛广东省分赛、广东"众创杯"创业创新大赛大学生启航赛、"创青春"粤港澳大湾区青年创新创业大赛暨交流营等各类创业创新大赛。

（3）粤东西北人才支撑行动。实施各类基层服务计划，全省"三支一扶"招募高校毕业生3000人；"山区计划"（含希望乡村教师计划、"一校一社工"专项、高校毕业生志愿服务乡村振兴行动）项目招募大学生志愿者4000人以上；"西部计划"招募大学生志愿者350人；"广东兜底民生服务社会工作双百工程"提供就业岗位4000个。补充基层急需紧缺人才，集中开展全省事业单位公开招聘，粤东粤西粤北地区乡镇医疗卫生、农林牧渔、水利水电、规划建筑等事业单位拿出空编数30%以上比例的岗位招聘高校毕业生。开展校企人才对接，组织发动粤东粤西粤北地区一批人才需求多、发展潜力好的先进制造和高新技术企业，与广州、深圳、珠海等地区的高校，通过开展战略合作、定向输送、订单培养、校园招聘等方式，引进急需紧缺的产业和技术人才。落实区域就业扶持政策，对到粤东粤西粤北地区中小微企业、个体工商户、社会组织和基层公共管理和社会服务岗位就业的高校毕业生，按规定落实每人5000元的基层就业补贴。

（4）国有企业就业引领行动。扩大招聘规模，督促国有企业落实扩大招聘高校毕业生规模，全年全省国有企业（含文化、金融国有企业）新招用高校毕业生不少于4万人，其中省属国有企业招用不少于1万人，珠三角各市国有企业招收数量须达到职工总数的3%以上。推行公开招聘，加强国有企业招聘高校毕业生宣传推介，扩大招聘影响力，提高招收效率。组织发动国有企业举办或参与线上线下各类招聘活动，推进全省国有企业招聘信息统一在省人才市场网招聘专区同步发布。

（5）机关事业单位扩招行动。扩大公务员招录规模，全年全省提供公务员考试录用岗位不少于1.3万个，其中60%用于专项招录应届高校毕业生。扩大事业单位招聘规模，全年提供不少于6.8万个事业单位工作岗位招聘应届高校毕业生。

（6）专项渠道促进就业行动。稳定升学招生规模，全年全省研究生招生不少于6万人；普通专升本招生不少于5万人。提升参军入伍比例，全年高校毕业生入伍征集比例不低于20%，其中征集省内高校应届毕业生参军入伍2021人。扩大科研助理招录规模，全年开发科研助理岗位吸纳应届毕业生不少于3500人。

（7）困难毕业生就业帮扶行动。将困难毕业生作为职业发展教育和就业指导的重点对象，按照"一生一策一导师"制度实施专项帮扶、优先援助，向困难高校毕业生100%提供就业服务。

（8）就业服务精准对接行动。开展针对性职业指导，加强就业指导队伍建设，建立职业指导师联系毕业班制度，加强高校毕业生职业生涯发展教育。组织系列服务进校园活动，包括"职业指导进校园""创业指导进校园""就业创业政策进校园"等。加强实名制就业服务，做好离校未就业高校毕业生的信息衔接和服务接续工作，确保离校前后服务不断线。

（9）就业能力提升行动。开展岗位技能提升培训，实施青年技能培训行动，对接产业发展与毕业生就业急需，支持高校毕业生参加职业技能培训，引导高校毕业生积极参与"粤菜师傅""广东技工""南粤家政"三项工程。推进就业实习见习，深入实施"展翅计划"广东省大学生实习见习行动，搭建"全省高校毕业生就业实习平台"，组织开展专家讲座、训练营、国际交流等活动，进一步拓宽实习任职渠道。

（10）就业权益保护行动。推动享受政策，全面精简政策凭证，优化推行"告知承诺制"等办理方式。树立正确用人导向，推动党政机构、事业单位、国有企业带头扭转"唯名校""唯学历"用人导向，形成不拘一格用人才的氛围。规范就业签约，严格执行就业工作"四不准"规定，加强高校就业统计核查，健全就业状况反馈、评估机制，真实反映就业情况。加强招用工监管，加强对用人单位和人力资源服务机构、互联网招聘平台招聘行为监管，依法打击"黑中介"、虚假招聘、乱收费、就业歧视，以及以求职、就业、创业为名义的信贷陷阱和传销、诈骗等违法犯罪活动。

第四节　课后思考与练习

（1）结合当前的就业形势，说说大学生就业指导的重要性。

（2）了解本校开设了哪些专业课程，根据本章介绍的职业发展趋势，说说这些专业哪些在未来的发展中具有一定的优势。

（3）为吸引更多大学生参军入伍，某市组织了9所高校的800名大学生代表走进解放军某部，通过参观军营、体验部队生活、跟官兵互动交流等活动，让大学生近距离了解和感受当代青年军人的军营生活和精神世界。活动现场，参军入伍的曾经的大学生王明分享了他的从军经历。2019年大学毕业后，王明来到了梦寐以求的军营，因军事素质过硬，后成长为副班长，还被推荐参加优秀大学生士兵提干。2021年，王明被选送到陆军边海防学院学习，如今成了解放军某部的排长。

请根据以上内容，分析目前我国大学生就业的趋势，以及大学生应该树立怎样的就业观念，并根据目前与大学生入伍相关的政策，说说王明退伍后，在就业和创业方面有哪些优惠政策和经济支持。

（4）小王是应届毕业生，他决定自己创业，他家在农村，他的创业方向是基于互联网的绿色农产品生产和销售。请根据我国政府就业的相关政策，分析其在创业之初可以获得哪些方面的创业就业补助和补贴，并可以获得哪些具体的政策支持。

第二章
大学生就业准备

02

当下，面对进入社会后的职业竞争，大学生必须做足就业准备。如果不做好充分且有效的准备，带着一脸茫然踏入社会，不但不能满足岗位的需要，还会浪费时间和机会。因此，大学生应该从进入大学就开始为以后的就业做准备，通过自己的努力去争取和创造属于自己的就业机遇。

学习目标

◆ 了解大学生就业在知识和能力上需要做的准备。
◆ 了解大学生就业在思想、经费和身体素质上需要做的准备。
◆ 熟悉大学生就业的途径和求职方式。

案例导入

小张和小李都是某大学通信技术专业大三的学生，小张在最后一个学期开始时，就通过网络向一些著名通信企业的人事部发送了自己的个人简历，他还在一些人才招聘网站中注册了账号，并上传了自己的个人简历。此前，小张还向父母借钱参加了5G的专业培训班，学习目前最先进的通信技术。没过多久，小张就收到了很多单位的面试通知。由于其对5G技术方面的理解较深刻，他获得了某大型通信集团技术部领导的赏识并收到了录用通知。

小李的经历则不同。小李性格开朗、外向，喜欢与人交际，且具有一定的领导能力，在大学期间一直担任学生干部和辅导员助理。她决定将大部分精力放在公务员考试上。小李经过不懈的努力，最终通过了公务员考试，即将成为人力资源社会保障部门的一名公务员。

【案例小贴士】

从以上案例可以看出，每个大学生在就业之前都对自己的未来有不同的期望与判断，无论选择哪一种就业的途径，都没有绝对的"正确"与"错误"，关键在于大学生是否在就业之前，对自己有清晰的认识与分析，对就业进行了详细的规划，以及是否做好了充分的就业准备。

第一节 知识和能力的准备

很多大学毕业生在进入职场前会有这样的疑问：是做一个所有领域样样皆懂的"全才"，还是做精通一个领域的"专才"？"全才"是指具有多种知识和技能，能够满足多个领域能力需求的人才；"专才"则是指具有丰富的专业知识的人才。对于大学生而言，不管是成为"全才"还是"专才"，在职场上都有用武之地，都需要大学生自己在就业前做充足的准备，不但有专业的知识和技能储备，而且拥有本专业之外的其他多种与就业相关的能力。下面就从知识准备和能力准备两个方面来介绍大学生就业前的准备工作。

一、知识准备

知识是符合文明方向的，是人类对物质世界及精神世界探索结果的总和。对于大学生来说，知识是从事各行各业所必须具备的基础，而且每个职业所需要的知识内容是不一样的。大学生就业除了需要具备该职业的专业知识外，还需要具备日常生活和工作等方面的非专业知识。

（一）专业知识的准备

专业知识主要指该职业所必须具备的专业技能，一般来说，专业知识优秀的毕业生更容易找到理想的职业。

由于用人单位在实际工作中更注重大学生的工作能力，所以部分学生产生专业知识并不重要的错觉，认为专业知识在以后的工作中基本用不上，学习专业课时很懒散，不用心。实际上，在同等条件下，用人单位在无法直观地考察谁更优秀的情况下，会参考大学生在校的成绩来进行人才选择，特别是专业课的成绩。因为专业知识是大学生在就业时最重要的资本之一，所以大学生在校期间应注意知识的积累，特别是专业知识的积累。

（二）非专业知识的准备

非专业知识主要指可在各行业通用的知识，它是对所学专业知识以外的其他知识的统称。非专业知识也是用人单位选拔人才的重要依据。非专业知识涵盖面很广，它从某种意义上代表了大学生的综合素质，这类知识除了可从书本中学习外，还可以在日常的学习和生活中积累。

二、能力准备

一个人是否胜任某个岗位，除了可以从知识方面考察，还可以从能力方面考察。能力是直接影响活动效率、影响活动能否顺利完成的个性心理特征。大学生就业能力的准备主要集中在以下两个方面：一是就业的通用能力，二是就业过程的求职能力。

（一）通用能力的准备

通用能力是指一个职场人所应具备的职业工作能力，主要包括表达、沟通与协作、创新、逻辑思维、应变、决策和实践操作等方面的能力。

1. 表达能力

表达能力指一个人把自己的思想、情感、想法和意图等，用语言、文字、图形、表情和动作等方式清晰明确地表达出来，并利于他人理解、体会和掌握的能力。表达能力主要包括语言表达能力和文字表达能力。

扫码看微课

就业能力提升

（1）语言表达能力

语言表达能力指"口才"。若一个人"口才"不佳，可能对其自身的职业生涯产生不利的影响。语言表达能力不是一朝一夕可以练成的，它从某种程度上包含了一个人的综合能力，需要长期锻炼培养。经常在公开场合说话，以及在正式场合演讲都有利于提高一个人的语言表达能力。

（2）文字表达能力

文字表达能力指一个人将需要表达的内容通过文字的形式呈现出来。大学生如果缺乏文字表达能力，将无法完成个人的毕业论文、毕业设计；职场人士如果缺乏文字表达能力，将不能很好地写出工作总结、策划方案等。在实际工作中，职位越高的人，职业发展对其应当具有的文字表达能力的要求也越高。

2. 沟通与协作能力

沟通与协作能力主要考察一个人在团队中是否可以很好地与他人相处合作，并且发挥自身的最大作用。当今社会，一个项目、一项事业能否成功，依靠的不再是个人能力，而是团队的力量。

沟通与协作能力要求一个人在团队中首先要做好自己的事情，然后要信任他人，包括信任他人的工作能力、工作方式。个人在团队合作工作中应注意换位思考，这是高效发挥团队能量，提高自身协作能力的关键因素。切忌遇事推诿，或者存在永远都是他人的错误、自己没有任何责任的思想。

🔍 案例　　　　　　　　**缺乏合作意识导致面试失败**

小胡参加了学校举办的一次大型招聘会。此次来参会的企业有很多，其中有不少知名的大型企业。小胡以出色的表现和优异的成绩成功获得了一家国内知名企业的面试机会。据说当时有上百人投简历，最后进入面试的只有十多人。这些人被分成 3 个小组回答主考官的问题，小胡觉得要脱颖而出就必须表现得更积极。因此，在主考官提问时，他总是抢在别人前面，比别人多说两句。主考官问："如果在工作中与同事发生分歧时，你怎么办？"别人还没有说话，小胡就抢着回答："如果觉得自己的观点是正确的，就坚持自己的观点，不要被他人的思想所左右。"整场面试下来，主考官所提的大部分问题都是小胡一个人回答的。

一个星期后小胡收到通知，被客气地告知不需要参加复试了，因为公司觉得小胡不注重团队合作精神，太急于表现自己，不是他们企业所需要的人才。

【启示】在本案例中，小胡太急于表现自己，总是抢着回答问题，不顾及其他组员的感受。从他回答问题的行为上可以看出，小胡是一个缺乏团队精神的人，缺乏合作意识，这是用人单位所不能接受的。

3. 创新能力

创新是人类社会进步的根源，它要求个人以现有的思维模式提出有别于常规的见解，通过利用现有的资源，改进或创造新的事物（包括产品、方法、元素、路径、环境），并获得一定有益的效果。影响创新能力的因素有很多，除了社会因素外，还包括个人因素。个人因素主要指创新意识、创新欲望和创新兴趣。培养创新能力是与时俱进的要求。从某种意义上来说，具备良好的创新能力，就意味着具有较高的潜在价值和发展空间。

4. 逻辑思维能力

逻辑思维能力是个人通过对各种信息的理解、判断、分析、综合、推理等形成的综合能力。作为职场中人，逻辑思维能力通常能让我们从复杂的事情中"解脱"出来，帮助理清事情的来龙去脉，直击事件的核心，从而解决问题。逻辑思维能力不只是数学范畴的能力，在职场中，特别是一些专业岗位（如程序员等）、管理岗位，都需要较强的逻辑思维能力。

5. 应变能力

应变能力可以理解为个人处理突发事件的能力。紧急情况下，如果事态不能得到迅速控制，后果往往不堪设想。大学生必须具有一定的应变能力，以更好地面对并处理突发事件。对突发事件进行应变处理时应当按照以下程序进行。

（1）迅速控制事态源头

面对突发事件往往没有过多的时间用于事前准备，所以要快速介入，稳住形势，防止事态继续发展，尽量将其影响控制在源头处。

（2）应变处理

突发事件往往与常规事件不同。在发生突发事件时若按常规操作处理一般难以解决问题，这时就要灵活运用以前的经验，并且将其有效地运用到当前事件中，一般情况下能够起到立竿见影的效果。

（3）善后处理

在处理完突发事件后，要及时总结经验教训。这对提高应变能力有帮助。

　　　　　　　　就业过程中的应变能力很重要

　　小杨到一家公司面试，与面试官一握手，就感觉到这是一个十分老练的面试官：他的手指冰凉、手心僵硬，握手只是轻轻一碰，连指头都不弯曲！果然，小杨刚一坐下，面试官便开始按部就班地从自我介绍、对职位的认识等问题开始询问起来。看架势，这场面试至少半个小时，小杨也做好了"打持久战"的准备。谁知，才过了几分钟，面试官的手机就响了起来。面试官挂断电话后，脸色骤变，变得十分拘束。放下手机后的面试官，没有了刚开头的沉稳，反而显得如坐针毡。小杨发现了面试官的情绪不对，但是她并没有把这一细节放在心上。正好面试官问了她一个十分在行的问题，她便口若悬河、旁征博引地讲了近十分钟，当她还要继续讲下去的时候，面试官粗鲁地打断了她的讲话，让她另谋高就。

　　【启示】在面试途中，面试官接电话或出去办事再回来，由此引起的情绪变化，不外乎好、坏两种。显然，本案例中的主人公小杨虽然觉察出了面试官的情绪变化，但她不知道该如何应对。其实，当发现面试官情绪突然变坏时，应聘者回答问题就要简洁明了，切忌拖泥带水，小杨却完全没有领会到这一点。归根结底，小杨还是缺乏基本的应变能力，这是她求职失败的主要原因。

　　6. 决策能力

　　在职场中，不管是一般岗位还是关键岗位，肯定都会碰到各种需要当事人当机立断处理的情况，而处理该事情的好坏程度也受当事人决策能力的影响。决策能力是指个人对未来行为目标的决断和选择的能力，良好的决策能力可以让个人、企业少走弯路、少犯错误，以较小的代价达到目标效果。

　　培养决策能力应从日常小事做起，不能事事让父母、朋友拿主意。虽然决策能力培养难度较大，但也是有章可循的。决策能力主要由以下几个方面构成。

　　（1）开放的提炼能力

　　开放的提炼能力指以开放的态度吸收各种方法、方案，然后准确、迅速地提炼出解决问题的各种方案。该能力包括两个方面：一是不要局限于传统的思想，要以开放和包容的态度尽可能获取更多的决策方案；二是对获取的决策方案进行对比、提炼，把握各种方案的本质，正确评估每个方案的条件、效果及可行性。

　　（2）准确的预测能力

　　预测是决策的基础，决策是预测的延续。要具备卓越的决策能力，首先应具备准确的预测能力。

　　（3）准确的决断能力

　　准确的决断能力指从众多的决策方案中选择最有利方案的能力，以及在危机时刻当机立断的能力。要保证决断的事情对于企业是有利的，在进行决断时应把握5点：一是选择的方案是可以实施操作的；二是选择的方案应与企业的宗旨和目标相符；三是选择的方案要能被决策方案的受益人接受；四是选择的方案要能被决策方案的执行者接受；五是正确评估决策方案的风险，多方面分析决策的优缺点，为选择方案的后续工作做准备。

7. 实践操作能力

实践操作能力也称动手能力，是指把创造性思维变成实际的物质成果的能力。这种能力对大学生来说是需要培养的，因为在校大学生更多的是注重专业理论知识的学习，或在一些基础理论实验室进行简单且常规的动手训练，实践能力较弱。

大学生如果只懂得专业理论，而不具有实践操作能力，是很难赢得用人单位青睐的。因此，大学生在校期间不仅要积累知识、学好文化理论，而且要积极参加模拟实验、科研活动，利用生产实习和勤工俭学等机会，着重培养和提高实际动手能力，以满足日后的工作需要。

（二）就业过程中求职能力的准备

每一个大学生都希望自己能在就业过程中找到一份满意的工作，那么提高自己的求职能力，就显得十分重要。大学生就业过程中求职能力的准备不仅包括学习一些具体的求职技能，还包括培养职业品格、广泛的兴趣、适应变化的能力和能力补偿等方面的内容，下面分别进行介绍。

1. 具体求职技能

以5G为代表的移动互联网通信技术的飞速发展，使得现代社会的各种职业对求职者的知识和能力结构都有普遍的要求。例如，扎实的基础知识、精深的专业知识、较强的英语和计算机知识、现代管理和社会人文科学知识，以及掌握大容量的新技术和新信息的能力等。所以大学生提升自己求职技能的关键在于自身的努力，在学校里就要勤奋学习、勇于实践、开拓思维，围绕自己所学的专业发展自己的兴趣爱好，并以其为契机，加强相关知识的学习和积累，锻炼和发展自己的各种能够运用于实际工作中的能力和技巧。例如，个人简历和自荐信的写作技巧、面试和笔试的方法与技巧等，以上求职技能的具体内容将在后面的章节中详细介绍。

2. 其他求职能力

当代大学生的人生价值观频向多元化发展，存在信奉个人主义，追求刺激、舒适和悠闲的生活的情况。就业过程中求职能力的缺失已经成为目前用人单位、学校、家长和大学生共同面对并希望解决的问题。对于这个问题，大学生应该客观掌握自己的优势和劣势，进而强化优势，改进不足，培养自己的职业品格和广泛的兴趣，并提升适应变化的能力和进行能力补偿，从而实现求职能力的提升。

（1）职业品格

职业品格通常表现为职业道德。职业道德是人在从事职业活动的过程中，思想上必须遵守的准则和规范，直接影响人们的工作态度、工作热情和行为方式。大学生要在就业过程中提升求职能力，就必须树立正确的职业理想和职业价值观；具有忠于职守、献身事业的乐业和敬业精神，刻苦钻研、精益求精的工作作风，严肃认真、实事求是的劳动态度以及在职业工作中团结协作的精神。具备诚实、坚定、守信、无私、勤奋、正直和勇敢等优秀职业品格也是大学生实现就业目标的必要条件。

（2）广泛的兴趣

兴趣能够表现出大学生的个性倾向，并帮助大学生产生积极进取、主动热情的态度，由此支持大学生探索和参加各种有意义的活动。大学生一旦对某种求职技能产生了兴趣，便会聚精会神地投入其中，克服一切困难，直到最后学会该项技能。大学生在培养求职能力的过程中，全身心地投入并充分发挥自己的聪明才智，就很容易使个人素质得到提高。

广泛的兴趣可以使大学生经常关注周围出现的新问题，并开拓自己的眼界，从而大大地拓宽自己的知识面。广泛的兴趣还能使大学生在就业过程中有更大的选择余地，并作为必要的心理动力从情感上给予肯定和支持，有利于大学生的职业适应。也可以说，大学生的兴趣越广泛，知识越丰富，其在就业过程中的选择面就会越大，求职成功的概率也就越大。

培养大学生的广泛兴趣可以通过具体的实践活动来实现。大学生可以通过广泛接触各种事物，在活动中逐渐体验到心理上的满足，从而找到自己的兴趣和爱好。

（3）适应变化的能力

现代社会处于信息光速传播的移动互联网时代，各种新型职业和技术技能不断产生和发展，这就对求职者，特别是大学生求职者的素质提出了更高的要求。各种新技术的发明与应用、生产工具的发展创新、生产组织的改革和管理水平的提高，不仅要求求职者具备相应的科学技术知识和操作技能，而且对于求职者能否打破传统观念，具有开拓思维，并树立效率和合作观念等都有明确的要求。这些都需要大学生在培养自己的求职能力的过程中，不断地提升自己的职业素质，以适应不断发展的职业需求带来的变化。

不仅如此，大学生求职所面对的职业环境也在不断地变化，职业工作中的个人与职业的关系已经由传统的"一对一"匹配拓展为同一个人可以适应两种甚至多种不同职业的"一对多"匹配，以及由多个个人担任同一种职业的"多对一"匹配等多种方式。如果大学生只在自己习惯的、固定的职业关系模式里工作，就很难成功就业，因此，大学生在培养求职能力的过程中，必须培养自身适应变化的能力。

（4）能力补偿

对于现代大学生来说，就业准备过程中最关键的因素之一就是能力的结构。如果大学生准备的能力结构正好与职业要求相符，就有很大可能获得该职位。但在很多时候，准备的能力结构并不能与职业要求完全相符，甚至根本不符，这就需要大学生在进行能力准备时，通过能力的补偿效应来增进自己的职业适应性，尽量扩展和完善自己的能力结构。

这种能力的补偿不仅发生在不同能力之间，而且发生在先天条件和后天努力程度之间，还发生在个体的积极性与技术能力之间。例如，"笨鸟先飞"就是通过后天的勤奋和努力来实现对先天条件不足的补偿，"熟能生巧"则是通过经常性的活动和频繁的操作以实现对技术能力的补偿。

第二节　思想、经费和身体素质的准备

知识和能力的准备是大学生就业准备的基础，知识和能力也是用人单位在大学生求职过程中重点关注的内容。除此以外，大学生在就业之前，还需要在思想上、经费上和身体素质上做好准备，下面分别进行介绍。

一、思想准备

大学生要通过求职实现就业，不仅要做好专业和非专业的知识储备，提升自己的就业能力，还需要提高自身的道德修养，为自己的人生树立正确的价值观和世界观，从思想和观念上打上求职和就业的"烙印"，为就业做好充分的思想准备。大学生就业的思想准备主要是树立正确的就业观念，包括以下几个方面。

（一）培养竞争意识和创新观念

竞争意识和创新观念是大学生适应现代社会不可缺少的思想观念。竞争是由优胜劣汰法则控制下的各种事物对生存权利的争取，竞争的存在一方面必然会给大学生就业造成巨大的压力，另一方面还能推动优化，使参与竞争的大学生相互学习、取长补短。而竞争意识则是推动大学生努力学习，自觉提高职业素质的重要动力。

创新是指打破常规来创造出新的产品或开辟出新的职业领域。在就业过程中，大学生只有文化知识和职业技术是不够的，还必须具有创新观念与创业精神。因为，市场的竞争、知识技术的不断革新以及个人工作的不断变换，都迫切要求大学生具有创新观念。根据历年大学生就业情况调查报告的数据，一直都有一部分具备文化知识和接受过职业技术教育的大学生处于待业或失业状态，这种现象的主观原因就在于缺乏创新观念。

（二）树立先就业再择业的观念

市场经济条件下的就业思想已经从传统的"一个职位做一生"变成了不断进取的"职业流动"模式，大学生要树立"先就业再择业"的观念，在流动中发现机会并抓住机会，从而实现就业目标。所以，大学生在没有找到自己满意的工作时，不妨抱着"骑驴找马"的心态先就业，再在时机成熟且有一定经验积累的条件下，调整到更适合自己的岗位。

（三）树立从实际出发的就业观念

大学生在就业前要从自身的实际情况出发，客观全面地认识和分析自己的长处与不足，

综合判断自己适合从事的职业或岗位。此外，还应该全面、客观地评价适合自己的职业岗位，并根据岗位的要求与自身所具备的职业素质进行认真、客观和全面的对比，进而选择符合自己理想、能充分施展自己才能的岗位就业。如果没有客观考量自身的能力和条件，盲目自信地执着于寻找"工作清闲、收入高、福利好"的职业岗位，必定会导致自己的就业难度增加。

（四）树立良好的敬业精神

树立良好的敬业精神是大学生思想成熟的标志之一，并关系到能否顺利就业，事业能否发展等一系列问题，具有敬业精神已成为现代社会对高校毕业生综合素质的新要求。因此，大学生需要将对技术精益求精、热爱本职工作、保证工作质量、忠于职守、能团结协作和公平竞争等良好的敬业精神作为就业思想准备的主要内容之一。

（五）树立以国家利益为重、服从社会需要的就业观念

大学生就业的目标不外乎得到理想的职业、光明的前程和优质的生活，但所有这一切要立足于国家和社会的需要之上。因此，大学生就业最基础的要求就是满足国家和社会的利益与需求，充分考虑国民经济和社会发展，把个人的发展和国家建设的大局联系起来，把自己的就业和未来融入国家的发展和建设中去，在为国家富强和繁荣奋斗的同时，实现个人理想和体现自身价值。

🔍 案例

激发爱国情怀，理性应征入伍

小李是广东人，他从小就有从军入伍的理想，但因为高考时成绩不够，无法报考军校，只能选择到普通高校学习。为了缓解就业压力，开拓多元化的就业途径，学校开展了大学生应征入伍的宣传活动。对小李来说，报效祖国是一件光荣而伟大的事情。当体检合格后，小李被告知有机会申请去西藏入伍，但是，面对西藏艰苦的自然环境他拿不定主意，过来找就业指导老师谈心。老师给他讲了3个方面的问题：首先，要问问自己的内心，如果不去西藏，会不会难受；其次，这个事情要和家里人商量，家人的意见很重要；最后，西藏的条件很艰苦，如果选择了，就要做好吃苦的准备。通过反复的几次交谈，以及征求家人的意见，经过一段时间的思想准备，小李决定远赴西藏入伍。

【启示】应征入伍支援边疆对在校大学生来说，是光荣而神圣的，也是就业指导中帮助大学生树立以国家利益为重、服从社会需要的就业观念这项重要内容的主要表现形式之一，这种坚韧而伟大的爱国情怀会让大学生终身受益。

综上所述，在做好了思想观念上的准备之后，大学生接下来要做的就是利用好大学生活，努力提高自己的综合素质，并做好精神和身体素质方面的准备工作，为未来的职业发展奠定坚实的基础，为未来的职业生涯赢得良好的起点。

二、经费准备

根据某招聘网站发布的《毕业求职成本调查报告》中的数据，12.63% 的大学毕业生求职花费在 0～3 000 元，这部分大学生主要是指在户籍所在地的毕业生，主要花费集中在个人形象包装和材料准备上面；25.15% 的大学毕业生求职花费在 3 001～5 000 元；39.72% 的大学毕业生求职花费在 5 001～7 000 元；16.88% 的大学毕业生求职花费在 7 001～9 000 元；还有 5.62% 的大学毕业生求职花费在 9 000 元以上，如图 2-1 所示。

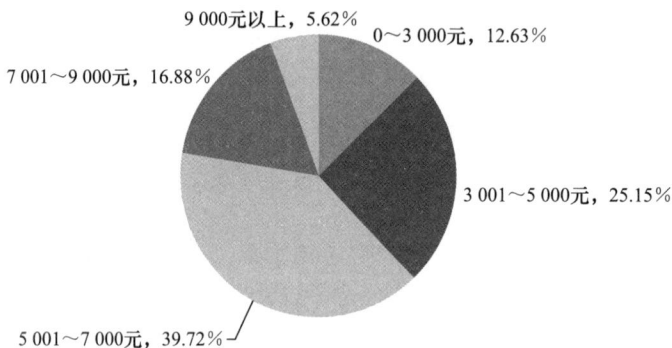

图 2-1 大学毕业生求职成本比例

《毕业求职成本调查报告》还指出，女生平均求职花费为 4 992 元，男生平均求职花费为 4 587 元，女生比男生高出 405 元，高出的部分主要用于化妆品、造型费，甚至美容塑形等方面。另外，大学毕业生求职成本城市排行中，北京、上海、广州和深圳均超过 6 000 元，如此高的求职花费就需要大学生在进行就业准备的过程中，将求职过程中需要用到的经费作为一项重要的准备项目。大学生除了自己的生活花费外，应该以以下几种正确的方式准备求职经费。

（一）勤工俭学

勤工俭学是指学校组织的或大学生个人从事的有酬劳动，用获得的报酬来帮助完成学业。勤工俭学不仅能帮助大学生获得一定的报酬，还能通过理论联系实践，培养大学生的创新意识、凝聚创造能力，提升就业能力，为就业打下良好的基础。大学生进行勤工俭学通常有校内和校外两种方式。

1. 校内勤工俭学岗位

大学里通常设置有不少的勤工俭学岗位，通常在每学期的新生报到后，大学生就可以通过辅导员申请勤工俭学岗位，然后经过学院和相关部门协调后就可以进行勤工俭学。大学校园内的勤工俭学岗位主要包括以下几种。

（1）图书馆勤工俭学岗

通常大学的图书馆会在馆内的每一层楼中设置至少两个勤工俭学岗，其工作主要是配合管理员老师整理书籍和打扫卫生，并且会按照国家规定支付时薪，每个月的薪酬基本上可以帮助大学生解决温饱问题。

（2）实验室、机房等勤工俭学岗

大学通常都有很多实验室和计算机机房等专业技术研究与学习场所，这些地方也会有勤工俭学岗，主要职责也是配合管理员老师做一些辅助性工作，薪酬收入通常与图书馆勤工俭学岗在同一水平线上。

（3）其他勤工俭学岗

大学的类型和特色不同可能导致勤工俭学岗位的不同，但大部分勤工俭学岗位还是相同的。例如，教学楼的维护岗、助理辅导员岗、宿舍协管员岗、餐厅辅助岗、共享单车管理岗等，大学生申请这些岗位进行勤工俭学同样可以获得劳动报酬。

2. 校外兼职工作

除了以上大学校园内的勤工俭学岗位外，社会上也有很多兼职岗位。最适合大学生的通常就是家教工作，周末上门做家教已成为特别热门的兼职工作。家教工作对大学生的专业知识要求较高，但工作轻松且报酬较高，通常也实行时薪制，即便是只利用周末两天做几个家教工作，一个月的收入不仅够生活费，还有结余。

另外，大学生的校外兼职工作也可以是与专业相关的工作，这种兼职工作不仅能让自己的理论知识得到在实践中锻炼的机会，而且通常会获得较高的报酬。例如，外国语专业的大学生可以去校外的翻译单位做兼职；机械专业的大学生可去机械厂做一些技术攻关和机械设计的工作；设计学院的大学生可以去广告公司设计海报等。大学生可以将这些收入积累起来作为就业经费。

（二）奖学金

奖学金是国家、学校、集体或个人给予学习成绩优良的大学生的奖金。大学生也可以将奖学金累积起来作为就业经费。奖学金从大学生入学开始就可以积极争取，通常有3种类型，下面分别介绍。

1. 国家奖学金

国家奖学金是指为了激励普通本科高校、高等职业学校和高等专科学校学生勤奋学习、努力进取，在德、智、休、美等方面全面发展，由中央人民政府出资设立的用来奖励特别优秀学生的奖学金。本、专科国家奖学金的奖励标准为每人每年8 000元；硕士生每年2万元；博士生每年3万元。国家奖学金的评选名额较少，且评选条件也很多，所以，大学生能获得国家奖学金也是一项莫大的荣誉。

2. 国家励志奖学金

国家励志奖学金通常是由国家和各地方人民政府出资，主要针对家庭困难的优秀大学生而设立的，奖励标准通常由各地方人民政府决定。参评条件除被学校认定为家庭经济困难外，专业成绩和综合测评成绩也须名列前茅。

3．校级奖学金

校级奖学金是大学生所在大学出资设立的各种奖学金。由于学校规模大小和财政能力不同，每所大学设置的奖学金种类和额度也各有不同，主要有以下3种类型。

（1）校级优秀奖学金

校级优秀奖学金通常分为几种等级，奖励额度也按等级不同而不等，通常以班级专业成绩排名和综合测评成绩作为评选标准。

（2）校级励志奖学金

校级励志奖学金是由学校出资设立，用于奖励学习成绩优异且家庭经济条件困难的大学生的，奖金额度和评选名额由学校确定。

（3）校级专项奖学金

校级专项奖学金的项目比较繁杂，例如，以发表学术论文、出版学术著作或参加科研项目等具有学术性成果作为评选标准的科技创新类奖学金；为了奖励长期从事志愿服务、有助人为乐等高洁行为，对社会和学校形象起到正面宣传作用的学生而设立的道德风尚类奖学金等。

（4）社会捐赠类奖学金

社会捐赠类奖学金由社会企业、单位、个人或优秀校友出资设立，目的是奖励品学兼优的优秀大学生，奖金额度和参评条件由捐赠方决定。

（5）定向奖学金

定向奖学金是国家针对有志从事艰苦地区、艰苦行业工作的大学生设立的专项奖学金，目的在于鼓励青年学子到基层锻炼。

（三）大学生自主创业补贴

大学生自主创业补贴是指进行自主创业的大学生可到当地劳动就业部门申请一定金额的现金补贴或低息创业贷款。目前，我国各地政府都出台了大学生自主创业补贴政策，但各地的申请条件、申请流程、补贴金额、补贴形式等都有差异。例如，北京市要求申请人登录北京市人力资源和社会保障局网站或携带相关申请材料到创业组织登记注册地的区人力资源和社会保障局（北京经济技术开发区社会事业局）提出申请。区人力资源和社会保障局（北京经济技术开发区社会局）审核后对外公示7天。经公示无异议的，区人力资源和社会保障局（北京经济技术开发区社会事业局）按规定将补贴资金拨付至创业组织指定银行账户。大学生可以到市人力资源和社会保障局网站了解相关政策。

三、身体素质准备

除了知识、能力、思想和经费等方面的准备外，大学生实现就业还需要自己拥有健康的身体。健康的身体是工作的基础，如果没有优良的身体素质，就无法胜任高强度和竞争激烈的社会工作，更不要说处理需要体力和耐力支持的求职事务。所以，大学生在进行就业准备工作时，需要把提升身体素质作为一项基础的准备工作来做。

（一）身体素质在就业中的作用

有的刚步入社会的大学生由于就业和工作上的压力，加上身体素质不够好、心情烦闷、情绪低落，对未来生活迷茫，容易精力不足、免疫力下降，甚至产生一些生理和心理疾病。身体素质是大学生就业的"基石"，有了健康的身体，大学生才能有满腔的激情和充沛的精力去从事复杂细致的脑力劳动，去努力适应并融入当前的职业环境。身体素质在就业中的作用主要表现在以下 3 个方面。

1. 让大学生身体健康、精力充沛，有效地进行知识和能力的准备

俗话说，"身体是革命的本钱"，大学生就业首先要保证自己有足够的"本钱"去学习专业知识和就业技能，为就业做好知识和能力的准备。例如，某个大学生花了很多时间和精力准备应聘一家自己心仪的公司，好不容易在激烈的笔试中脱颖而出，却因为身体无法支持高强度的求职事务而生病住院，期间没有精力关注该公司的新技术发布会，在面试时无法对该公司的新技术提出自己的见解，最终导致应聘失败。所以，提高身体素质就是为未来就业奠定良好的基础，大学生需要在这个基础的支持下进行各种就业准备工作。

2. 为大学生处理各类就业问题提供必要的前提

大学生进入社会求职的过程其实是从学生向职业人转变的过程，要学着独自处理各类问题，首先要面对的就是就业中的各种问题，这种情况下没有一个好的身体支持是不行的，这就需要大学生在就业之前提升自己的身体素质，有精力去面对将来可能遇到的各种问题。

> ### 🔍 案例　身体素质不同带来的不同就业结果
>
> 小王和小张是某大学建筑工程专业的大学生，两人都在某大型跨国建筑工程集团实习。期间，两人到某高速公路项目的现场处理一个隧道掘进的问题。由于该隧道所处位置在一座大山的深处，交通非常不便，小张平时不怎么锻炼，身体素质较差，经过长途跋涉到达目的地后，因为体力不支，加上水土不服而感冒发烧、上吐下泻，无法正常工作。而作为学校篮球队队员的小王则身体素质优良，到达目的地后迅速进入工作状态，不仅圆满地完成了任务，还获得了工程处其他员工的认可，最终在实习期结束后只有小王获得了转正的资格。
>
> 【启示】在本案例中，长途跋涉和水土不服就是两个大学生遇到的一个就业难题，解决了这个难题就有极大可能顺利转正，而解决这个难题的前提就是良好的身体素质。

3. 提高身体素质可以帮助大学生理智地面对各种压力

大学生就业必须进入社会，有的企业工作强度大，这也是对大学生的一种考验。如果没有好的身体，怎样通过这些考验呢？一些现实事例也表明，求职中的挫折、未来的不确定因素、现代化都市生活的快节奏容易使部分初入社会的大学生心理过于紧张进而出现身心疾病，甚至

被抑郁、焦虑、紧张、自卑或怯懦等情绪所困，对自己失去了信心，从而一蹶不振，无法面对困难去继续就业。

（二）如何提升大学生的身体素质

影响大学生身体素质的因素包括学业、就业、出国和读研等各方面的压力，以及网上购物、玩游戏、吃泡面和叫外卖等"宅生活"的生活模式。为了提高身体素质实现就业，大学生需要摒弃这些不健康的生活习惯，通过积极加强体育锻炼、培养健康的饮食习惯、培养规律的作息习惯和减少电子产品的使用等来增强自己的身体素质。

1．加强体育锻炼

体育锻炼可以增强身体机能，保持人的体态健美，也可以满足大脑的血液供应，保持旺盛的精力。同时，体育锻炼还可以锤炼意志，增强克服困难的信心和顽强奋斗的品质。

2．培养健康的饮食习惯

大学生的日常饮食是由自己决定的，有时为了节约时间或避免麻烦宁愿少吃正餐、多吃外卖，这样会严重影响自己的身体健康，所以，大学生提升身体素质就需要培养健康的饮食习惯。健康的饮食习惯主要有以下几种。

（1）多喝水

人体一切的生命活动都离不开水，水不但可以帮助身体"运送"各种营养物质，还直接参与人体的新陈代谢，具有帮助消化、排泄废物、平衡体温和保持身材等多种重要作用，因此，保证充足的摄水量对人体生理功能的正常运转至关重要。

（2）每天吃早饭

有的大学生认为早饭不重要，很少吃早饭，这是一个非常不好的习惯。因为长期不吃早饭带来的低血糖会损伤大脑、影响智力，也会导致胃病、抵抗力下降和易发胖等问题，甚至影响生物钟的正常运转，使生理机能减退，从而减少寿命。

（3）减少不健康聚餐

大学生的自由时间较多，空闲时会和同学、朋友聚餐，但有的大学生会出现暴饮暴食、大量饮酒等现象。这种聚餐对身体的危害非常大，尤其酒精会对肝脏、心脏和肠胃等很多器官造成伤害。

3．培养规律的作息习惯

不按时起床、睡觉和吃饭，特别是熬夜等不规律的作息对大学生身体的危害是非常大的，不仅会导致生物钟紊乱，影响一些组织器官的正常生理活动，还会缩短一些器官的休息时间，造成一定程度的生理损伤。所以，大学生为了提升身体素质，必须培养"早睡早起、不睡懒觉、按时吃饭"的生活习惯。

4．减少电子产品的使用

随着技术的发展，越来越多的电子产品出现在大学生的日常生活和学习中，这些电子产品给大学生的学习和生活带来了很多的便利，但也在一定程度上威胁着大学生的身体健康。例如，长时间使用手机和平板电脑会造成眼睛疲劳和视力损伤，而使用电子产品通常会长时间保持低头的姿势，这个姿势会加重对颈椎的压力，颈椎病则会导致脑供血不足。所以，大学生要尽量减少电子产品的使用，多走出宿舍，去校园和大自然中呼吸新鲜空气。这样不仅可以获得健康，还能消除烦恼、缓解学业压力。

第三节　了解就业途径与求职方式

大学生就业的准备工作不单只有提升自身素质和能力，还包括了解和熟悉求职过程中的一些具体事项，如就业的常见途径、求职的常用方式等。下面分别进行介绍。

一、大学生就业的途径

现代大学生就业的形式主要是"自主择业、双向选择"，也就是说，大学生的就业途径呈现多元化的趋势，可以通过招聘会和用人单位进行双向选择就业，也可以参加国家公务员考试成为公务员，还可以自主创业，甚至通过国家或地方的就业项目完成就业等。大学生就业的常见途径主要有以下几种。

（一）双向选择就业

双向选择就业是一种即时就业的形式，也是目前大学生采用较多的就业途径。即时就业指大学生在毕业之前，通过学校推荐或自行参加招聘会，与用人单位签订《就业协议书》，毕业时即到签约单位就业的方式。在当前的就业环境下，即时就业对大学生提高自信心、积累工作经验都是很有帮助的。

双向选择就业是大学生就业的重要方式之一，其主要表现形式是供需见面会（双选会）。一般情况下，每年3—4月、11月各高等院校陆续开始举办用人单位和毕业生供需见面会。毕业生和用人单位经过双向选择相互确定后，签订《就业协议书》；或者毕业生直接进入用人单位实习，待正式毕业后，正式签订劳动合同，成为该用人单位的正式员工。

知识链接

大学生可以通过人才市场、网络招聘平台找到用人单位，通过发送简历的方式让用人单位了解自己的具体情况，然后再根据用人单位发出的面试邀请参加对方的面试活动，完成应聘过程。

做足准备，获得理想职位

曾晓云是某学院工商与企业管理专业的学生，即将毕业的她早早地将自己毕业后的生活全部计划好了。曾晓云在专升本、自主创业和求职就业的 3 个选项中，最终选择了求职就业。为此，她在临近毕业的半年时间内，便开始有意识地了解有关大学生的就业政策，并通过学校毕业生就业指导中心、各类招聘会、网络招聘等途径关注就业信息。

幸运的是，曾晓云通过学校毕业生就业指导中心获得了一家自己心仪已久公司的招聘信息。那是一家合资的贸易公司，计划招聘一名行政秘书，曾晓云挺喜欢这个职位，很快向该公司发出了自己的求职简历。3 天后，曾晓云收到了该公司的面试通知。

收到通知的曾晓云立即上网认真地了解该公司的相关信息，并在面试前早早准备好了相关的自荐材料，如成绩单、荣誉证书等。面试的当天早上，曾晓云做了充分的准备，并提前 20 分钟到达了指定的招聘现场。

第一轮是简短的英文面试。由于曾晓云曾经在学校经历过类似的口语测试，所以她对自己还是很有信心的。果然不出所料，在回答完面试官最后一个问题后，面试官请曾晓云到另一间会议室等候接下来的笔试。

成功通过口语面试后，曾晓云信心倍增。等待开考的 30 分钟很快就过去了，第二轮的笔试正式开始。曾晓云接过试卷，按照自己的答题节奏有条不紊地作答，在规定的时间内提前完成了测试。此时，她才看了看旁边的考生，他们都还在埋头苦算。一周后，贸易公司给曾晓云发来了录用通知，要求她尽快与公司签订协议并接受上岗培训。曾晓云开始着手办理离校手续，并持相关资料到自己心仪的公司上班去了。

【启示】在本案例中，主人公曾晓云毕业之前就已经做足了充分的就业准备，所以能够在面试中游刃有余，最终获得了理想的工作岗位。大学生应未雨绸缪，做好各项就业准备，并遵循一定的就业流程，然后通过多种途径来促成就业。

（二）参加国家公务员考试

我国对国家机关行政人员管理实行公务员制度，国家每年都会招考公务员，因此报考国家公务员也成为部分大学生就业的渠道之一。

国家行政机关录用公务员，采取公开考试、严格考察、平等竞争、择优录取的办法。国家公务员录用考试包括笔试和面试两个环节。考试的内容根据公务员应具备的基本能力和不同职位类别分别设置。一般考试内容包括公共科目和专业科目，其中公共科目包含《行政职业能力测验》和《申论》，专业科目依据不同职位类别分别设置。

当前，参加公务员考试的大学生越来越多，甚至出现数千名考生竞争一个岗位的现象。

（三）自主创业

自主创业指大学生毕业后不是"寻求"工作，而是选择自己或与他人合作创办公司。自主创业已成为目前大学毕业生一种新的就业途径，它将大学生的身份从雇员转变为雇主，同时也对大学毕业生的知识、能力和综合素质等方面提出了更高的要求。

相对来说，要实现自主创业，大学生应首先认清自己，找到自己的优势与劣势，并培养科学规划、团队管理、谈判、处理突发事件、学习、社会交往等多种能力。

为支持大学生自主创业，国家各级政府出台了很多优惠政策，涉及融资、开业、税收、创业培训、创业指导等诸多方面。根据国家有关规定，应届大学毕业生创业可享受免费风险评估、免费政策培训、小额担保贷款及部分税费减免等优惠政策。

（四）国家项目就业

国家项目就业指大学生通过参加国家、地方就业项目来完成就业的一种方式，如大学生志愿服务西部计划、"三支一扶"计划、选聘毕业生到村任职等。这些项目不仅可以解决当前就业的问题，而且还可以让"高知阶层"深入农村，成为发展边远地区、缩小城乡差距和区域差距、促进社会全面协调发展的长远战略。

1. 大学生志愿服务西部计划

从 2003 年开始，按照公开招募、自愿报名、组织选拔、集中派遣的方式，每年招募一定数量的普通高等学校应届毕业生，到西部地区从事 1 ~ 3 年的教育、卫生、农技、扶贫及青年中心建设和管理等方面的志愿服务工作。

拓展阅读

大学生志愿服务西部
计划优惠政策

志愿者服务期满后，鼓励其扎根基层，或者自主择业和流动就业。参加的志愿者完成工作后有很多政策的优惠，具体优惠政策请扫描右侧二维码查看。

2. "三支一扶"计划

2006 年，高校毕业生"三支一扶"计划，即"支教、支农、支医和扶贫工作"计划启动。每年选派部分高校毕业生到基层从事支教等服务，服务期一般为两年。近年，报名参加"三支一扶"计划的高校毕业生人数呈逐年上升趋势，部分岗位竞争激烈，如安徽、四川的报名人数增长比例分别为 24%、48%，岗位竞争平均比例已提高至 1 ∶ 20 左右，其中到中西部地区服务的人数占比达 82%。

拓展阅读

"三支一扶"计划招募
原则和程序

"三支一扶"计划的招募原则和程序请扫描右侧二维码查看。

3. 选聘毕业生到村任职

选聘高校毕业生到村任职工作，选聘对象为 30 岁以下应届和往届毕业的全日制普通高校专科以上学历的毕业生，重点是应届毕业和毕业 1 ~ 2 年的本科生、研究生，原则上为中共党员，非中共党员的优秀团干部、优秀学生干部也可以选聘。

除了国家和地方的政策支持外，各高校和社会各方面也为参加项目的高校毕业生的工作、生活、学习、就业和创业提供广泛的帮助和支持。通过国家项目实现就业，不但成为大学生就业的重要途径，而且是目前青年学生成长、成才的重要渠道之一。

（五）灵活就业

灵活就业包括自由职业、意向就业、自主创业等，如作家、自由撰稿人、翻译工作者、某些艺术工作者等。与传统的就业模式相比，灵活就业具有灵活性强、自由度大、适用范围广、劳动关系比较松散等特点。灵活就业在一定程度上不同于正规的全日制工作，当事人与用人单位之间也没有稳定的劳动法律关系，它的工作内容与收入相对不稳定。同时这类工作由于具有"非强制性"，要求当事人有很强的自觉性。

国家也支持和鼓励多渠道灵活就业。2022年5月13日发布的《国务院办公厅关于进一步做好高校毕业生等青年就业创业工作的通知（国办发〔2022〕13号）》中明确指出，"支持高校毕业生发挥专业所长从事灵活就业，对毕业年度和离校2年内未就业高校毕业生实现灵活就业的，按规定给予社会保险补贴。"党的二十大报告也指出："完善促进创业带动就业的保障制度，支持和规范发展新就业形态。健全劳动法律法规，完善劳动关系协商协调机制，完善劳动者权益保障制度，加强灵活就业和新就业形态劳动者权益保障。"

> 🪂 知识链接
>
> 对于那些倾向于稳定、正式工作的大学生而言，在就业压力大，短时间内又找不到理想就业单位的情况下，灵活就业无疑是一种很好的过渡性选择。

（六）出国就业

出国就业主要指劳务出口国（输出国）向劳务进口国（输入国）提供劳动力或服务。劳务输入国主要以发达国家居多，劳务输出国以发展中国家居多。一般情况下，大学生可以从电视、报纸、网络等媒体获得各种招收出国劳务人员的信息。申请出国就业（出国劳务）必须具备如下条件。

（1）符合进口国需要的专业技术技能。

（2）良好的道德修养，遵守进口国的法律和劳动纪律。

（3）健康的身体，能够适应进口国的气候条件和劳动环境。

（4）必要的语言能力，尤其是直接和对方打交道的外语水平。

二、大学生求职的方式

大学生就业的准备涉及多个方面的知识，在了解就业的常见途径之后，还需要了解求职的主要方式，然后通过这些求职方式将自己推销给企业或用人单位。大学生求职的方式主要包括以下几种。

（一）网络求职

互联网时代，利用网络招聘平台求职是一种常见的求职方式。大学生不仅可以在网络招聘平台上查看招聘信息，主动联系企业求职，而且可以在前程无忧、智联招聘等网络招聘平台上注册登记自己的简历信息，留下自己的联系方式，有意向的企业将主动联系求职者。

有的网络招聘平台专门为毕业生开辟就业服务的栏目，可以进行就业推荐、毕业生展示或刊登求职广告，这给大学生求职又提供了一种选择。大学生在求职过程中应结合自身的特点，选择更为适用的求职方式，从而达到事半功倍的效果。

（二）实习就业

实习是大学生走向工作岗位的重要阶段，也是毕业生求职的有效方式之一。实习实践阶段的工作，既可以让用人单位了解毕业生，又可以让毕业生较详细地了解用人单位的生产、经营、福利待遇等各方面情况。通过一段时间的相互了解，建立联系，为以后的求职择业打下良好的基础。

因此，毕业生在选择实习岗位时，注意要以谋求职业为目标，利用实习加深对所学知识的理解，从而提高技能。即使实习期满后不能被录用，但由于有了这段实习经历，在之后求职的竞争中也会处于优势地位。

（三）推荐就业

推荐也是就业过程中一种比较常见的求职方式，可以扩大职业选择的范围。推荐最直接的办法是求助于熟悉的人，如亲戚、朋友、学长、老师、同乡等。

由于推荐人与对口用人单位的领导或业务骨干有较为密切的关系，其推荐容易引起用人单位的重视和信任。那么，应该如何请熟人推荐呢？

1. 推荐人和自己的关系

假如，推荐人是自己的大学同学或是某一位跟家人关系较好的朋友，那么，需要谨慎行事。虽然有同学或家人的朋友做个人担保，但用人单位更在乎的是大学生自己的职业技能。如果推荐人连大学生的专业或基本技能都不清楚，这种推荐就会变得非常没有说服力，最好的推荐者应该是了解大学生目前职业发展和技能的那个人。

2. 推荐人目前所在职位

如果大学生的理想工作是销售，而推荐人在用人单位的技术部任职，如果用人单位的规模不大，这层关系或许已经足以保证其参加面试。但如果用人单位的规模较大，则不能保证该推荐能够得到人事部门的足够重视。所以，最好的推荐人应该是对空缺职位的需求有足够了解的人，且最好是该应聘职位所在部门的内部人员，甚至是直接领导。

3. 正式提出请求

大学生在了解了推荐人的相关信息后，确认该推荐人符合推荐的条件，最好以书面的形式向其正式提出推荐请求。这样，才能让推荐人有足够的时间充分考虑是否方便回应推荐请求，同时也能给推荐人一定的时间来判断是否满足这个推荐要求，如果推荐人决定推荐，也有时间研究有关职位的需求和人事经理的相关信息。

4. 等待回复

大学生在请求别人推荐自己时，首先应该询问推荐人是否方便替自己做推荐，即便大学生非常渴望得到该推荐人的支持，但如果无法确认该推荐人的推荐态度，只是得到一个模棱两可的推荐回复，这种情况可能会比完全没有推荐人更糟糕。

5. 提前约见

在获得了推荐人推荐的情况下，大学生最好提前约见推荐人一次，这样就可以给推荐人当面提供一些自己的相关信息，并让推荐人深入了解大学生本人。例如，描述自己所学的专业、本人的技能特长等，让推荐人对大学生的待人接物、礼仪、人品等有更加立体的认识。

与推荐人面对面约见，不但能增加大学生得到面试的机会，而且在推荐人向用人单位或人事部门推荐时，也会因为推荐人对大学生本人有较深刻的了解而显得更有说服力。

6. 表示感谢

大学生应该在约见结束后、面试通知前，即使还不知道是否能得到面试的机会，就要给推荐人发送一条感谢的信息，向推荐人传达这样一个信息——不管结果如何，都非常感谢推荐人付出的时间和精力，由此给推荐人留下深刻的印象。即使没有获得面试机会或者并不适合这个职位，这样的感谢也会让推荐人在下次有合适的工作机会时，第一时间想到你。

（四）人才委托

人才委托推荐是现代人事工作的重要内容，是人事代理服务的主要实现形式之一，是一种新型的服务方式，适用于用人单位和各类人才的双向选择，特别有利于提高中级、高级人才的择业成功率。

求职者可通过委托的方式向具有资质的人才服务机构提供有效的证件和业绩材料，明确择业方向和职位要求，提出相应薪酬和工作环境的要求。人才服务机构一旦接受委托，就会在约定的期限内，完成向用人单位的推荐，并使求职者得到专门组织的面试机会，这种委托推荐方式能给求职者提供更多的便利。

（五）主动咨询

除了在人才招聘会或大学毕业生双选会中主动咨询一些招聘或就业问题外，还可以通过网络联系或打电话的方式对比较心仪的公司进行就业信息咨询。这是一种非常主动的求职方式，会让企业或用人单位觉得你很迫切地在找工作，或许会考虑给你一个机会试试看。如果公司正好急需这个岗位的工作人员，而你的专业又刚好对口，那么你将很容易获得面试机会。

🔍 案例 　　　　**两种方式双管齐下助力求职成功**

周岩是某政法大学律师专业的应届毕业生，和很多同学一样，他通过招聘网站向本市某著名律师事务所投递了个人简历。该律师事务所今年只招收一名实习助理，竞争十分激烈。过了很长时间以后，没得到回复的其他同学都相继放弃并向其他单位投递简历。周岩打通了该律师事务所的电话，询问自己应聘实习助理的情况，没想到该律师事务所根本没有收到过任何一份简历。律师事务所工作人员这才发现招聘网站上发布的邮箱地址错误，于是向周岩表示感谢，并直接邀请他参加第二天的面试。最后，周岩凭借自身过硬的专业知识和优秀的个人素质成功获得了该职位。

【启示】在本案例中，周岩同时运用了网络求职和主动咨询两种求职方式。这就说明在就业准备过程中，单一的求职方式并不一定能找到适合自己的工作，最好运用多种求职方式，多方面多渠道地展示自己，主动向就业单位推销自己，这样才更容易获得求职的成功。

第四节　课后思考与练习

（1）根据自己的实际情况，分析目前自己具备哪些专业知识和就业技能。

（2）根据本章所学内容，结合本校和自身的具体情况，说说如何进行就业经费的准备。

（3）搜集本专业最近3年毕业生的体育考试成绩数据，分析加强大学生身体素质教育的重要性。

（4）了解本专业最近3年毕业生的就业途径和求职方式，看看还有哪些有效的就业模式是本书中没有介绍的。

第三章
大学生就业心理调适

03

大学生就业的过程中，其心理变化是复杂的。就业之前，一些大学生在家庭里备受呵护，在学校的"象牙塔"里接受、接触的环境也较为单纯，因而心理相对脆弱，承受能力较差。而在步入社会进行就业的过程中，大学生通常需要自己独立面对、接触外部的社会和环境，这时，大学生就容易受到各种外部因素的影响，出现心理上的问题。那么，大学生求职过程中常见的心理问题有哪些？怎样避免心理误区和心理矛盾？如何运用正确的方法进行心理调适并培养和提高职场情商？本章将详细介绍大学生在就业过程中的心理问题及调适。

学习目标

◆ 了解大学生就业需要具备的心理素质。

◆ 掌握大学生就业心理调适的方法。

◆ 掌握大学生职场情商的培养方法。

✖ 案例导入

李波是某大学信息工程系 2021 届大学毕业生，学习成绩优秀，且长期担任学生会纪检部部长职务。毕业季来临，李波决定找工作就业。在就业指导过程中，李波向辅导员表示，以自己的实力可以去一家待遇较好的国有企业。但在求职初期，李波先后参加了多家单位的招聘，除在某一个单位通过笔试外，其他均在笔试环节被淘汰，而在面试过程中，又因为对该单位情况不了解而被淘汰。

在经历这几次挫折后，李波非常沮丧。他一方面抱怨笔试题目太难、太偏，抱怨面试官过于刁难自己；另一方面对自己的能力产生了怀疑。等到了本市电力公司的第一轮招聘时，由于受到前面几次面试结果的影响，李波在这次的应聘过程中显得非常紧张，在面试阶段多次出现所答非所问的情况，以致失去了机会。

【案例小贴士】

从以上案例可以看出，在就业过程中，大学生的内心充满矛盾和困惑，容易出现各种各样的心理问题。李波就存在焦虑心理、自负心理、自卑心理和偏执心理等问题。与此同时，用人单位非常重视求职者的心理素质。因此，在就业过程中，大学生要有充分的心理准备并通过多种方式来促进就业或创业的顺利进行。

第一节　大学生就业心理素质

自主择业、双向选择的就业模式在为大学生施展才华、实现抱负提供广阔平台的同时，也对大学生的心理素质提出了新的挑战。下面就从大学生求职过程中常见的心理问题、大学生就业的心理矛盾及心理误区，以及心理素质对大学生就业的影响等方面介绍与大学生就业心理素质相关的知识。

一、大学生求职过程中常见的心理问题

人的心理需要一种微妙的平衡，太自卑或自信、太浮躁或优柔寡断都是不健康的心态。在就业求职的过程中，面对就业市场的竞争，大学生不仅要经历就业的考验，还要承受心理的考验。大学生求职过程中常见的心理问题包括焦虑、自卑、怯懦、畏惧、逃避、偏激、抑郁、自负、嫉妒、攀比、依赖、优柔寡断、盲从等，下面分别进行介绍。

（一）焦虑

焦虑指一种缺乏明显客观原因的内心不安或无根据的恐惧。在求职过程中，焦虑心理是非常普遍的。从投递简历开始到笔试、面试，这一系列等待的过程，可能会让求职者产生焦虑心理，如焦虑是否能得到这份工作、笔试中是否会出现失误等诸如此类的问题。

一般而言，适当的焦虑可以增强毕业生的进取意识，激发上进心，从而产生求胜的心理。但是，如果过度焦虑，且自身无法化解，就会导致心理障碍，严重的可能会影响毕业生求职过程中主观能动性的发挥。

（二）自卑

自卑心理在大学毕业生就业过程中也是极为常见的。一些毕业生由于客观原因产生了自卑心理，如非名牌大学、冷门专业、社会关系贫乏等；有些则是由于主观原因产生了自卑心理，如自身素质和就业竞争力低、性格内向、不善于表达、心理负担重、自我控制能力差等。

在自卑心理的作用下，有些毕业生会精神不振、整日唉声叹气、内心孤寂，导致求职屡屡受挫。自卑心理是毕业生求职道路上的绊脚石，它会使毕业生择业标准的心理高度一降再降，不能顺利就业。

（三）怯懦

每一位求职者都会想尽办法给用人单位留下好印象，可是在求职时，往往克服不了心理上的怯懦，造成事与愿违的局面。大学生在求学期间，毕竟是以理论学习为主的，没有太多的实践技能，往往在求职时，因为缺乏实践工作经验，担心说错话给用人单位留下不良印象，因而说话音量过小或者不敢说话。

> 案例　**克服自卑心理，提高求职成功的概率**
>
> 　　某大学的应届毕业生王慧已经是第 5 次参加面试了。可是一到面试现场，她就感觉心里发怵，手足无措，眼睛也不知道该往哪里看，面对主考官时也总是低着头。回答问题时，王慧声音小，还经常卡壳，对原本非常熟悉的问题也回答得磕磕巴巴，甚至还出现过所答非所问的现象。这样的状态肯定很难通过面试，虽然这已经是参加第 5 家单位的面试了，可每次都是因为太紧张而面试失败，为此，王慧非常沮丧。
>
> 　　为了找到克服自己心理障碍的方法，王慧主动求助于校内的心理老师，希望通过心理干预来改变自己的自卑心理。心理老师给王慧指出了强化场景训练的方法，让王慧把自己的特长和优点写在纸上，并面对镜子大声说"我能行"，每天重复几次，以此来增强自己的信心，慢慢消除自卑心理。经过一段时间的训练后，王慧对自己的下一次面试充满了信心。
>
> 　　【启示】从以上案例可以看出，产生自卑心理的原因是多种多样的，有个人原因、家庭原因、社会原因等，但主要还是个人因素居多。案例中的大学生王慧就是由于求职一次次的失败，觉得自己不行，不如别人优秀，从而失去了信心，产生自卑心理。其实，自卑并不可怕，只要找到自卑的源头，就可以有效遏制自卑感，重新找回信心，发现自身优点，努力为下一次求职做好准备。

（四）畏惧

　　初入社会的毕业生遭遇挫折是在所难免的。有的毕业生在遇到挫折后，能够积极调整心态、重拾信心，再战"沙场"。可有的毕业生在挫折的打击下，一蹶不振，并对求职产生畏惧心理，甚至一听到周围的同学谈论找工作的事就头疼，并远远地避开。其实，这是由于求职的失败经历已经在他们的心中烙下了深深的印记，出于心理上的自我保护机制，产生畏惧心理的毕业生会选择逃避失败、逃避就业，以此来减轻挫折对他们的心理打击。

　　事实上，挫折并不可怕，只要毕业生能够转变看待挫折的角度，就能够将挫折当作迈向成功之门的一次考验。

（五）逃避

　　逃避实际上就是一种抵触心理，有的大学生因为习惯了校园生活，对父母和学校的依赖性很强，一旦独立面对社会，会发现社会与自己以前所处的环境完全不同，自己不想面对，常常产生逃避心理和抵触情绪。

（六）偏激

　　有的大学生在求职过程中容易出现偏激心理，固执地认为某种职业发展前景很好，一定要将自己的择业目标定在这一方向，并且不顾重重困难和现实情况，最后多半是以失望告终。其实，这都是大学生没有认真审视自己和未来的结果，被一些固有观念或道听途说所影响。

案例　　　　　**大学生就业不能有偏激的思想**

　　某大学的应届毕业生小张一直以自家的表姐为榜样。表姐在大学毕业后，只通过短短的 3 年时间就变成了有车、有房一族。外婆的 80 岁大寿那天，全家团聚，表姐也在，小张趁机向表姐请教如何能快速成功，表姐建议小张做销售，说做销售准能赚钱。一心想证明自己实力的小张，听后热血沸腾，暗自下定决心，一定要像表姐那样，好好干出一番事业来。

　　转眼就到了找工作的季节，小张听从了表姐的建议，一门心思地找了一份销售保险的工作。她自己心里清楚，销售保险的工作不是人人都能干得来的，但一心想成为出色保险业务员的她，认为靠自己的努力一定可以成功。大家都知道，保险销售除了要靠一张能说会道的嘴外，人脉资源也至关重要。但这两个基本条件，小张均不具备。小张性格内向、口才不佳，还有点怯懦。并且，小张家在异地，本城并没有什么人脉。小张卖保险很是吃力，拜访陌生客户时连连受挫，连续 3 个月都没有业绩。最终，小张退出了这个曾让她热血沸腾的行业。

　　【启示】从以上案例可以看出，现在，有些大学生可能存在某种偏激的思想，认为某个行业出路一定很好，或者某个行业出路一定不好。但是如果忽视自身的优缺点，光靠一腔热血，那么终会碰壁。因此，大学生在择业时要懂得克服自身缺点，吸取他人的成功经验，选择属于自己的人生道路。

（七）抑郁

　　求职的过程并不是一帆风顺的，而部分大学生对自己的就业前景过分乐观，这就导致大学生求职过程中往往会因为屡遭挫折，不被用人单位认可、接受，而情绪低落、愁眉不展，产生抑郁心理。

（八）自负

　　有的大学生在校是风云人物、学生会干部，再加上自己所学的专业比较紧俏，自身条件也很好，有不少用人单位有意签约，因此，容易自信过头，产生骄傲的心理。持这种心理的毕业生往往自认为高人一等，傲气十足，在求职时好高骛远，对自己的期望过高，对用人单位横挑鼻子、竖挑眼，很难找到自己满意的工作。

（九）嫉妒

　　嫉妒在不同大学生身上会表现在不同方面。例如，在求职问题上，看到同学在自己之前找到了比较理想的工作，而自己却一无所获，此时，有的大学生就会产生一种嫉妒心理，觉得心有不甘。

🔍 **案例** 　　　　　　　　**嫉妒心理对同学和自己造成伤害**

　　某私立中学需要招聘一名专业的舞蹈老师，定向在某大学的舞蹈专业。得知这一消息的该专业的应届毕业生们都跃跃欲试。众多精英参与竞争时，机会往往会给有能力的人，最终，专业成绩优秀的小静获得了这个难得的机会。

　　小静的同学中有的羡慕，有的嫉妒。其中，一名叫潇潇的同学，因妒忌生恨，居然说此次招聘有"内幕"，在同学之间传播谣言，影响较大。这导致小静不愿出门，整天郁郁寡欢，一度起了轻生的念头。后来事情终于水落石出，潇潇认为自己各方面条件都比小静好，可主考官偏偏录取了小静，自己却落榜了，她心有不甘，于是散布谣言诬蔑小静。

　　幸亏此次事件给小静造成的只是精神伤害，没有产生严重后果，学校对潇潇进行了批评与教育，并记大过。

　　【启示】从以上案例可以看出，嫉妒是一把"双刃剑"，用得好会化作成功的动力，用不好则会伤人伤己。本例中的潇潇同学就是因为遇到自己不能理解或认为不公平的事情时，没有正确处理，导致因妒生恨，惹出祸端。

（十）攀比

一些大学生在求职时，不是从自身实际出发，而是与同学攀比，特别是看到同学与自己的成绩和能力都差不多，却找到令人羡慕且收入可观的工作时，觉得自己找不到理想的工作就会很没面子。

为了获得心理上的平衡，这些大学生会重新设计自己的求职目标，其结果往往是高不成、低不就，错失了一些就业机会，陷入被动之中。

（十一）依赖

依赖心态往往产生于独立性较差的大学生身上。这些大学生因为从小学到大学，很多事情都是由父母包办的，自己习惯了在温室里生活，不愿意去面对社会的竞争，完全是在父母和亲戚的庇护下生活，寄希望于他们给自己找到一份稳定的工作。

（十二）优柔寡断

有些大学生没有足够的决断力，或是对自己的未来没有清晰的规划，虽然心中已经有了意向单位，但仍然抱着等一下、看一看的念头，签协议一拖再拖，这就是优柔寡断的心理。优柔寡断导致大学生抓不住机会，平白浪费时间。

（十三）盲从

大街上经常有一种现象：不知道什么原因，某家店门口排起了长龙，有人边排队边问别人干什么，这就是典型的盲从现象。有的大学生依赖性较强，缺乏自主性，在就业找工作时不先考虑自己的兴趣爱好，而是一味地从众，什么工作热门就去做什么，不去思考自己能否胜任，是否有发展空间等问题。

🔍 **案例**　　　　　　　　　　　## 优柔寡断差点失去就业机会

　　柳林毕业于某学院的物流管理专业，他是个开朗热情的人，对自己的面试也做了充分准备。但是，柳林有一个致命的缺点，就是面临选择时总是优柔寡断，导致错失很多机会。

　　大学毕业后，柳林和其他同学一样，开始了就业求职的生活。他面试过多家企业，可总是在通过两三轮的面试和笔试后就没有了下文。

　　过了两个月，柳林终于收到了好消息，有两家公司都决定录用他。开心之余，柳林有点发愁了：一家是大公司，工作环境很好，制度也很健全，薪酬还可以，但是所提供的职位与柳林所学的专业不太对口；另一家是小公司，所提供的职位是柳林一直都感兴趣的，可是薪酬不如大公司。这让刚走出学校，没有就业经验，且本来就优柔寡断的柳林无从选择。

　　正在柳林犹豫不决时，那家大公司通知他第二天正式上班，而那家小公司则约他两天后正式上班。柳林左右为难，一边不想放弃高薪的工作，另一边又不想放弃自己的专业。最终，还是在同学的劝说下，柳林才做了决定。

　　【启示】大学毕业生到大公司工作还是去小公司工作是一个两难的选择，需要看求职者的个人情况，要具体情况具体分析。本例中的主人公柳林同时获得了两份工作的机会，如果不是在同学的帮助下，他很可能因为自己优柔寡断的性格错失此次就业机会。

二、大学生就业的心理矛盾及心理误区

　　应届大学毕业生通常具有强烈的就业意愿和积极的就业动机，为能尽快地展现自己的人生价值而感到由衷的欢欣，准备在所学专业领域一展身手。但是在就业过程中，大学生受到挫折后，难免出现种种心理矛盾和心理误区。下面分别介绍大学生在就业过程中出现的心理矛盾和心理误区。

（一）大学生就业的心理矛盾

　　心理矛盾也可理解为心理冲突，它是指两种或两种以上不同方向的动机、欲望、目标及反应同时出现而引起的紧张心态。职业目标上理想和现实的矛盾、职业选择上独立性和依赖性的矛盾等，这些都是大学生就业心理矛盾的具体表现。

1. 职业目标上理想与现实的矛盾

　　当代大学生的理想丰富多彩，大学生在就业时总是踌躇满志，充满豪情壮志，准备在社会

上拼搏一番。但大学生由于涉世尚浅，对社会了解还不够深，理想往往脱离客观现实，在就业上与社会需要存在较大差距。

一些大学毕业生想留在大都市，追求社会地位高、经济效益好的工作岗位，而不愿意到边远地区或条件较差的地方去工作；一些大学生只看重工资收入，但不了解自己的气质、性格、能力、兴趣适合于何种职业，因而产生了理想与现实之间的矛盾。

2. 职业选择上独立性与依赖性的矛盾

大学生毕业后即将告别学校和老师，踏入社会，成为独立生活的成年人。由于进入了独立生活的空间，其自主意识增强，渴望独立做出自己的选择。然而，意识上的独立并不代表能力上的独立。

有些大学生认为学习以外的事情都不需要自己操心，许多事情还要依赖家长、亲朋好友、老师及社会的帮助。对自己喜欢什么样的工作，适合什么单位缺乏主见，对求职竞争中的"双向选择"感到茫然，寄希望于家长的帮助和学校的安排，将自己的前途交给他人安排。这种心理上的矛盾，容易使大学生感到无奈和苦恼，从而对生活失去信心。

3. 渴望竞争与缺乏勇气的矛盾

目前，随着就业制度的不断改革，大学生的就业环境也日益完善，大多数毕业生已经意识到，在市场竞争条件下，没有强烈的竞争意识是很难取得成功的。然而，当真正面对竞争机会时，有些大学生又变得畏首畏尾、顾虑重重、缺乏勇气。

产生这种现象的真正原因在于个人主观能动性不强，缺乏实践的能力和勇气，尤其是在就业过程中面对困难时，如果不善于调整目标和自我，就容易打退堂鼓，拱手让出参与竞争的机会。

4. 所学专业与未来工作不对口的矛盾

在就业中，不少大学生将"专业要对口"作为就业的重要标准，只要专业不对口，就认为不适合自己的职业发展，这是不现实的。因为社会中真正意义上完全与所学专业对口的工作岗位并不多，于是这就产生了所学专业与未来工作不对口的矛盾。

事实上，在现代化的市场经济中，产业结构、职业结构是不断变化的。实际工作中更多强调的是求职者的学习能力、接受新事物的能力、适应环境的能力等，因此，毕业生完全不必为"学不能致用"而苦恼。

5. 多种选择与优柔寡断决策的矛盾

毕业生在就业过程中，常常会遇到面临多种选择的情况，每一种选择都有诱惑，都不舍得放弃，此时会感到束手无策、举棋不定，迟迟不与用人单位签约，一山还望一山高，思想上产生冲突，心理上出现矛盾。这种矛盾是大学生不能客观地面对现实，缺乏分析和解决问题的能力，遇到问题分不清主次造成的，往往会让人顾此失彼、措手不及。

（二）大学生就业的心理误区

大学毕业生在就业的压力下会产生种种困惑和不适应，甚至产生一些心理误区。所谓的心理误区是指大学生在求职就业过程中，由于受到错误引导或生活、学习受挫，而产生的有失常态的心理活动。

1. 消极等待

有些毕业生认为自己条件好，对一般单位不屑一顾，挑三拣四，对就业一直采取消极和等待观望的拖延态度，以至于错失了就业良机，甚至赋闲在家。

2. 急功近利

急功近利是大学生就业时很难避免的一个心理误区。它是指大学生在就业时一味地追求经济收入丰厚、社会声望较高的职业，同时产生向往经济发达、生活环境优越地区的心理倾向。大学生就业的这一心理倾向在外资企业、合资企 / 事业单位及北上广地区最为常见。

3. 情绪波动

有的大学生在就业过程中，情绪上易出现异常波动，常见的表现有焦虑、不安，甚至抑郁等消极的情绪状态。据调查，女生的焦虑程度高于男生的焦虑程度，抑郁程度则低于男生的抑郁程度。造成大学生就业前情绪波动和异常的原因主要是严峻的就业形势、缺乏自信和承受压力的能力、家庭因素等。

4. 怀才不遇

有些大学生自视能力超群，非同凡响，在就业的道路上处处碰壁后，就开始抱怨自己没有施展才能的机会，整日怨天尤人，闷闷不乐。其实，认为自己怀才不遇是一种心理误区。俗话说"酒香不怕巷子深""是金子总会发光的"，只要自己有真才实学，不怕没有人赏识。

三、心理素质对大学生就业的影响

一个人的心理素质是在先天素质的基础上，经过后天的环境与教育的影响而逐步形成的。心理素质包括人的认识能力、情感品质、意志、气质和性格等个性品质的诸多方面。心理素质的水平直接影响人的发展、人的活动效率及人对各种环境的适应能力。因此，心理素质对大学生就业的影响非常大，主要表现在以下几个方面。

（一）对确定就业目标的影响

心理素质对大学生确定正确的就业目标起着至关重要的作用。拥有良好心理素质的大学生能客观、正确地评价自我，并客观分析社会和用人单位所需的人才，从而在求职择业的坐标中找准自己的位置。

如果心理素质不佳，就会导致自我认识失衡，造成情绪紧张慌乱、意志力不坚定等一系列心理问题，难以找准职业定位，进而带来就业的困扰。

（二）对就业实现过程的影响

大学生的就业过程实际上是一个选择与被选择的过程，也是用人单位评判、筛选大学生的过程。大学生在就业过程中要面临自荐、面试、笔试等一系列的考验。能否顺利地通过这些考验，心理素质起着重要作用。良好的心理素质可以使大学生在面对困难时，沉着冷静、乐观向上、勇于创新、缜密思考、果断决策。

面对就业，无论成功与否，大学生都应及时地进行自我调整，正确支配自己的感情和行动。特别是在面对失败时，更要有效地克制自己、调整自己，尽快摆脱消极和负面情绪的影响，避免情绪过度波动。

（三）对职业适应的影响

大学生走上工作岗位后，角色的转变、工作环境的变化及人际关系的变化，将给大学生带来种种新的考验。

良好的心理素质对职业适应的实现起着促进和保障作用，可促使职场新人充分发挥自己的聪明才智，挖掘自己的潜力，把握自我，拓展自我，与新的环境保持平衡，尽快适应职业角色，从而找到最能发挥自己才华、实现人生抱负的舞台。

🔍 案例　　心理素质较差导致实习失败

某五星级酒店客房部主管在一次临时房间检查时，发现 428 房间的面盆里有一根头发，台面和镜子上还有水珠。经查后得知，当天检查该楼层所有房间的是酒店刚从某大学旅游管理专业招聘的实习生刘丽。主管把刘丽叫到 428 房间，让她自己看，刘丽没说话，赶紧找来保洁人员，自己也拿起抹布擦拭起来，她觉得已经擦拭干净后，让主管再检查。主管说："镜子上面怎么还有水珠？台面的缝隙里还有水印。"刘丽拿起抹布再次擦拭起来，擦完之后，主管又检查一遍说："小刘你是怎么搞的？这个酒杯里还有手印，连这点活都干不好！你是怎么上培训课的？怎么检查卫生的？我看你还是趁早回家吧！"主管的态度十分严厉，这一次，刘丽掉下了眼泪。她觉得自己已经尽力了，重做了几遍都未达标，心想会不会是主管故意找茬儿。最让她难受的是，主管是当着保洁人员的面这么严厉地训斥她，一点面子也不给她。她越想越气，晚上回家一整夜没睡。她觉得自己无法胜任该工作，于是在第二天提交了辞职报告。

【启示】从以上案例可以看出，刘丽接受不了主管严厉的批评，伤心地哭了，这说明刘丽的心理素质较差，这也是当今大学生普遍存在的心理问题。实习生应该以高标准要求自己，减少抱怨，这样才能克服不足，提高工作质量，迅速进步。另外，企业和学校是两个截然不同的环境，学生在学校受的是循循善诱的教育，而企业对待过失是进行惩戒管理。因此，从学校到职场，大学毕业生要随之转变思想，调整心态，做好迎接各种挫折的思想准备。

第二节 大学生就业心理调适

大学生就业本身就是大学生认识和适应社会的一个过程。大学生在就业求职过程中不但会遇到困难和挫折，也会遇到各种心理冲突与困惑，并产生一些不良情绪。这就需要大学生通过学习进行心理调适，在就业过程中面对心理矛盾、心理误区或心理障碍时，有效地进行自我控制和调节，消除心理困扰，维持心理平衡，并寻找最佳的解决途径来实现自己的目标。下面就介绍对大学生就业心理进行调适的相关知识。

一、大学生应具备的心理素质

心理素质作为评估人才综合素质的重要组成部分，近些年越来越受到用人单位的关注。大学生群体作为推动社会进步的核心力量，需要具备以下几种良好的心理素质。

（一）积极的学习态度

大学生要充分利用在校期间的学习机会，努力学习，并在学好专业技能的同时，加强综合素质的培养。大学生不仅要拥有丰富的知识，而且要培养创新思维能力，多参加有意义的活动，开阔自己的眼界，为今后的择业打下坚实的基础。

扫码看微课

大学生择业中常见的心理问题

（二）保持良好的情绪、情感状态

情绪和情感都是人对客观事物所持的态度，只是情绪更倾向于个体基本需求欲望上的态度，而情感则更倾向于社会需求欲望上的态度。简单地讲，情绪是人的生理反应，主要表现为喜怒哀乐等。情感是人对客观事物是否满足自己的需要而产生的态度，主要表现为爱、恨、幸福、厌恶等。大学生培养良好的情绪、情感，有利于个人在择业过程中发挥自己的特长和优势。

大学生正处于青春期，充满了活力与朝气，但一些大学生处理事情可能不太成熟。与中学生相比，大学生已经具有一定的调节和克制自己的情绪、情感的能力，但与在社会中经过历练的成年人相比仍相对情绪不稳定，大学生这种状态对自身择业是很不利的。大学生只有在保持良好的情绪状态下才能有效地进行思考和行动，充分发挥自己的才智。

（三）坚强的意志品质

意志是一个人成才的重要心理条件，也是求职择业时必须具备的心理素质，坚强的意志是通向成功大门的钥匙。大学生在就业的过程中，不论是主观还是客观原因，都会遇到各种各样意想不到的矛盾和困难，如果没有坚强的意志，就会产生心理压力，造成心灰意冷、彷徨苦闷、摇摆不定等情况。大学生可以通过以下几种途径来培养自己的意志品质。

（1）学会在活动中清楚地认识自己行为的目的和产生的社会意义，自觉克服困难，排除干扰，勇往直前。

（2）学会在活动中适时果断地下决心，提高对事物的判断力和敏感性。

（3）学会在意志行动中正确支配和控制自己的行为和情绪。

（4）面对多项任务时，能够分清轻重缓急，分清主要矛盾和次要矛盾，主动排除干扰，确保达到预期目的。

（5）要在行动中具有不怕困难、不达目的绝不罢休的意志品质。

二、运用正确的方法进行心理调适

大学生就业通常要承受一定的压力。从某种意义上说，压力可以催人奋进，但压力超过自己应对的极限、承受不了时就会使人崩溃。所以，当就业过程中遇到无法承受的压力，并产生各种心理冲突时，大学生应该采用正确的方法进行自我调节。

（一）自我反省

面对就业中的各种矛盾和问题，大学生首先要正确认识和评价自己，明确自己未来的发展方向，了解自己的性格特点，知道自己的优势与不足，弄清楚自己最适合从事什么职业等问题。

只有通过理智、冷静的思考，才能客观地评价自己，才能在就业中准确定位自己，进行科学的人职匹配，为理想的职业目标做好充分的知识、能力和心理准备。

扫码看微课

解决就业心理问题的途径

案例　通过自我反省重塑自信

某大学需要招聘辅导员，另一所学院应用英语专业的应届毕业生李燕通过网络发送了求职简历，虽然应聘岗位与李燕所学专业不是很对口，但她还是很幸运地接到了面试通知。第二天，李燕带着事先准备好的自荐材料，提前15分钟到达面试现场。

应聘流程很简单，首先是笔试，笔试通过后才是面试。笔试对李燕来说没有任何难度，到了面试环节，前几分钟还很顺利，可到了快结束时，主考官突然提出了一个情景问题，这让李燕有点措手不及，不过李燕很快就缓过神来，急中生智顺利地回答了这个问题。面试结束后，主考官让她回去等候通知。

李燕自认为此次应聘过程没有任何问题，面试成功是理所当然的。半个月过去了，好不容易等来了应聘结果，答复却是没有通过。李燕有点接受不了，她询问自己被拒的原因，答复的老师说是"专业不对口"。听到这个理由，李燕抱怨起来："专业不对口，我的简历上写得清清楚楚，你们没有看吗？简直是浪费我的时间。"电话另一头的老师没有多说，并挂了电话。放下电话后，李燕冷静下来，开始反思自己：难道真的只是专业的问题？还是院方认为我能力不够……一连串的问题在李燕的脑海里不断浮现。经过认真反省后，李燕得出的结论是自己临场应变的能力还不够，需要提高这方面的能力，这样在以后的求职过程中才能获得用人单位的青睐。

【启示】从以上案例可以看出，人人都会有各种失败的经历，但我们不可因为一两次的挫折而一蹶不振。经历挫折后，更重要的是认真反思，重拾自信，只有自信和奋斗才能赢得下一次的成功。

（二）培养自信

在就业过程中屡屡失败，这是大学生自信心减弱、自卑感增强的主要原因之一。大学生要意识到自信心是前进的动力，也是成功的保障，所以，在做心理调适时，培养自己的自信心是极其重要的。

（三）适度宣泄

宣泄就是将心里的焦虑、烦躁、冲动等不良情绪用对人无害的方式发泄出来，以求得心里舒畅，达到舒缓压力的目的。有一种既简单又有效的宣泄方法，那就是跑到一个空旷的地方，对着远方大声呼喊。当然，最好的办法还是倾诉，向父母或朋友倾诉自己的忧愁、苦闷，在此过程中可以获得更多的感情支持和理解，以增强克服困难的信心。

大学生还可以通过跑步、郊游、聊天等方式适度地宣泄自己的情绪，恢复心理平衡；也可以通过写日记的方式，将自己就业过程中积压的不良情绪写出来，以达到心理平衡的目的。

（四）正视挫折

对于乐观的人来说，挫折是人生的一种挑战和考验，正视挫折和教训使得我们成长，使得我们变得更成熟。

大学生在求职期难免会遭遇一些挫折，但这仅仅是人生的一个小插曲，要敢于正视挫折，不因小挫败而丢失锐气。在面对挫折感觉惊慌失措、怯懦抑郁时，要想办法调整自己的心态，把挫折视为正常现象，并以积极进取的心态认真总结，不断努力，反复尝试，最终实现职业生涯的目标。

（五）保持乐观

爱因斯坦曾经说过："真正的快乐是对生活的乐观，对工作的愉快，对事业的兴奋。"不管是为人处世，还是工作学习，都应该时刻保持乐观的心态，相信事情一定会往好的方面发展。

在生活中，大学生可以多参加娱乐活动，多结交朋友，以陶冶情操，同时缓解就业压力，一举多得。此外，大学生还应积极参加各种公益活动，在帮助他人的过程中得到认可与快乐。总之，大学生的人生才刚刚开始，拥有乐观的心态是最重要的。

🔍 案例　　　　　　　**乐观面对生活，收获一份好工作**

吴军是个嘴角随时带着微笑的大男孩，因为乐观、开朗的性格，他在大学期间结交了很多朋友。现在，吴军参加工作才两个月，就已经赢得全公司上上下下员工的好感。问吴军有何秘诀，他笑着说："乐观。"乐观的人心中总是充满了希望，而且能保持积极的态度去做事，无论在什么情况下，他都把自己视为公司的一员，不把自己置身事外。在工作中他总是积极主动、善于合作、虚心请教、热心助人，这样的人，相信没有哪个老板和员工会不喜欢。

吴军所在的公司虽然算不上大，但麻雀虽小五脏俱全。公司不仅制度健全，而且每一个项目的开展都有严格的流程，吴军首先用一个月的时间来熟悉公司的所有流程，然后再用一个月的时间来了解不同项目的开发手续和流程。现在，公司决定将一个新项目的策划交由吴军来独立完成，他简直是高兴坏了。相比其他同学，虽然他们进了大公司但没有什么参与项目策划的机会，都还在为部门打下手，做着打杂的工作。吴军很庆幸自己当时的选择，没有一味地要求进大公司、高待遇。

【启示】从以上案例可以看出，吴军是个乐观的人，他始终坚持用阳光、乐观的心态去面对生活和工作，那么生活和工作一样也会回报给他阳光。而且，人最快乐的是创造价值的过程，而不是创造财富的多少。有的大学生进入公司后，整天怨天尤人，当看到别人在工作岗位积累了丰富的经验准备大干一场时，才发现自己把大好的时光和机会都白白浪费了。

（六）学会转移注意力

转移注意力是进行自我心理调适最重要的方法之一。当心理问题出现时，大学生可以通过换环境、参加娱乐活动等方式转移注意力。例如，回归大自然，爬山、旅游，这些活动不仅可以让人放松身心，开阔眼界，而且能让自己在亲近大自然的过程中受到大自然的启发。

大学生还可以通过听音乐的方式来转移注意力。每个人的性格、音乐修养和乐曲爱好不同，所以应有针对性地选择不同的乐曲，下面推荐几首处于不同情绪时适合听的乐曲。

（1）心情抑郁时，宜听旋律流畅优美、节奏明快的乐曲，如《百鸟朝凤》。

（2）心情焦虑时，则应听节奏舒缓、风格典雅的乐曲，如《姑苏行》。

（3）如果正处于愤怒的时候，宜听旋律优美、恬静悦耳、节奏婉转的乐曲，如《春江花月夜》《月光》等。

（4）夜晚失眠时，宜听旋律缓慢、清幽典雅的乐曲，如《二泉映月》等。

第三节 职场情商培养

对于大学生来说，职场是陌生的，但是又必须勇敢面对。一旦踏入职场就要努力适应工作环境，在不断提高自己工作能力的同时，也要提高自己的职场情商，这样才能在职场上更好地实现自己的价值。除了认知和管理好自己的情绪外，大学生可以通过正确认识自我、学会控制情绪、不怕吃亏、注重细节、学会多赞美别人、保持低调、学会沟通等方法来提高自己的职场情商，为今后成为一名成功的职业人而积极地做好准备。下面对提高职场情商的方法分别进行介绍。

（一）正确认识自我

职场情商，既然关系到人际关系，就必然存在一个角色定位的问题，即面对什么人，自己处于一个什么样的角色，这就是通常所说的认识自我。如果对自我认识不清，那么很有可能对人际关系的处理就不到位，对待领导不像对待领导，对待同事不像对待同事，有时甚至会影响到客户对自己单位的形象认知。

（二）学会控制情绪

职场情商中，最重要的就是要学会管理自己的情绪，调整自己的心理，张扬好情绪，收敛坏情绪，从而赢得他人的认可和尊重。

每一个职场人，肯定都不愿意跟他人发生冲突，更不愿意被他人的情绪干扰，都希望自己能跟他人保持良好的人际关系。那些能成大事的人往往是理智的，而不是情绪化的。

（三）不怕吃亏

在面对利益冲突时，很多人怕吃亏，往往盲目地以自我为中心，避免自己吃亏。但是不要忘记，在职场上，虽然存在竞争，但同事之间是一个利益共同体。你吃了一点亏，却可能赢得他人的尊重，而这些尊重往往是不能以金钱来衡量的。

（四）注重细节

在人际关系的处理上，细节的处理非常微妙，也非常重要，能体现出一个人职场情商的高低。注重细节，则会表现出对他人的一种关心和重视，能增进人和人之间的感情。

> **案例**　　　　　　　　　　**细节决定成败**
>
> 　　有一家刚起步的"飞轮达"快递公司，为了保证流感时期客户的安全，规定快递员见每一个客户时都要戴口罩，并且在双手捧起快件递到客户手中时，说声"让您久等了，请把快件收好"。小小的"飞轮达"快递公司以其守信和特别的细节——戴口罩，赢得了客户的信任，一时之间，闻名遐迩，业务也蒸蒸日上。
>
> 　　【启示】从以上案例可以看出，戴口罩是这家快递公司非常注意的工作细节，正是因为关注了这个细节，在工作上实现了差异化的特点，与其他快递公司形成了区别，最终获得了客户的认可，使企业成功地占据了一定的市场份额。

（五）学会多赞美别人

与同事相处时，多发现别人的优点、长处，多赞美别人，这样会让自己与同事的相处更融洽，会让自己的工作更容易开展。

（六）保持低调

有些大学生为了彰显个性和能力，喜欢炫耀自己，以为能获取别人的尊重。殊不知，这样做是最令人反感的，没有人喜欢听一个尚未成功的人的故事。所以大学毕业生进入职场工作后要小心谨慎，保持低调。这也是大学生体现自己具备良好职场情商的重要方式。

（七）学会沟通

几乎所有招聘广告中都会强调应聘者应具备善于沟通的能力，这也正说明了沟通是职场中必不可少的一部分。大多数企业宁可招一个专业技能一般但沟通能力较为出色的员工，也不愿招来一个整日独来独往、我行我素的"独行侠"。

能够与客户、同事、领导流畅地沟通，可以体现一个员工的职场情商，同时，学会沟通也是培养职场情商的重要方式。

（八）谦虚做事

在职场上，很多工作需要他人的协助和支持才能完成，或者是由一个团队共同完成。个人作为团队的一员，要谦虚做事，多听取大家的建议和意见，这对自己的职业成长是很有帮助的。

（九）让别人有舒适感

如果把所有与人际关系相关的知识凝聚为一句话，那就是所有人都希望被重视，都渴望被认可。因此，当别人犯错时，别急着指责，更不要私下讨论；当别人遇到难关时，提供力所能及的帮助会让对方心存感激，但不能因此走向极端——试图去讨好所有人。试图讨好所有人，不仅会让自己疲劳，还会让自己的人际关系变得更差。

（十）泰山崩于前而面不改色

我们每天都有可能遭遇各种意料之外的事情，不管是生活上的，还是工作中的。当意外来临时，我们会着急、焦虑、感到无助，甚至想要放弃。但是，请记住，没有一件事重要到如果搞砸了就会天崩地裂的程度。

当坏事发生时，别忙着"追责"，那只会让自己陷入不良情绪之中，应该先想想如何"善后"，怎样让事情变得没那么糟。当局面转好后，心情也会随之渐渐平静。在职场中，那些不论发生什么情况总能心平气和、照顾他人情绪、找出解决之道的人，更能赢得别人的尊重和信任。

（十一）与领导、同事保持和谐的关系

一个成功的团队必然是一个和谐、团结的团队。与领导保持和谐，与同事保持和谐，这些都是支持一个人走向成功的必要条件。而如何妥善处理职场中的各种关系，往往取决于职场情商。有时一个小小的转变，说不定就能让人在职场中找到如沐春风的感觉。

案例　和谐关系是职场高情商的一种表现

　　周明担任销售员已经一年多了，现在不仅业绩有了一些起色，而且建立了很多客户关系。最近，以前刚进公司就带他的师傅褚亮由于业务繁多，需要找一个帮手，自然周明就成了他的首选。毕竟是帮过自己的师傅，周明不好意思拒绝。可是一个月以后，周明发现，帮助师傅的时间越来越长，不但耽误了自己客户的业务，师傅的客户还心安理得地使唤周明，对周明的要求越来越多，而且这些业务量都算在师傅名下。周明觉得自己是既累又挣不到钱，但是他又不知道该怎么说，怕得罪了自己的师傅。

　　不巧的是，周明的妻子因为生病需要一笔手术费，周明只能四处借钱。他决定想一个两全其美的办法和师傅说明。周明来到单位，对师傅说："师傅，我妻子的手术费是借的，这您知道，现在人家催我还账了。可是我的业务量本来就不多，拿什么还人家啊，您看能帮我想想办法吗？"师傅听后马上明白了周明的弦外之音，自己确实占用了周明不少的时间。周明这时接着说："师傅，您看这样行不行，我愿意帮您打点客户，您能不能把这些客户的相关业绩算在我们两个人的名下。"自知理亏的师傅很爽快地答应了周明的提议。就这样，周明在不得罪师傅的前提下，不仅增加了自己的业务量，还很好地保持了和谐的同事关系。

　　【启示】从以上案例可以看出，在职场中，新人有时会被同事叫去帮忙。职场新人如何在不得罪对方的前提下不听对方的使唤？这就是考验新人职场情商的时候了。案例中周明如果再不想办法采取措施，很可能会将两个人的关系搞僵，最后甚至可能是针锋相对。周明将自己的苦恼抛给对方后，对方自知自己的行为不够光彩，于是答应周明的提议，这样双方才得以继续保持和谐的关系。

第四节　课后思考与练习

　　（1）说一说大学生就业过程中会遇到哪些心理问题。

　　（2）大学生就业的心理调适有哪些方法？

　　（3）根据本章所学的知识，谈谈大学生应该如何培养自己的职场情商。

　　（4）请扫描右侧的二维码，根据其中的内容测试自己的就业心理健康情况。

　　（5）请扫描右侧的二维码，根据其中的内容测试自己在求职过程中的焦虑程度。

拓展阅读　大学生就业心理健康测试

拓展阅读　SAS焦虑度测试

第四章
大学生就业信息收集

04

随着移动互联网和智能手机的普及，信息传播呈现出全方位、立体化的趋势，大学生就业信息的收集内容也呈现出多样化等一系列的新特性。大学生收集就业信息的内容包括就业信息的基本类型及作用、就业信息的获取方式。大学生在获取信息后，应根据自己的实际情况和需求，有目的、有针对性地加以分辨、筛选，并合理利用。本章将对以上内容分别进行介绍。

学习目标

◆ 了解就业信息的基本类型及作用。

◆ 掌握大学生就业信息的获取方式。

◆ 熟悉大学生就业信息的使用方法。

⤬ 案例导入

应届毕业生马丽一直通过移动互联网收集就业信息，某天她在网上看到招聘董事长秘书的消息，待遇优厚，其中还有详细的联系方式。马丽对该职位提供的待遇非常满意，就认真填写了应聘资料。第二天，她接到一个自称该集团人力资源部负责人的男子打来的电话，说在网上看见她的求职简历，对她非常满意，邀请她到公司参加面试，并且要求她留下家庭或父母的电话号码，以便通过亲人做进一步的入职调查。

不久，一个前5位号码与马丽手机所在运营商官方号码一致的电话打过来，声称该运营商需要升级电话网络，让她关机一个小时。与此同时，马丽的父亲接到一个陌生男子打来的电话，此人自称是某医院的医生，说马丽出了事故被送到医院，现在需要两万元的手术费，希望家属马上把钱汇来，否则不能手术，将会危及生命。那名医生提供了一个农行的账户，户主名是马丽，让马丽的父亲把钱汇去。为了女儿的生命安全，马丽的父母马上把钱汇到了该账户中。当马丽回到家中时，父母发现不对，马丽赶紧拨打该公司电话，已经无法打通了，这才意识到被骗子骗了。

【案例小贴士】

从以上案例可以看出，在收集就业信息的过程中，首先要尽量使用正规的信息获取渠道，即便是网络这种常规的渠道，也要使用安全性较高的大型专业求职网站。

就业信息的基本类型及作用

从结果的角度上看，大学生就业是一个大学生选择职业的决策过程。这个过程实际上是一个与决策问题、确立目标有关的信息收集、加工和转换的过程，科学的决策建立在准确、全面、系统的信息基础之上，信息错误必然导致决策失误。在大学生就业决策的过程中，不论是职业目标的确定、求职计划的设计、决策方案的选择还是就业信息的处理都需要依靠就业信息的收集这一基础工作。下面就来了解就业信息的类型、就业信息的作用，以及就业信息的特征。

一、就业信息的类型

通常情况下，就业政策与形势、就业法规都可以纳入就业信息的范畴，相关知识在前面的章节中已经介绍过，这里不再赘述。在大学生就业过程中，就业信息主要指用人单位的需求信息，包括具体的招聘活动中各行业、企事业单位发布的具体需求信息、岗位的薪资状况、工作内容和职业发展前景等。这些信息通常被分为关于职业的信息、应聘条件的信息和就业程序的信息3种类型，下面分别进行介绍。

（一）关于职业的信息

关于职业的信息是指大学生从各种就业信息的获取渠道收集的与用人单位需求的职业相关的内容，例如，用人单位的大致情况、职业岗位的名称、岗位数量、职业工作内容、性质或特点、职业待遇、工作地点与环境、发展前途等。通常关于职业的信息可归纳为用人单位介绍（企业简介）、岗位职责和薪酬福利3个方面的内容。

1. 用人单位介绍（企业简介）

就业信息中的用人单位介绍（企业简介）通常比较简练，主要是对用人单位所在行业和背景的介绍，并提供用人单位的性质、所属行业、规模和人力资源状况等信息。图4-1所示为华为技术有限公司在某招聘网站中展示的公司介绍。

2. 岗位职责

岗位职责主要是对岗位的描述，是就业信息中很重要的部分之一，展示的

图4-1 华为技术有限公司在某招聘网站中展示的公司介绍

是用人单位对于该岗位的需求。岗位职责描述一个岗位需要完成的工作内容及应当承担的责任范围，大学生可以从岗位职责的描述中了解招聘岗位的工作内容和工作流程等信息。图4-2所示为招聘网站中数据维护工程师的岗位职责。

岗位职责：

1. 独立处理数通/接入/IPRAN产品的设备网络故障工作，负责现场保障、操作实施和项目规划、方案交流，对用户的网络建设提供有价值的规划建议；

2. 按照标准配置规范或脚本完成数通/接入/IPRAN设备的调试开局、调试、升级、割接，确保版本、补丁、License使用正确，输出正确的采集信息；

3. 完成设备开局、设备信息采集、方案制作、转维资料提交。根据客户需求，合理安排施工进度，保障工程按时交付；

4. 与客户进行沟通，积极掌控维护项目的进度和计划并保证客户满意度。

图 4-2 数据维护工程师的岗位职责

3. 薪酬福利

薪酬福利通常是大学生就业过程中十分关注的信息之一。有一项数据调查显示，在大学生求职信息关切度中，"薪酬福利"是最主要的关注点，选择占比为65%。图4-3所示为招聘网站中数据维护工程师岗位的薪酬福利信息。

薪酬福利：

1. 公司统一购买六险一金；

2. 综合收入10000～30000元（根据技能答辩情况而定）；

3. 系统全面的行业专业知识和业务技能培训，更有提供去华为培训的平台和机会；

4. 完善的内部员工职业发展晋升渠道；

5. 加入我们，让我们为您提供一个更为开放和广阔的发展平台！

图 4-3 数据维护工程师岗位的薪酬福利信息

通常来说，员工的薪酬由基本薪酬、绩效薪酬、津贴和福利构成。常见的薪酬结构包括激励型薪酬结构、保健型薪酬结构和调和型薪酬结构3种。

（1）激励型薪酬结构又称高弹性薪酬模型，绩效薪酬是薪酬结构的主要组成部分，基本薪酬等处于次要的地位，所占的比例非常低。多劳多得是激励型薪酬结构的主要特点，适合于勇于奋斗拼搏的员工。

（2）保健型薪酬结构又称高稳定薪酬模型，其基本薪酬是薪酬结构的主要组成部分，而绩效薪酬等处于次要的地位，所占的比例非常小。旱涝保收是保健型薪酬结构的特点，适合追求稳定的员工。

（3）调和型薪酬结构中绩效薪酬和基本薪酬各占一定的比例，能够在保持基本生活水平上多劳多得，是前两种结构的折中。

（二）应聘条件的信息

应聘条件的信息通常是指用人单位对于求职者的知识、能力、年龄、性别、身高、体力和相貌等条件的要求，是基于完成岗位职责的基础上，需要具备的行为能力与素质要求。大学生就业信息中关于应聘条件的信息一般包括教育程度、工作经历、知识技能和职业素养等。特别要注意的是，职业素养通常包括团队精神、职业道德、沟通能力等。不同岗位应聘条件的侧重点会有所不同，图 4-4 所示分别为数据维护工程师和行政前台的任职要求，数据维护工程师的任职要求侧重专业技能，行政前台的任职要求则侧重个人形象。

任职要求：

1. 全日制大专及以上学历，通信工程/计算机/电子等相关理工类专业均可；

2. 2年以上华为数通/接入/IPRAN工作经验，从事过至少一个项目的工程或维护交付，或者具备1年以上友商的工程和维护经验；

3. 掌握数通协议原理，对TCP/IP，路由协议、MPLS VPN、组播、QOS等常见协议；接入网FTTH、FTTB、网管等设备升级优化及割接；IPRAN B设备、CX设备等入网割接及业务调整割接。

4. 具备良好的沟通、协调、项目管理能力以及较好的服务意识；

5. 能够适应长短期出差。

任职要求：

1. 男女不限，23～30岁，大专以上学历；

2. 女身高165cm以上，男身高175cm以上，形象气质良好，亲和力强，普通话标准；

3. 懂得基本的商务礼仪知识，熟悉计算机的操作，会基本办公操作软件。

图 4-4　数据维护工程师和行政前台的任职要求

（三）就业程序的信息

就业程序的信息是指用人单位对求职者求职流程的展示，包括报名手续、应聘方式、联络方法、考核内容、面试与录用程序和截止日期等。就业程序的信息也是很重要的，现在有许多企业进行招聘时需要求职者先进行网络申请，求职者一定要注意网络申请的流程和截止日期，避免由于流程错误或逾期错失良好的就业机会。

🔍 案例　　　　　　　**根据就业信息做好充分准备**

　　某职业学院新闻专业的应届毕业生小王，学习成绩好、专业能力也强。在听说市内一家著名的报社要招聘新人后，小王便到报摊上购买了一份有该报社招聘启事的报纸和一份该报社主办的报纸。小王花了大半天时间研究招聘启事，然后又花了半天的时间研究该报社主办的报纸，对于任职条件、岗位职责和职位申请的方式等进行了详细的研究和分析，觉得自己专业技能、知识水平和个人素质等各个方面都符合招聘要求。

　　第二天，小王根据招聘启事的应聘要求，带上了自己的相关证件和专业作品，并复印了多份个人简历，信心十足地走入报社人力资源部的办公室。在如此充分准备的基础上，小王最终如愿以偿，被报社录用了。

【启示】从以上案例可以看出，大学生在就业过程中需要认真收集就业信息，如果认为用人单位招聘的岗位适合自己，那么，就应该认真地研究招聘启事的内容，最好熟记相应内容并根据具体的就业程序和职位要求等做好应聘的准备，并想办法收集用人单位的相关信息，以便应聘时能做到心中有数、应对自如。

二、就业信息的作用

面对就业，充分收集就业信息对于大学生了解和运用就业政策、了解市场需求和认识自我、增加就业机会等方面具有越来越重要的作用，下面分别介绍就业信息对大学生的作用。

（一）帮助大学生了解和运用就业政策

前面已经介绍过，从国家到地方政府，各级职能部门针对大学生就业出台了一系列相关的就业政策和措施，在一定程度上能够帮助大学生实现就业。大学生在就业过程中需要更好地了解、掌握和运用这些政策，引导自己转变就业观念，提高综合素质，并掌握各种求职技能，正确地实现自己的人生价值和社会价值。

了解和运用就业政策不仅有利于大学生收集就业信息，还有利于国家经济建设和社会稳定，有利于高等教育改革的深化，这对大学生就业和成才具有重要的现实意义。

（二）帮助大学生了解市场需求和认识自我

就业信息能直接向大学生展示用人单位对职位的要求，大学生可以通过这些要求来对比个人素质，重新认识自我。

（三）为大学生增加就业机会

大学生就业需要抓住各种机会来提高获得职位的概率，广泛地收集就业信息，分析并抓住其中适合自己的招聘岗位，才能最终实现就业。就业信息不仅能帮助大学生认识自我，了解用人单位的需求，还能给予大学生更多的就业渠道和方式，增加就业的机会。

三、就业信息的特征

在了解了就业信息在大学生就业过程中的重要作用之后，大学生还需要了解就业信息的几个基本特征，这样才能更准确地收集就业信息。就业信息的 4 个基本特征包括时效性、共享性、传递性和两面性，下面分别对其进行介绍。

（一）时效性

时效性是指就业信息的效用具有一定的期限。一般而言，就业信息都具有一定的有效期，越是新近发布的信息，越具有较高的使用价值。特别要注意的是，单位招聘计划、相关就业政策等，一旦过了有效期，可能会干扰或误导大学生的求职。因此，对大学生就业来说，及时获取新的职位信息，就多了一份就业的胜算。

（二）共享性

共享性是指就业信息一经公开发布就能被所有人共享，就业信息的共享性能够保证大学生就业的竞争性和可持续性。就业信息共享是提高就业信息资源利用率，避免在就业信息收集和管理上重复的一个重要手段。就业信息的共享性能够将就业信息这种在互联网时代和大学生就业过程中越来越重要的资源与其他人共同分享，从而达到实现更加优化的人才资源配置，节约大学生就业的社会成本，实现大学生就业目标的目的。

（三）传递性

传递性是指就业信息一直处于流动和传递的状态，就业信息是包括应届毕业生在内的所有需要就业的求职者所关心的内容，甚至一些与求职者相关的人，如大学生的父母、师长，在职员工等也会关注就业信息。所以，一旦就业信息被发布，就会迅速在人群中传播，一直到所有需要收集这些信息的人获得相应信息。只有等到这个信息失去时效性后，信息才会停止传播。

（四）两面性

两面性是指就业信息有真假之分。很多求职者迫切地想要获得一个职位，一些不法之徒就利用求职者的这种急迫心理谋取非法利益。例如，有的不法分子通过发布虚假的就业信息来获取求职者的信任，从而达到非法牟利的目的。特别是刚入社会的大学毕业生，如果学校没有对他们进行相关的就业指导，一些大学生就很可能相信这些虚假的信息。

第二节　就业信息的获取方式

就业信息作为大学生实现就业目标的重要依据，关系到大学生最终能否顺利就业。谁的就业信息收集得及时、全面、质量高，谁选择职业的视野就越开阔，就业的主动性就越强。因此，大学生在就业过程中应该着重关注各种就业信息，了解和掌握各种就业信息的获取渠道，逐步培养在大数据背景下高效采集就业信息的能力，为成功就业做好充分的准备。

一、就业信息的获取渠道

互联网和移动通信技术的发展为大学生获取就业信息提供了更多的渠道，除此以外，学校就业主管部门、招聘会、人力资源中介机构和大众媒体等也是大学生获取就业信息的渠道。通常情况下，大学生就业信息的获取渠道包括以下几种。

（一）学校就业主管部门

当前，各高校都专门设立了为毕业生就业提供服务的机构，如毕业生就业指导中心、就业工作处或就业办公室等。这类机构所提供的信息，无论是全国性的、地方性的还是行业性的，一般都来自政府部门或大型企业，主要由用人单位根据高校学科专业设置提供。该途径的准确性、权威性、可信度非一般就业渠道可比。而且通过这个渠道获取的信息，专业对口性强、成功率高，是大学毕业生可以放心的就业信息。

（二）双选会

双选会，即由毕业生与单位相互选择的招聘会，是专门为大学毕业生准备的，它搭建起了毕业生与单位之间的桥梁，由毕业生与单位相互选择，在双方都愿意的前提下可以签订三方协议。

扫码看微课

搜集就业信息的渠道

（三）互联网

通过互联网获得就业信息是现代大学毕业生就业的主要渠道。互联网提高了招聘、就业的便捷性，只要有一台可以上网的计算机或一部智能手机即可。互联网中包含了大量的招聘信息，大学毕业生可选择的范围更广。通过互联网获取招聘信息有以下几种渠道。

1. 政府官方就业信息网站

我国各级政府建立了针对大学生的就业信息网站，例如教育部大学生就业网、北京高校大学生就业创业信息网、上海学生就业创业服务网等。图 4-5 所示为教育部大学生就业网的截图。

图 4-5 教育部大学生就业网截图

2. 国内专业招聘网站

互联网上存在大量的招聘网站，如智联招聘、前程无忧、猎聘网、中华英才网、58 同城等。这些网站均能提供就业信息，大学毕业生可通过各网站提供的岗位，结合自身情况与用人单位联系，传达就业意向。

知识链接

> 大学生不仅可以在招聘网站中自行寻找职位，也可以留下自己的简历、联系方式、就业目标等关键信息，让用人单位精确地找到自己，然后让工作"主动"找上门来。

3. 企业官方网站

一些较大型的企业都有自己的官方网站，企业的招聘信息也会发布到自己的官方网站上，大学生可通过发布的信息，寻找到适合自己的岗位后，与对方联系。

4. 学校的就业平台

为了做好学校招聘资源的整合，提供相应的就业服务和政策资讯等，方便大学生更好地选择职业，越来越多的学校设立了自己的网络就业平台，将用人单位的招聘信息发布在就业平台上，供学生选择。图 4-6 所示为清华大学学生职业发展指导中心官网页面。

图 4-6 清华大学学生职业发展指导中心官网页面

（四）亲朋好友、家人及其他社会关系

个人的接触面总是有限的，拓宽社交范围可得到更多有价值的信息。亲朋好友、家人及其他社会关系是最直接的社交范围。由于他们分布在社会的各个领域、各个岗位，所以通过他们了解和收集的就业信息针对性更强，信息的可信度和有效度都会比较高。

（五）社会实习、实践活动

大学生寒暑假的社会实践单位及毕业实习单位一般是与专业对口的。在实习过程中，毕业生不仅能将自己所学的知识直接用于管理、生产或其他社会服务，而且可以更为直接地了解所服务单位内的人员需求情况。同时，服务单位对自己也有一定的了解，假如单位有意招人而你又积极主动，这就是一个很好的机会。

（六）各种大众媒体

报纸、广播、电视、杂志等大众媒体是搜集就业信息的传统渠道，一般都会定期或不定期地发布招聘信息。大众媒体具有便捷、传播范围广、速度快、信息量大、可信度强、省钱省时、选择机会多的特点。大学毕业生可以很容易地通过这些大众媒体掌握大量的就业信息。

（七）人才中介代理机构

人才中介代理机构主要面向有经验的工作者，但仍不失为毕业生搜集就业信息的补充渠道。目前国内各省、市、区相继建立了劳务市场或人才交流中心。

二、大数据背景下高效采集就业信息的方法

大数据通常是指在新的数字、互联网、移动通信等技术支持下，具有更强的决策力、洞察力和流程优化能力的海量、高增长率和多样化的信息内容。在现代社会中，每一个人都是大数据的制造者、传播者和使用者，大学生也不例外。大数据在为大学生带来丰富就业信息的同时，对大学生的信息处理和分析能力的要求也在提高。所以，在大数据背景下，大学生获取就业信息的过程中，需要使用更高效的信息采集方法。

（一）基于大数据的大学生就业信息高效采集的意义

在大数据背景下的大学生就业信息高效采集主要是在广泛收集各种与大学生就业相关信息的基础上，采用多种信息收集方法，对相关信息数据进行规范化处理的一种信息收集方案。基于大数据背景的大学生就业信息高效采集是建立多种形式的大学生就业信息数据库，制订大学生就业信息收集计划，帮助大学生利用信息数据发现、解释和预测问题，为实现就业目标奠定数据基础，图4-7所示为基于大数据的大学生就业信息高效采集模型。

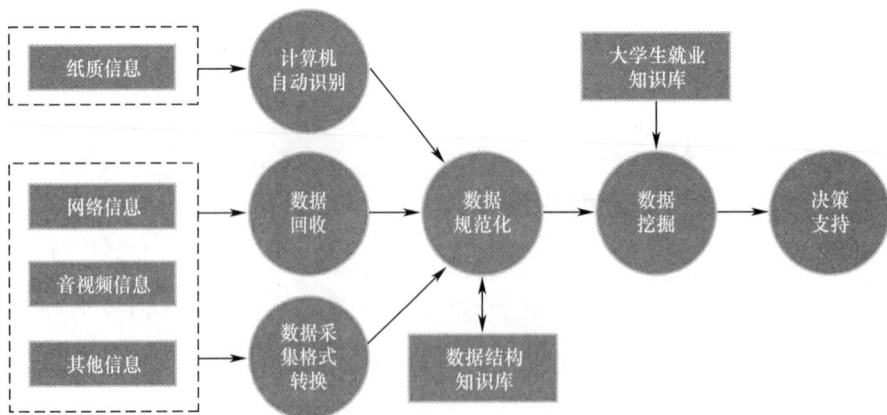

图 4-7 基于大数据的大学生就业信息高效采集模型

（二）基于大数据的大学生就业信息高效采集的方法

基于大数据的大学生就业信息高效采集的方法主要有全方位搜集法、定方向搜集法和定区域搜集法3种。大学生应该将这3种方法综合运用，尽可能多地采集就业信息，然后按照自己

的专业和兴趣等就业倾向进行筛选。下面对这 3 种方法分别进行介绍。

1. 全方位搜集法

全方位搜集法是指把与自己的专业和目标职业有关联的就业信息统统搜集起来，再按一定的标准进行整理和筛选，以备使用。

2. 定方向搜集法

定方向搜集法是指根据自己选定的职业方向、就业的行业范围或兴趣爱好来搜集相关的就业信息。

3. 定区域搜集法

定区域搜集法是指根据自己对某个或某几个地区的就业倾向来搜集就业信息。

🔍 **案例**　　　**通过定区域搜集法搜集就业信息**

某大学应届毕业生小王来自云南某地。从大学三年级的下学期开始，小王就在到处找工作，虽然搜集了很多就业信息，但一直没有落实具体的工作单位。后来在就业指导老师的帮助下，小王理清了自己的择业意向，他希望回到云南的省会城市昆明工作，而对于具体的单位、工作内容都没有太多的要求。于是就业指导老师建议小王利用定区域搜集法。小王通过该方法从网上搜集到了很多工作地点在昆明市的就业信息，并筛选出了 3 个专业对口的职位，并发送了个人简历和求职信，没过多久他就收到了 3 家企业的面试通知。

【启示】从以上案例可以看出，小王在就业过程中的想法在当前大学毕业生就业过程中具有一定的代表性，不少大学生在就业过程中有明显的地域倾向，例如，希望回自己家乡所在地的中心城市。既然有这种倾向，在收集就业信息时就应该采用高效的定区域搜集法，搜集倾向地区的相关就业信息，这样更有利于实现自己的就业目标。

🍁 **第三节**　　**就业信息的使用**

在了解了就业信息的基础知识和获取方式后，就需要对收集到的就业信息进行一番去伪存真、去粗取精，有目的、有针对性地进行分析和处理，排除虚假的就业信息，保留准确、全面和有效的就业信息，为大学生就业提供信息基础。下面就介绍就业信息使用的相关知识。

一、就业信息的分辨

使用就业信息的前提是分辨信息的真伪，在收集到自己认为很重要的就业信息后，需要在求职前确认信息的真实性，最好通过自己能想到的各种办法去查验，以免上当受骗。下面就分别介绍真实和虚假就业信息的特征，以及常见的查验用人单位信息的方式。

（一）真实就业信息的特征

通常情况下，真实可靠的就业信息都是经劳动、人事部门核准的，或通过高校就业指导中心向大学生发布，或由人才市场电子信息屏及招聘信息橱窗公开发布，或在正规报刊、广播、电视和网站等媒体上发布的。但大学生也不能完全认为从报纸或网络中收集的就业信息就一定是可靠的。真实的就业信息通常具很多特征，这些特征又分为用人单位信息的特征和从业者信息的特征两种。

1. 用人单位信息的特征

用人单位信息的特征包括以下内容。

（1）用人单位的准确全称、单位性质和隶属关系。

（2）用人单位的经营业务范围、商品或服务内容与类别。

（3）用人单位的组织结构、规模（员工数量）与行政结构。

（4）用人单位的发展历史与最新动态、客户类型与规模、竞争对手的类型与规模。

（5）用人单位的文化背景、工作环境、单位领导的有关信息、用人单位员工的办事方式和思维方式。

（6）用人单位的发展目标、发展实力（包括规模和效益）、远景规划，在整个行业中的排名或在整个社会经济结构中的地位。

（7）用人单位的地点、总部及分支机构的业务范围与地理分布。

（8）用人单位的财政状况、经济效益考核体系、培训体系和薪酬体系（工资、福利、住房、奖金），以及为员工培训和发展所提供的空间等。

（9）用人单位的联系方式，如人事部门联系人、电话、通信地址和邮政编码等。

2. 从业者信息的特征

从业者的信息特征包括以下几点。

（1）对从业者的政治思想、道德品质、工作态度、学历及学业成绩的要求。

（2）对从业者职业兴趣、职业能力、职业气质等职业心理方面的要求。

（3）对从业者职业技能和其他方面才能的特殊要求。

（4）工作地点、工作环境、工作内容，以及对个人收入、福利待遇等做出的明确规定。

（二）虚假就业信息的特征

相对于真实就业信息的规范特征，虚假就业信息的特征主要体现在以下几个方面。

1. 信息来源

虚假就业信息通常来源于公交车站、大马路、广场等一些公共场合贴的招聘小广告，或者一些主动找上来的就业机会。

2. 用人单位信息

虚假就业信息中，用人单位的信息通常比较模糊或者不完整。例如，不透露公司的名字或者名字像化名，公司的基本资料不完整，不留公司地址或地址模糊，所提供的网站无法打开等。

3. 从业者信息

虚假就业信息中对从业者的要求很低，需求岗位较多，薪酬高，或者设置责任底薪，必须完成规定的业务额，甚至要求完成一项技术性工作后再考虑是否录用。

扫码看微课

好工作是什么

4. 入职前收费

虚假就业信息常常会要求求职者缴纳一定的费用。例如，建档费、档案保管费、服装费、登记费、上岗费、押金、手续费、存档费、报名费、保密费、预留职位费、保证金、排号费和号码费等。

🔍 案例　　**利用高薪招聘信息引诱求职者**

　　毕业于某大学文秘专业的郑雄来到南宁找工作。有一天，郑雄路过某大厦时，被橱窗里的一则招聘信息吸引，上面写的是南宁一家知名公司招人，高级文员月薪 20 000 元。除此之外，该公司还招经理助理、储备干部，薪酬都很高。该信息还注明上述职位属该公司直接招聘，面试合格即签订劳动合同，即日上岗，还免收押金。

　　郑雄当天就拨打了招聘信息中的联系电话，但无人接听。晚上，郑雄接到一个通知他去面试的电话，面试地点在大厦附近的一个生活小区，对方表示他是该公司人力资源部的工作人员。第二天，郑雄和同伴前去面试，一个中年女人收了简历，经过简短交谈后，提出要先交 200 元体检费。第二天体检后，郑雄又被要求必须先交首月生活费、保险费等，共计 800 多元，郑雄没多想当时就交了钱。回家之后，他回想了一下，觉得不对劲，想要退钱，但是对方的电话已停机打不通，到面试的地方找人，已人去楼空了。

　　【启示】从以上案例可以看出，郑雄收集到的就业信息具有明显的虚假就业信息的特征。首先，信息来源于非正规渠道的招聘广告；其次，用人单位没有完整的真实信息；再次，对从业者的要求很低，却提供高薪；最后，还未入职就收取了额外的费用。所以，郑雄受骗上当也就不足为奇了。

---

5. 抵押重要证件

《居民身份证法》第十五条规定："任何组织或者个人不得扣押居民身份证。但是，公安机关依照《刑事诉讼法》执行监视居住强制措施的情形除外。"用人单位只能要求提供证件复印件，若要扣押身份证、学生证、毕业证等证件原件，请立刻放弃此工作，避免给自己带来损失。

（三）查验用人单位信息的方式

分辨就业信息真伪最简单的方式就是查验用人单位的基本信息，除了到该单位的官方网站查验外，还可以通过以下3种方式进行查验。

（1）在国家企业信用信息公示系统中查询，如图4-8所示，这是查验企业信息最基本的方式。如果查不到目标企业，那么就要谨慎了，该用人单位有可能是非法的，也有可能是新成立的还未在工商局信用系统注册的企业。

图4-8 国家企业信用信息公示系统

（2）每个正规网站在网页最下方都有一个唯一的ICP（电信与信息服务业务经营）备案号，进入工业和信息化部政务服务平台ICP/IP地址/域名信息备案管理系统，利用"公共查询"系统的备案信息查询功能进行查询，如图4-9所示，如果能查询到该用人单位的网站信息，说明该网站已经过信息备案，基本上可以判定是没有问题的。

图4-9 ICP/IP地址/域名信息备案管理系统

（3）在国家中小企业发展基金旗下官方备案企业征信机构——天眼查中，输入单位名称的关键词，即可查验该用人单位的信息。

二、就业信息的筛选

在剔除了虚假的就业信息后，大学生就需要根据自身的需求对真实的就业信息进行筛选，因为就业信息的来源和获取的渠道不同，信息内容会存在虚实兼有的情况。所以，对收集到的就业信息进行整理和筛选就成为使用信息的必要前提。就业信息的筛选主要包括以下几个方面的内容。

（一）掌握重点信息

一般来说，学校发布的一些就业信息是比较有针对性的，可以作为重点信息分类保存。首先，尽量筛选和本专业有关的用人单位的信息，一般来说，大学生的专业就是自己的优势。其次，筛选与个人特长相关的招聘信息，兴趣是成功的源头，特长皆源自兴趣。因此，与自己特长有关的岗位也需重点留意。另外，关于国家和政府对本专业的毕业指导意见及相关政策的资料收集也不能忽视。

（二）类比同类信息

大学生在查看招聘广告时要多留一个心眼。对应聘者年龄、学历、工作经验等条件都要求过低，但工资较高，或者招聘信息过于简单，只留下电话就要求应聘者直接去面试的，对这两类招聘信息就要特别提防，这很可能是广告陷阱。

因此，大学生一定要善于对比同类信息，学会换位思考。换作自己是老板，你会招聘什么样的员工，发多少薪水。如果招聘信息与实际差别太大，那信息很可能是不真实的，应主动摒弃。

（三）科学地分析和取舍

大学生需要对所获得的一切就业信息进行分析鉴别，科学取舍。对就业信息的分析主要从以下3个维度进行。

1. 可信度分析

一般来说，学校毕业生就业主管部门提供的信息可信度比较高，而通过其他渠道收集到的信息，由于受时间性或广泛性影响，需要进一步核实，才能判断其可信程度。

2. 有效度分析

有效度分析是对信息的可用性进行鉴别，包括该信息是否与自己的兴趣、特长、专业、爱好，甚至收入、工作环境、地域等相符，以及用人单位对生源地（高考时的户口所在地）、性别、学习成绩、个人素质等各方面的要求。

3. 内涵分析

内涵分析包括对用人单位的性质、要求及限定条件等进行分析。通过分析，对就业信息去粗取精，剔除无用的信息，保留与自己的兴趣或专长有关的信息。

（四）虚心地向他人询问了解

大学生由于刚走向社会，没有太多的经验和阅历，不容易分辨出招聘广告中一些不实或夸大的信息。此时，可以向有经验的师长或朋友请教，多学习一些分辨是非的能力。一些招聘单位喜欢玩文字游戏，在某些苛刻的条件上，用词比较模糊或带有歧义，引导求职者往好的方向理解，求职者一旦成功签约，将后悔莫及。对于拿不准的求职信息，多找几个人商讨，肯定有益无弊。

（五）避免盲目从众心理

每个人的特长、专业有差别，即使同样的专业，也因人而异。因此，在求职时，大学毕业生千万不要有随大流的想法。寻找什么样的工作岗位，一定要结合自己的特长和兴趣爱好，切不可盲从。如果只是听别人说这个岗位好，就盲目签约，结果可能是工作不久就想毁约，也可能是在工作中产生消极怠工的现象，严重的还会导致失业。

（六）留下适合自己的信息

大学生用各种各样的方法，从不同途径收集的信息，当然不可能全部保留，要经过筛选、比较，然后按照自己拟定的求职方向及计划，留下适合自己的信息。将这些信息分门别类地进行整理，理清应聘顺序和应聘重点后，再逐个应聘，以实现就业目标。

🔍 案例　　　　　**正确的选择应该是适合自己的职位**

刘艳是某学校行政管理专业的应届毕业生，听别人说现在电力行业收入高、福利又好，加上父母对其求职的影响，刘艳决定将求职定位在大城市的供电局。但在人才市场上几乎无法收集到有关供电系统相关单位招聘的职位，家人也托人找关系，但始终没有回音。刘艳由于执意要进供电局工作，错失了许多就业机会，直到现在都还在家里待业。

【启示】从以上案例可以看出，大学生就业不能太"执着"。为什么不能绕过这种盲目从众的心理，选择适合自己的职位呢？对于应届毕业生而言，除了要正确筛选各种求职信息外，还应明白，适合自己的职位才是最好的。对于刘艳来说，她可以制作一个适合自己的职业清单，根据清单去尝试、去应聘，而不是执着于供电局这一个选择。

🎈 知识链接

筛选重要的求职信息时，应寻根究底，仔细了解具体内容，如岗位的历史、现状、前景、要求条件等。该职位的待遇、进修培训、晋级等信息要通过合适的方式侧面了解。了解得越深、越透彻，才越能准确地找到适合自己的职业。

（七）制作就业信息相关表格

大学生通常会收集足够多的就业信息，即便是进行筛选后，也会存在一定数量的信息。这时，为了方便对信息进行管理，大学生可以制作一些存储和展示这些信息的表格，如表 4-1 所示的就业信息统计表。

表 4-1 就业信息统计表

单位信息	名称			
	地址			
	规模实力			
岗位信息	岗位职责			
	福利待遇			
	发展前景			
招聘安排	应聘流程			
	时间地点			
	联系方式			

（八）进一步处理就业信息

对于初步筛选并记录到统计表中的就业信息，大学生可以通过绘制表 4-2 所示的就业信息分析表，对自己的能力、兴趣和工作之间的关系进行分析，看看自己的职业竞争力能否与就业信息匹配，进一步筛选适合自己的就业信息。

表 4-2 就业信息分析表

重点参考		非常熟练	值得参考	
		可以胜任		
非常愿意做	愿意做	竞争力	有兴趣做	最好不做
备选参考		不太胜任	绝不参考	
		不胜任		

表中左右坐标延伸分别是"非常愿意做"和"最好不做"的工作；上下坐标延伸分别是"非常熟练"和"不胜任"的工作。由左右和上下坐标轴划分出的 4 个大区域代表就业信息与自己的匹配程度，分别是左上方的"重点参考"、右上方的"值得参考"、左下方的"备选参考"和右下方的"绝不参考"。

三、就业信息的合理利用

在完成了对就业信息的收集和筛选后，就需要合理利用这些重要的信息。就业信息的运用包括自己运用信息、迅速反馈信息和分享给他人 3 个方面的内容，下面分别介绍。

（一）自己运用信息

大学生自己运用信息的标准应该是信息是否适合自己，无论信息的准确性、及时性、有效性多么高，如果不适合自己，那么它就没有价值。大学毕业生在择业时，要将自己的实际情况与就业信息进行认真的对比衡量。

（二）迅速反馈信息

就业信息具有很强的时效性，收集到足够的信息进行筛选后，大学生应该尽早决断，并向用人单位反馈信息。如果在反馈信息的过程中表现出犹豫不决、模棱两可的态度，可能会丧失就业机会。

扫码看微课

就业信息整理与使用

（三）分享给他人

收集到的信息中存在对自己没用、但对他人可能十分有用的情况。遇到这种情况时，可将其分享给他人使用，这不仅对他人有帮助，而且增加了与他人交流信息的机会。通过这种交流，也许可以从他人那里获得对自己有益的信息。

第四节　课后思考与练习

（1）根据本章所学的内容，说说大学生就业信息收集工作中主要应该收集哪些方面的就业信息。

（2）就业信息的获取渠道主要有哪些？

（3）参加一次招聘会，收集两条以上的就业信息。

（4）制作一张简历投递跟踪信息的表格，将简历的投递时间、投递途径、目标岗位、联系方式等作为跟踪信息进行收集。

第五章
大学生求职材料制作

05

　　求职材料是求职者向用人单位推荐自己的"名片"，是求职者顺利叩开用人单位大门的敲门砖，也是求职者与用人单位沟通的第一座桥梁。用人单位通过求职材料来了解大学生求职者的身份、能力和个人素质等基本情况，并以此判断和评价求职者的工作潜力，最终确定是否给予其面试机会。所以，一份具有说服力和吸引力的求职材料是成功就业的重要一步，大学生就业过程中需要精心制作和准备求职材料，才能给用人单位留下深刻、良好的印象。本章就将介绍如何准备和制作求职材料。

学习目标

◆ 了解求职材料的类别与制作要求。

◆ 掌握制作个人简历和撰写自荐信的方法。

◆ 熟悉就业推荐表的准备过程。

⚆ 案例导入

　　王明去应聘一家软件公司的市场主管职位。他在面试之前做了充分的准备，不仅精心准备了个人简历，而且撰写了自荐信，并在自荐信中附上了一份对该公司产品的市场调研报告。王明从产品特性、客户需求、竞争对手等方面做了调研，并写出了自己对市场的理解以及未来工作的目标。软件公司的主管对该市场调研报告赞不绝口，认为王明的应聘准备充分，且有自己的看法，当场就录用了王明。

【案例小贴士】

　　从以上案例可以看出，大学生在准备求职材料时，除了个人简历这一标配外，可以考虑准备自荐信。自荐信通常是针对特定的工作岗位来写的，首先要与岗位要求相符合；其次，应符合自荐信撰写格式的要求；再次，自荐信要用词恰当，字数适宜，自我推销适度，使人读起来不觉得乏味；最后，不要出现明显的语法、文字、用词等错误。王明除了准备自荐信外，还附上了市场调研报告，说明王明对这次招聘非常用心，且对公司有充分的了解，是一个加分项。通常企业也非常喜欢这种认真做事、努力工作的员工，最后王明因为求职材料准备充分且准备用心而获得了这份工作。

第一节 求职材料的内容与制作要求

求职材料是用人单位了解大学生求职者的基本途径，是用人单位决策的重要依据，对于用人单位是否要与该大学生求职者做进一步的接触，有着不可估量的作用。对于大学生来说，制作专业且个性化的求职材料是争取就业机会的重要步骤。下面分别介绍求职材料的内容和制作要求。

一、求职材料的内容

大学生就业过程中所涉及的求职材料一般包括个人简历、自荐信和毕业生就业推荐表等材料，下面分别进行介绍。

（一）个人简历

个人简历反映的是大学生求职者个人情况的简要经历，是大学生学习、生活、实践和工作的经历与成绩的概括和总结。个人简历能直接和全面地向用人单位反映关于大学生的个人信息。用人单位从大学生的个人简历中能够直接获取该大学生在专业知识、个人能力、性格品德、工作经验和实践业绩等方面的综合表现，形成一个初步的印象，从而决定该大学生求职者能否参加下一轮的面试。图 5-1 所示为某大学市场营销专业某应届毕业生的个人简历。

个人简历在大学生就业中的作用主要表现在以下 3 个方面。

1. 说明个人经历

个人简历中通常需要对大学生的个人情况进行详细和具体的说明。例如，基本信息、教育经历、实习经验、技能证书和自我评价等，能反映大学生求职者大部分的客观情况，这是对自荐信中自我推荐的补充和说明。

2. 通过介绍让用人单位全面了解自己

个人简历的写作目的是通过详细介绍，让用人单位全面地了解自己，用以证

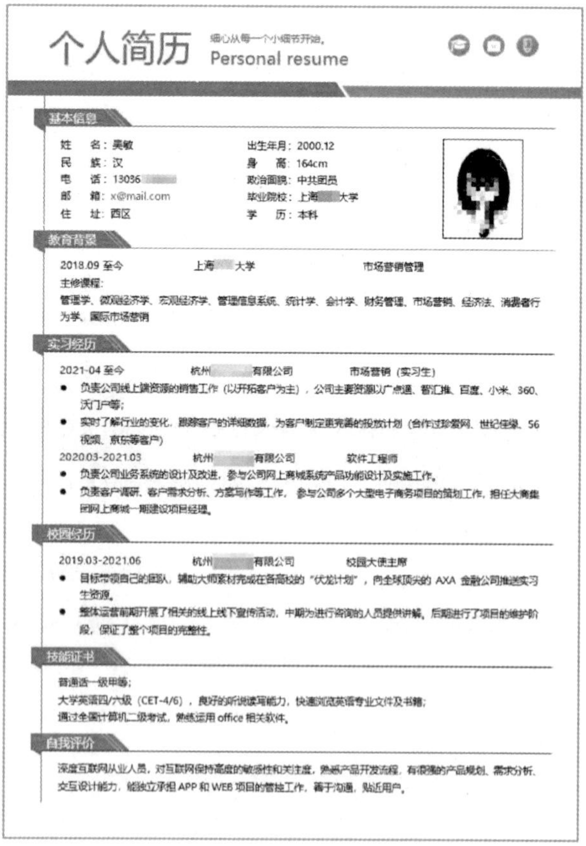
个人简历 细心从每一个小细节开始。 Personal resume

基本信息

姓　名：吴敏　　出生年月：2000.12
民　族：汉　　身　高：164cm
电　话：13036　　政治面貌：中共团员
邮　箱：x@mail.com　　毕业院校：上海大学
住　址：西区　　学　历：本科

教育背景

2018.09 至今　上海大学　市场营销管理
主修课程：
管理学、微观经济学、宏观经济学、管理信息系统、统计学、会计学、财务管理、市场营销、经济法、消费者行为学、国际市场营销

实习经历

2021-04 至今　杭州有限公司　市场营销（实习生）
- 负责公司线上端资源的销售工作（以开拓客户为主），公司主要资源以广点通、智汇推、百度、小米、360、沃门户等；
- 实时了解行业的变化，跟踪客户的详细数据，为客户制定更完善的投放计划（合作过珍爱网、世纪佳缘、56视频、京东等客户）

2020.03-2021.03　杭州有限公司　软件工程师
- 负责公司业务系统的设计及改进，参与公司网上商城系统产品功能设计及实施工作。
- 负责客户调研、客户需求分析、方案写作等工作，参与公司多个大型电子商务项目的策划工作，担任大商集团网上商城一期建设项目经理。

校园经历

2019.03-2021.06　杭州有限公司　校园大使主席
- 目标带领自己的团队，辅助大师素材完成在各高校的“伏龙计划”，向全球顶尖的 AXA 金融公司推送实习生资源。
- 整体运营前期开展了相关的线上线下宣传活动，中期为进行咨询的人员提供讲解，后期进行了项目的维护阶段，保证了整个项目的完整性。

技能证书

普通话一级甲等；
大学英语四/六级（CET-4/6），良好的听说读写能力，快速浏览英语专业文件及书籍；
通过全国计算机二级考试，熟练运用 office 相关软件。

自我评价

深度互联网从业人员，对互联网保持高度的敏感性和关注度，熟悉产品开发流程，有很强的产品规划、需求分析、交互设计能力，能独立承担 APP 和 WEB 项目的管控工作，善于沟通，贴近用户。

图 5-1 某大学市场营销专业某应届毕业生的个人简历

明自己适合所求职位的工作。

3.　全面展示自己的能力和素质，给用人单位留下良好印象

个人简历是一份大学生学习经历和工作实践的历史记录，不仅要展示大学生求职者能做什么，做过什么，还要反映做得怎样，具备哪些能力和素质。

（二）自荐信

自荐信又称自荐书，是大学生在就业过程中收集到用人单位的招聘信息后，针对特定单位（岗位）的特定人撰写的包括自我介绍等内容的特殊信件，主要功能是通过表达求职意向并概述自身能力引起对方的重视和兴趣，从而取得面试机会，达到成功求职的目的。

> **知识链接**
>
> 在大学生就业过程中，个人简历和自荐信这两种求职材料是有很大区别的：在文本结构上，个人简历的格式包括报告和论文等形式，自荐信的格式只能是信件；在撰写对象上，个人简历针对的是特定岗位，自荐信针对的是个人；在具体内容上，个人简历主要描述大学生求职者的客观情况，自荐信表述的是大学生求职者的主观愿望，突出个人的特征与求职意向，从而打动招聘人员的心，是对简历的简洁概述和补充。

（三）毕业生就业推荐表

毕业生就业推荐表是学校为毕业生特制的求职材料，通常是一种由本校的毕业生就业指导中心发给每位毕业生填写的综合反映学生在整个大学期间基本情况的较为规范的表格。因为该表格中通常附有学校意见（鉴定、评价等），所以具有权威性和可靠性，用人单位往往对毕业生就业推荐表比较重视，大学生对这种求职材料需要认真填写、妥善保管。

（四）其他求职材料

除自荐信、个人简历和毕业生就业推荐表外，还有一些其他的求职材料，其功能是对以上3种求职材料的补充和证明，主要包括以下几种类型。

（1）毕业证书、学位证书、学历证书和结业证书。

（2）"三好学生""优秀学生干部""优秀团员""优秀毕业生"等荣誉证书。

（3）大学英语四（六）级考试成绩报告单、全国计算机等级考试证书。

（4）各类奖学金等级证书。

（5）各类技能证书、各种职业证书。

（6）社会实践（实习）鉴定。

（7）征文比赛、文艺演出、体育运动会、社团活动等获奖荣誉证书。

（8）在正式出版物上公开发表过的文学作品、科研论文、美术设计作品、音像制品、摄影作品及各类小制作、小发明、小创作的图像资料。

（9）学校院系教师的推荐信。

所有能够展示和反映大学生自己各方面能力的材料尽量齐全，让用人单位过目时最好有原件，如果只是投递材料，则应选择具有代表性的证件复印件。图5-2所示为某大学生的大学英语六级考试成绩报告单和奖学金证书。

图 5-2 某大学生的大学英语六级考试成绩报告单和奖学金证书

二、求职材料的制作要求

由于求职材料在大学生就业过程中具有重要的作用，所以大学生准备和制作的求职材料应该具备一定水平。通常情况下，制作一份优秀的求职材料应该遵循以下几个原则。

（一）全面真实，格式规范

求职材料既要全面反映自身的基本情况，又要反映自己的求职目标与意向等内容。所以，求职材料的内容应全面，突出重点，切忌长篇大论。尤其要注意的是，求职材料在内容上必须真实，这既是大学生诚信素质的表现，又是获得求职成功的首要条件，切忌为了赢得用人单位的好感而弄虚作假，那样只会弄巧成拙，导致就业失败。

扫码看微课

求职材料的准备

大学生在制作全面真实的求职材料时，应避免以下几种现象。

1. 刻意漏填

真实地填写大学生求职的各种资料是保证求职材料权威性的主要方式之一。求职材料中的必填项目，例如民族和籍贯、学习经历、奖惩情况等，大学生应该如实填写，如果故意漏写或欺瞒，就可能引起用人单位的反感，影响就业。而一些选填的项目，大学生则可以选择对自己就业有利的项目进行填写。

2. 虚构经历

虚构经历是指大学生为了得到用人单位的青睐，编造了在校期间的社会实践和获奖情况，甚至有些将其他优秀大学毕业生的简历换成自己的名字。这些做法往往适得其反，一旦被发现，轻则失去该用人单位求职的机会，重则被用人单位记录到失信人员名单中，影响其在某行业或领域中就业的机会。

此外，求职材料在格式设置方面应尽可能统一、规范，不用特殊、生僻的字体，字号大小应符合日常公文的要求，给用人单位留下良好的印象。

（二）突出重点，针对性强

突出重点、针对性强是指根据用人单位的任职要求，在全面展示自我的基础上，求职材料要根据不同的单位和其任职要求有所差异，突出强调自己能力与职位相符的部分。下面介绍几种不同类型单位对自荐材料的要求。

（1）如果想去三资企业（在中国境内的中外合资经营企业、中外合作经营企业、外商独资经营企业的合称）应聘，需要在求职材料中强调自己的外语水平，以及各种外语等级考试成绩或相关证书，最好准备中英文对照的求职材料。

（2）如果想去政府机关应聘，需要在求职材料中强调自己曾经在类似单位的实习经历及在实习中的收获。

（3）如果想去广告设计类企业应聘，需要在求职材料中体现出求职者的个性和创意。

（4）如果想去新闻单位应聘，需要在求职材料中体现出求职者较强的文字功底。

制作重点突出和有针对性的求职材料，至少能够让用人单位通过材料判定求职者是一个很用心的人，为进入下一轮应聘竞争奠定一定基础。

知识链接

在求职材料中突出展示大学生自己的优点、特点时，要避免使用空洞、宽泛的语言，如思想道德品质好，组织管理能力强，人际沟通好等自我评价，而应该使用具体的实例佐证自己的能力和优点、特点，这样更容易得到用人单位的青睐。

（三）设计美观，杜绝错误

求职材料无论是手写还是计算机打印都要注重大方、整洁和美观。现在大多数用人单位在进行招聘时都比较重视求职者求职材料的美观性，如果非设计类专业的大学生想使求职材料更加美观，可考虑在网上下载比较符合自己特点的自荐材料模板，然后在模板基础上修改为自己希望的效果。通常情况下，求职材料应采用 A4 纸打印或复印，所有材料都要进行必要的版面设计。例如，理、工、农、医等专业的大学生的求职材料版面最好体现出自然、朴实、理性或洁净的风格；文学、艺术、信息、软件设计等专业的大学生的求职材料的版面则最好体现出创意和个性的风格。

除了设计的美观性，制作求职材料还有一个重要的注意事项，那是要认真细致，杜绝错误。无论是语法错误，还是错别字、标点符号错误或印刷错误，都应尽量避免。因为任何一个小小的错误都可能会折射出大学生求职者的水平不高，容易给用人单位留下不认真、不负责的印象，导致失去求职的机会。

（四）项目列点，逻辑清晰

在撰写求职材料时，有些项目的内容可能会较多，如工作经历、奖惩情况、教育经历等，为了使这些信息直观地呈现在阅读者眼前，大学生应该将其按一定顺序分条罗列。例如，对于教育经历，建议按照时间顺序倒序罗列；而对于工作经历，则应将与应聘岗位相关的信息列在前面。

招聘者面对多份材料时，一般不会花很多时间在一份材料上。因此，大学生必须将自己的求职材料整理得项目分明、逻辑清晰，这样招聘者才能清晰、快速地了解到材料上的信息。

第二节　制作求职材料

大学生在就业过程中需要制作的求职材料主要包括个人简历和自荐信两种，下面分别介绍其制作过程和相关注意事项。

一、制作个人简历

个人简历是大学生向用人单位推销自己的广告和形象代表，一份出色的个人简历是大学生求职成功的"敲门砖"。个人简历在内容上要真实、可信，不夸大其词或弄虚作假，客观、全面，既充分展示自己的能力和才华，又能使用人单位全面了解自己、最终接受自己；在形式上要整齐、美观、素雅，并突出专业化的特点。下面就从个人简历的格式、组成部分、填写的基本原则、制作技巧和使用场合等方面进行介绍。

（一）个人简历的格式

个人简历的格式通常按外表形式来划分，有表格式、文本式、小
册子式、时序式、职务式等多种类型，下面介绍最常用的两种格式。

扫码看微课

优秀简历的设计与制作

1. 表格式个人简历

表格式个人简历是以表格的形式，综述多种资料，层次分明，易于阅读，可以比较直观、清晰地将求职者的个人情况、经历展示出来。这种格式的个人简历适用于年轻的大学生求职者。图 5-3 所示为表格式个人简历模板。

2. 文本式个人简历

文本式个人简历是一种只使用文字的个人简历，这种格式一般适用于工作经历丰富的求职

者。文本式个人简历一般是按照时间顺序，根据需要有选择地列出求职者自己的学习、工作经历，条理清楚，能充分展现自己的技能和个人素质。图 5-4 所示为文本式个人简历模板。从中可以看出，除了个人基础信息外，大部分采用文本形式介绍求职者的教育经历、工作经验、专业技能、工作成绩和自我评价等。

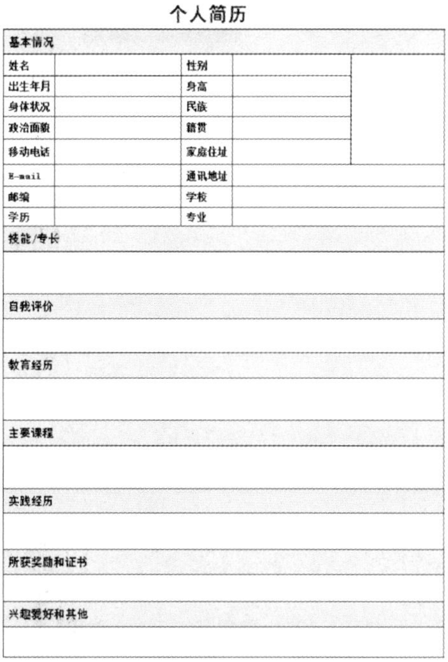

个人简历

基本情况				
姓名		性别		
出生年月		身高		
身体状况		民族		
政治面貌		籍贯		
移动电话		家庭住址		
E-mail		通讯地址		
邮编		学校		
学历		专业		
技能/专长				
自我评价				
教育经历				
主要课程				
实践经历				
所获奖励和证书				
兴趣爱好和其他				

图 5-3 表格式个人简历模板

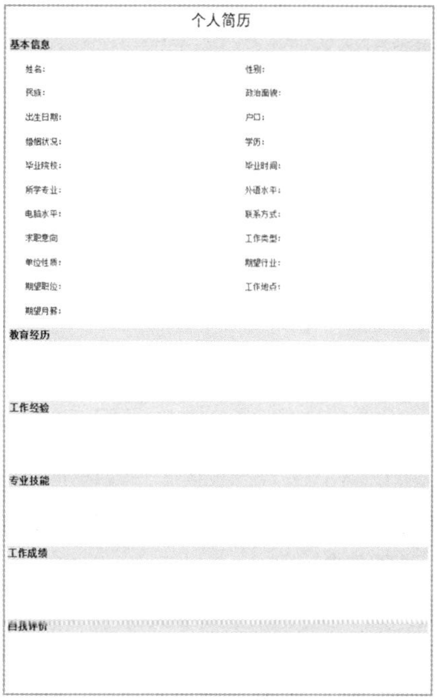

个人简历

基本信息

姓名： 性别：
民族： 政治面貌：
出生日期： 户口：
婚姻状况： 学历：
毕业院校： 毕业时间：
所学专业： 外语水平：
电脑水平： 联系方式：
求职意向 工作类型：
单位性质： 期望行业：
期望职位： 工作地点：
期望月薪：

教育经历

工作经验

专业技能

工作成绩

自我评价

图 5-4 文本式个人简历模板

（二）个人简历的组成部分

个人简历包含了求职者和应聘职位的相关信息，个人情况不同通常会导致具体内容有所差异。大学生就业求职制作的个人简历通常应该包括以下组成部分。

1. 封面

在个人简历中，封面不是必需的，但封面可以展示求职者的风格，体现求职者对于用人单位的重视，也可以保护简介的内页不受污损，所以建议大学生为自己的简历加上封面。个人简历的封面应该尽量简洁，写明“简历”，在设计上可以体现出个人特色，也可注明姓名、学校、专业、联系方式等信息，如图 5-5 所示。

2. 标题

个人简历最好写上一个标题，常用标题包括“简历”“个人简历”“求职简历”等。

3. 个人基本情况

个人基本情况主要包括姓名、性别、年龄（出生年月）、籍贯、民族、身体状况、政治面貌、学历、学校、专业、毕业时间等。一般情况下填写个人基本情况时，应讲究条理性和点到即止，关键信息写出即可；有的项目用人单位没有特别要求，可以省略，避免给用人单位带来信息比

"户口本"还详细的感受。

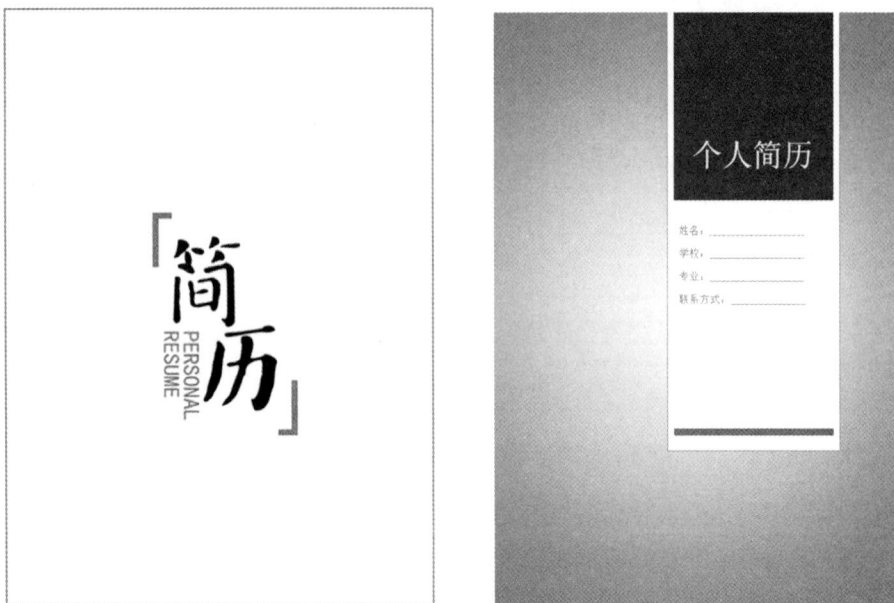

图 5-5　个人简历封面

4. 联系方式

联系方式主要包括通信地址、电话号码、电子邮件、微信或 QQ 号码等，也可以归类到个人基本情况中。有些大学生喜欢频繁地换手机号码，当用人单位需要和其取得联系时，往往无法迅速找到，导致大学生失去一次就业机会，所以，个人简历中的联系方式最好是大学生常用的，且保留多种。

5. 求职意向

在填写求职意向时，一定要写清楚，要直截了当地表明想要应聘的职位，如"求职意向：行政助理"，方便用人单位了解求职者的求职意向。

6. 教育经历

教育经历主要包括大学生个人从高中阶段至就业前所获得最高学历阶段之间的经历。"教育经历"对大学生的个人简历来说是排在第一位的重要信息，包括毕业学校、所学专业、学位等。填写时，注意时间上应该是倒序，即把获得的最高学历写在前面，即博士、硕士、学士等。

7. 主要课程

大学生应将在校学习的主要课程（主修课、辅修课与选修课）罗列出来，尤其是体现与所谋职位相关的学科和专业知识，当然，不必面面俱到。如果用人单位对大学生的学习成绩感兴趣，大学生还可以进一步提供详细的成绩单，不需要在求职简历中过多地描述。如果想强调专业特长，尤其是特殊专业，可以把与应聘工作相关的课程，特别是专业课程集中起来，以使用人单位能够一目了然。

知识链接

　　需要注意的是，如果招聘职位与所学专业对口，则不需要写主修课程；如果专业不对口，则应写出与招聘职位有相关性的五六门核心课程。

8. 实习实践经历

　　实习实践经历及所获得的技能是大学生个人简历的核心部分，是反映大学生生产实践能力和岗位适应能力的重要参考内容。无论是全职还是兼职，是校园实习还是社会实践，是发表的文章还是科研成果等，都可以算是大学生的实习实践经历。大学生在个人简历中可以展示的实习实践经历主要有以下3种。

　　（1）社会活动和课外活动。社会活动和课外活动主要是指志愿者活动、社区活动、夏令营等。现在越来越多的用人单位渴望招聘到具有一定应变能力，能够从事各种不同性质工作的大学毕业生，尤其是商贸公司。在这些社会活动中，大学生的责任心、协调能力、社交能力及人格修养将得到充分的展示，所以，对于仍在求学，尚无社会经历的大学生来说，社会实践活动和课外活动是个人简历中一个相当重要的组成部分。

　　（2）勤工俭学经历。即使勤工俭学的经历与应聘职业无直接关系，但勤工俭学可以显示大学生的优良品质，并给用人单位留下能吃苦、勤奋、负责、积极的好印象，而且用人单位可以从中了解大学生的志向、爱好、组织能力、领导能力、团队协作精神和吃苦耐劳精神等。

　　（3）生产实习。生产实习提供了学生理论联系实际的机会，可以增加阅历，积累工作经验。描述该内容时，应尽可能写得详细、具体，并强调获得的收获。如果有较多工作经验，也可有选择地列出与应聘职位有关的经历。

　　具体说来，实习实践经历一般包括职务、职责及业绩等内容，其中，工作成就尽量用数字量化表达，使用具体数据来叙述其真实性和说服力更强，避免使用"许多""大量""一些""几个"这样模糊的词汇。如果需要介绍多个实习实践经历，则应分点罗列，并将含金量高的、与求职意向相关性高的项目放在前面。

案例
个人经历应具体

　　罗明强是某学院市场营销专业的应届毕业生，他虽然专业成绩只排名中游，但自入学以来一直担任班干部或社团干部，并积极参与校内外活动，有着丰富的社会实践经历。他认为自己能够获得一份不错的工作，学校的就业指导老师对他的就业前景比较乐观，但是他向几家公司投递简历后，连一次面试的机会都没有。

　　罗明强很沮丧地找到就业指导老师，希望老师帮他找出问题。就业指导老师发现，罗明强的简历上"个人经历"一栏是这么写的："大一上学期担任班长，大一下学期担任辅导员助理，大二担任系自律会宣传部副部长。在大学期间，有过发传单、做服务员、电话销售的兼职经历。"

老师指出，罗明强虽然经历丰富，但是这样的表述方式无法体现出他的优点。罗明强在老师的指导下对这部分内容做出了如下改动。

大学期间担任了多项校内职务。

（1）大一上学期当选班长，参与组织了班级新生晚会活动，得到了同学们的认可，所在的班获得本校"优秀班集体"荣誉称号。

（2）大一下学期被辅导员任命为助理，协助辅导员工作，参与了班级在校运会活动中的组织工作。

（3）大二担任系自律会宣传部副部长，参与组织了3次系大型活动，部门表现突出，收到了系主任的表扬。

在大学期间有丰富的工作经历。

（1）大一时，在周末兼职为餐厅发传单，因表现突出获得了服务员的固定兼职工作，到学期末，保持服务员工作零投诉。

（2）大二时，在一家保险公司兼职做电话销售，靠提成挣到了一学期的生活费。

经过这番修改后，罗明强将简历投递给了心仪的企业。在经过了忐忑的等待后，他最终接到了该企业的面试通知。

【启示】从以上案例可以看出，个人经历应该分条罗列，并应该写得具体。开始，罗明强用一整句话概括自己的个人经历，没能引起招聘者的重视。经过老师的指导，他将这些内容分开写，写得很具体，并且每一项经历后都加上了自己取得的成绩，展示出了自己的素质和能力，所以得到了企业的垂青。

9. 外语、计算机和其他水平

外语作为一种工具，计算机水平作为一种技能，越来越被用人单位重视。因此，大学生除了在个人简历中写明已达到学校相关的教学要求外，也别忘了展示取得的成绩单以及资格证书、等级证书，如大学英语四、六级考试成绩报告单，计算机等级证书，驾驶证，教师资格证等。

10. 获奖情况

大学生在个人简历中也需要将在校期间获得的各种奖励、奖学金或其他荣誉称号列举出来，这些是大学生的闪光点，能够增加用人单位对求职者的好感。获奖情况具体包括获奖学金、三好学生、优秀学生干部、优秀团员、社会实践优秀个人、优秀社团负责人等。需要注意的是，在罗列奖项时一般应采用时间倒叙的形式，或者按奖项价值从大到小的顺序进行排列。

11. 能力

能力应包括教育培训的程度，因为教育和培训可以转化为能力，能力是求职择业和事业成功的重要保证。能力包括的内容很多，主要可分为以下两个方面。

（1）思维能力。思维能力主要包括思维的独立性、抽象性、敏锐性、批判性、创造性、灵活性等方面。

（2）工作能力。工作能力主要包括言语表达（包括外语）能力、写作能力、学习能力、专业能力及发明创造能力等。如果谋求某个职位，求职者还应分析自己的工作成绩和缺点，以便在求职时可以扬长避短。

12. 兴趣爱好

人们对职业的选择往往以自己的兴趣和爱好为出发点，这就更应该认真分析自己的兴趣和爱好。例如，大学生在工作、学习之余，是爱好读书还是闲聊，是爱好跑步还是打球，是爱好舞蹈还是音乐等，这些是在求职择业前必须考虑的因素。大学生可以直接描述自己的性格特点，因为性格特点与工作性质关系密切。需要注意的是，描述兴趣爱好时，用词要准确，以展示自己的品德、修养或社交能力及协作能力等。

13. 自我评价

自我评价一般是概括自己的突出优势、工作态度或座右铭等，表达不能太啰唆，应言简意赅，力求有总结升华的效果。

（三）填写个人简历的基本原则

个人简历虽然没有固定的格式，但大学生在填写过程中应遵循基本的原则。

1. 真实客观

简历是大学毕业生交给企业的第一张"名片"，不可以撒谎，要客观描述大学生自己的情况，尽量避免主观性评价。例如，"本人对待工作严谨且认真负责，在实习过程中表现出色"，这种主观性评价很难令用人单位信服，不如直接提供客观的展示能力的事实和数据。例如，"实习期间在公司的销售业绩一直排名第一"。

另外，对于自己的能力描述不可以夸大，可以选择优化处理，即将自己的强项突出展示，将弱势忽略。例如，可以重点突出自己在校时的实习、志愿者等工作经历，并从这些经历中提炼出自己的收获，而这些收获很可能在今后的求职过程中持续发挥效用。

2. 重点针对

用人单位希望看到求职者对自己应聘的职位采取的是认真、负责的态度，因此，如果求职者在个人简历的陈述中没有重点针对该职位的内容，没有围绕一个求职目标来写，或把自己描述成一个适合于所有职位的求职者，那么很难在求职竞争中胜出。

一份个人简历应该有针对性地围绕一个求职目标。如果大学生有多个求职目标，最好制作多份不同的个人简历。也就是说，大学生求职于不同的行业、不同的公司和不同的职位时，提供的个人简历应该是不同的。另外，大学生应该清楚招聘单位的基本情况和招聘要求，个人简历的内容要针对用人单位和职位的需求，要根据不同职位的要求在简历中突出自己与之相应的能力与经历。例如，某职位需要求职者具备良好的英语口语能力，应聘该职位的大学生提供的个人简历中就可以突出自己做过业余涉外翻译的经历。

与重点针对相反的就是含糊、笼统和没有重点。用人单位招聘的通常是适合某一个特定职位的人，需要通过求职者的个人简历得到"应聘者可以为他们做些什么"的答复，含糊、笼统、毫无针对性的个人简历无法吸引用人单位的注意，会使求职者失去进一步面试的机会。

3. 简洁有利

简洁是指个人简历的内容应该简短且富有感召力，因为简历越长，被认真阅读的可能性越小。大学生的简历应该限制在一页以内，个人概况的介绍最好不要以段落的形式出现，尽量运用短语，做到言简意赅。另外，个人简历中可以写一段总结性的语言，陈述自己在求职上最大的优势，然后在个人介绍中，将大学生求职者职业发展规划与担任本岗位的优势，通过过往的经历和成绩展现出来。

有利则是指个人简历中要陈述有利信息，争取投递成功，也就是说，尽量避免在简历筛选阶段就遭到拒绝。在个人简历中，相应的教育前景、技术水平和能力是大学生在求职过程中取得成功的关键，只有符合这些关键条件，并将这些信息在个人简历中进行有利陈述，才能打动用人单位并赢得面试机会。

（四）制作个人简历的技巧

研究表明，一般人平均每次集中注意力的时间不超过 15 分钟，而负责招聘的人员认真阅读一份没有明显错误的个人简历的平均时间仅为两分钟。通常情况下，负责招聘的人员会用"扫描"的方式浏览收集到的求职简历，因此，大学生撰写个人简历时需要掌握以下技巧，才能避免在"扫描"时被直接淘汰。

1. 突出关键，吸引目光

个人简历的整体内容较多，在一些需要引起重视的地方，或者某些关键词上，可以采用粗体、标红、添加下划线等方式进行突出强调。整个个人简历中一般可有三四处采用此方法。

2. 精心策划，重点在前

在个人简历中，可以将外语、计算机水平等专业方面的特长放在靠前的位置，然后再针对招聘职位的要求，展示自己适合该职业的能力和特长。

3. 消除错字，避免歧义

目前的个人简历大多是用计算机制作的，打字时易出现错别字，例如，将"师范大学"错打成"示范大学"等。有的个人简历的某些语句甚者会产生歧义。避免出现错别字和歧义的方法是在投递前和同学互换个人简历，互相参看检查。

4. 根据用人单位情况张贴照片

如果需要在个人简历上张贴照片，需要注意照片中自己的发式、穿着、打扮要和应聘工作的性质相符。例如，在艺术、公关、外贸等行业中工作，照片就要精致一些，具有商务的气质或风格；应聘学校、科研院所、政府机关或企事业单位，照片就要庄重、典雅、朴实一些。

5．个人简历与自荐信相互补充

个人简历不必太长，可以精心地选择一个合适的角度，或抒以志趣，或自我评价，或对工作中的某个问题谈谈自己的见解，目的是突出自己的优点，给用人单位留下深刻的印象，同时告诉用人单位自己是一个自身价值清晰，目标追求明确，且非常适合该职位的人。至于大学生要展示其他方面的能力或个人素质，可在自荐信中进行补充，二者相互印证，力求让用人单位对自己有一个全面、客观的认识。

🪂 知识链接

在就业求职的实际操作中，鉴于大部分用人单位通常直接看个人简历，如果招聘要求中要求个人简历附带自荐信，自荐信应该位于个人简历之前。也就是说，可以把个人简历当作一个正式会面，自荐信则是见面前的一个自我介绍。自我介绍是否能让用人单位全面深入地了解自己，并给予一次正式见面的机会，就要看自荐信的精彩程度。当然，如果自荐信写得好，个人简历却空洞无物，最终可能也无法实现就业目标。综上所述，通常正式的求职材料应该包含自荐信和个人简历两项内容，如果只准备一种求职材料，则自荐信可以舍去，个人简历是必备内容。

6．个人简历完成后的检查

大学生在撰写完个人简历后，最好对全部内容进行检查。例如，调整格式，使简历看上去清晰、美观；检查用词和拼写，不要出现基本的语法错误。大学生也可以把个人简历拿给学校的就业指导老师，或者其他有经验的人看看，并根据他们提出的建议，进一步完善简历内容。

（五）个人简历的使用场合

在就业过程中，并不是所有的场合都需要使用个人简历，个人简历的使用场合往往有一定的局限。通常在下列情况下个人简历可以派上用场。

（1）大学生在各种媒体中看到招聘信息时，可以将个人简历寄到用人单位。

（2）大学生在参加招聘会或访问用人单位时，可以多带几份个人简历。

（3）大学生需要拜托朋友或亲戚帮忙找工作时，也需要准备多份个人简历，让朋友或亲戚递给用人单位。

（4）大学生在参加用人单位面试时，个人简历可以作为介绍自己的基本参考资料。

（5）大学生在参加用人单位面试后，可以留几份个人简历供用人单位存档，或给有关人员传阅使用。

（6）大学生在毕业后，可以将个人简历留给自己的校友、学弟、学妹作参考资料。

二、撰写自荐信

自荐信是通过表述求职意向和概括自身能力，引起用人单位的重视和兴趣，进而引导用人单位进一步查看个人简历并详细了解求职者的重要求职材料，因此，学会制作自荐信是大学生就业过程中需要掌握的一项重要技能。下面分别介绍自荐信的特点、格式、内容、撰写技巧等内容。

（一）自荐信的特点

自荐信是展示个人才能、自身个性的主要方式，求职者可根据应聘职位的需求重点描述自己与该职位匹配的特长或经历。一份成功的自荐信需要具有如下特点。

（1）着眼现实，有针对性，能对用人单位的情况有所了解，以免脱离实际说外行话。

（2）实事求是，言之有物，优点要突出，缺点也不要隐瞒，不可夸夸其谈，弄虚作假。当然，对缺点的论述要适度，点到为止。

（3）富有个性，不落俗套。如果能谈一谈行业前景展望、市场分析或建设性意见会有更好的效果。在这方面没有模板，求职者需要动脑筋发挥。

（4）言简意赅，用语得当，用词及标点准确无误。

（二）自荐信的格式

由于自荐信属于书信的范畴，所以，其格式应当符合书信的一般要求，主要包括称呼、正文、结尾、落款和附件5个方面的格式。

1. 称呼的格式

自荐信的称呼通常位于第一排，不用空格，直接撰写，以冒号结尾。

2. 正文的格式

正文是自荐信的核心部分，主要包括求职缘由、自己的条件、专业特长、业务技能、其他潜在能力和求职目标等内容。大学生要根据用人单位的招聘信息或要求来具体介绍自己，通过对自己能力的描述，有针对性地推荐和介绍自己，表明自己拥有胜任某个工作岗位的能力。其正文开头应表示对用人单位的敬意，然后通过直叙的方式详略得当地进行表述即可。正文的格式通常和普通文本相同，每段文字都是首行缩进两个字符。

3. 结尾的格式

结尾一般应写明希望对方给予答复，期望能有机会参加面试，并简短地表示敬意、祝愿，如"此致"之类的词，然后换行顶格写"敬礼""祝工作顺利""事业发达"等相应词语。

4. 落款的格式

落款包括署名和日期两部分。其中，署名写在右下角，要写全名，并且字迹要清晰、工整，不要潦草，名字前可写上"应聘者"字样。日期一般写在署名的下方，建议用阿拉伯数字。

5. 附件的格式

自荐信中一般要放一些有效证件的复印件。例如，外语等级证书、计算机等级证书、获奖证书的复印件及近期照片等，最好有具体的附件目录。

（三）自荐信的内容

按照标准格式制作的自荐信内容也主要分为 5 个部分，各部分的主要内容如下。

1. 称呼

自荐信的称呼比日常书信所用称呼要正规。如果知道招聘单位的负责人，可以写出负责人的职务、职称等，如尊敬的人力资源部赵总监；如果不知道招聘单位的负责人，可以用"尊敬的销售主管"等。自荐信开头的称呼要尽可能准确到位，以免引起招聘方的反感，招聘方负责人的职位和姓名可从收集的职位信息中获得。

通常，写给国家机关、事业单位的自荐信可以用"尊敬的 ×× 处长（科长）"称呼；写给三资企业的自荐信可以用"尊敬的 ×× 董事长（总经理）先生"称呼；写给一般企业的自荐信可以用"尊敬的 ×× 厂长（或经理）"称呼；而写给学校的自荐信则可以用"尊敬的 ×× 教授（或校长、老师）"称呼。当然，有的自荐信也可以用"尊敬的负责同志"等称呼。

2. 正文

正文是自荐信的核心，应包括 3 个方面的内容：一是求职意向，即求职的职位或大致范围；二是自我介绍，即自己所具有的用人单位需要的基本条件和才能；三是工作态度，表达如果自己被录用后，将以怎样的态度和决心对待工作。

从形式上看，正文包括以下开头和主体两个部分，下面分别进行介绍。

（1）开头

自荐信正文的开头部分通常需要说明以下 3 方面的内容。

① 信息的来源或获得信息的渠道。开头先说明自己是如何得知该职位的招聘信息的，做到"师出有名"。这样可以避免用人单位觉得求职者没有诚意，是通过漫无目的的"大撒网"进行求职的；同时，也从另一个方面向用人单位的人事经理反馈招聘途径的效果，从而会让招聘单位对大学生求职者产生好感。例如，这样的开头"我从 ×× 人才招聘网站上看到贵公司正在招聘 ×× 职位，我寄上简历敬请斟酌。"

② 求职意向。自荐信正文的开头最好向招聘方明确求职的职位或大致范围，注意一定要开门见山地明确地写明自己对用人单位有兴趣并想应聘其招聘的某个职位，这样会显得大学生求职者的自荐信非常有针对性和条理性。

③ 对用人单位及申请职位的认识（从单位和职位的角度来讲）。这种认识分为两个方面，一是说明用人单位的一些优势或发展前景，说明职位的意义或重要性，体现大学生求职者对应聘单位和职位的认同和兴趣；二是说明用人单位所属的产业或行业性质及所求职位对工作人员在专业知识、综合能力等方面的要求，从而为顺利连接正文主体中介绍大学生自己的基本条

件并展示自己的符合职位要求的个人才能和经验等内容进行铺垫。

（2）主体

主体是自荐信正文部分的主要内容和重点。主体中的内容包括基本情况介绍和对自己符合职位要求的个人才能、经验及有关兴趣特长的展示等。

① 简单地介绍自己。这项内容主要是介绍大学生求职者个人的基本情况，如姓名、性别、年龄、政治面貌、就读学校和专业等。这里需要注意详略得当，最好能附上近期全身照片，使用人单位对求职者的基本情况有大致的了解。

② 展示自己符合职位要求的个人才能和经验等，重点是与所求职位有关的学历和经历。这项内容主要是表述大学生求职者对该用人单位的招聘岗位很感兴趣的原因，以及自己能够胜任该岗位工作所具备的条件、能力，向用人单位说明自己有着与该工作岗位所需的各种专业知识和技能，并且有一定的实践经验，让用人单位感到不论从何种角度，该求职者都能胜任此项工作，是应聘该岗位最合适的人选。

③ 兴趣特长。展示兴趣特长的目的是向用人单位介绍大学生求职者自己专业技能以外的潜能。例如，向用人单位介绍自己曾经担任过的各种社会工作职务及取得的成绩，显示自己有管理方面的潜能；应聘宣传和公关部门时，介绍自己的摄影、书法和口才等文艺特长，就能显示自己可以承担相应的工作任务。

3. 结尾

自荐信的结尾一般包括以下 3 个方面的内容。

（1）简述大学生求职者应聘该用人单位的原因（从自己的角度来讲），表明自己期望能在该用人单位供职的愿望，同时需要表达如果被录用后将以怎样的态度、行动来对待工作，并表示自己将会认真工作的决心。

（2）感谢用人单位阅读并考虑大学生的应聘，表达希望得到面试的机会，并希望尽快得到用人单位给予答复的愿望。例如，用"盼复""期盼贵公司回音"等词语结尾。此外，还可以在结尾主动表示面谈的愿望，以显示自己对应聘此岗位的重视和诚意。

（3）最后加以简短的表示敬意、祝愿之类的祝词，如"祝贵公司兴旺发达""深表谢意""祝您身体健康""祝工作顺利"等，当然也可用"此致""敬礼"之类的通用语，目的是体现大学生求职者的良好素质。

4. 落款

落款是自荐信的最后一部分内容，包括署名和日期两个部分。署名包括"求职人×××""自荐人 ×××""愿成为您部下的 ×××"等，应注意与信首的"称呼"相对应。日期则写在署名下面，最好以"年月日"的形式展示。

5. 附件

附件通常是各种证明文件复印件的列表。大学生求职者最好在自荐信的结尾处将自己的联系方式添加到附件列表中，以便用人单位通知面试。

（四）撰写自荐信的技巧

一封准备充分、有的放矢的自荐信不仅可以吸引用人单位的目光，而且可以提高求职的成功率。如果想让自荐信脱颖而出，那么就需要掌握以下撰写技巧。

1．态度真诚、摆正位置

撰写自荐信时，首先应该想清楚用人单位招聘该职位的目的，从而明白求职信中应该展示的内容；其次应该写自己能为用人单位做什么，而不是写自己得到该职位对自己有什么益处。有了这样的态度，才能摆正位置。

2．整体美观、言简意赅

自荐信的内容应该文字优美、表达流畅、简洁明了。一封用词优美、表达流畅的自荐信既能体现出大学生求职者的文学素养和语言表达能力，又能给负责招聘的人员以美的享受；相反，如果自荐信内容字迹潦草、龙飞凤舞，则会给用人单位留下不好的印象。

3．恰如其分、有的放矢

撰写自荐信的主要目的是吸引用人单位的目光，引起用人单位对自己的兴趣。因此，自荐信的开头应开门见山，尽量避免客套话、空话，直接抓住负责招聘人员的注意力，使其自然而然地往下看。自荐信的核心部分是介绍大学生求职者自己胜任工作的条件，这并非多多益善，而要有针对性，有的放矢，所以在动笔之前要着眼于现实，并对应聘单位和岗位情况有所了解，这样才能使写出的内容恰如其分。

4．以情动人、以诚感人

良好的语言有助于交流思想并感动读者，撰写自荐信更要注意这一点。自荐信的语气宜不卑不亢，不能过分客气，也要力求避免无意中伤害他人的尊严，也不能写得像在乞求。另外，自荐信不应有错别字，不要使用涂改液或橡皮擦，纸张上不要有污迹，以示对人的尊重，向用人单位表达自己对求职的诚意。

5．要有新意、拒绝平庸

如果自荐信的内容没有特色，平庸、毫无新意，就难以给用人单位留下深刻印象。撰写有新意的自荐信可以从凸显自己的特长、展示自己的文采、表现自己的书法等方面入手。但需要注意的是，内容的新意并不是自吹自擂，而是要站在实事求是的立场上，用具体的事实展示自己的能力。

第三节　准备毕业生就业推荐表

就业推荐表是学校为大学毕业生统一设计、印制的求职材料，一般由以下 3 部分组成。

（1）大学毕业生本人的情况介绍（附学校教务部门提供的在校学习成绩单）。

（2）大学毕业生所在院系的推荐意见。

（3）大学毕业生所在学校就业主管部门的推荐意见。

各大学院校的就业推荐表，其形制、内容不尽相同，这里给出一个通用模板，如图 5-6 所示，供广大同学参考。

姓名		性别		出生年月		照片
政治面貌		民族		学历		
身份证号						
所学专业						
培养方式（并轨、定向）		定向单位			全学号：	
原户口所在地						
身体状况	身高	cm	体重	kg	健康状况	
学习情况（成绩单见附）	优秀（门次）	良好（门次）	选修课（门次）	辅修专业	外语语种及水平	计算机水平
求职意向						
联系方式						
特长、社会实践及各类获奖情况						

自我鉴定	年 月 日
班主任鉴定	班主任签名： 年 月 日
学校意见	年 月 日

图 5-6 就业推荐表通用模板

知识链接

毕业生就业推荐表如果填写错误或遗失，应立即向学校毕业生就业工作办公室汇报，一经确认属实并出具证明后，方可到就业工作办公室办理补发手续。补发以一次为限。除此之外，毕业生不得任意涂改已经盖有公章的就业推荐表。

用人单位往往对就业推荐表比较重视，在发录用通知或正式签约前一般要求毕业生提供该表的原件。该表要求手写，大学毕业生在填写时应做到认真仔细、字迹端正、内容翔实，切不可马虎潦草，更不能弄虚作假。

一些学校为了保证毕业生推荐材料的真实性、严肃性、唯一性，在大学生准备求职材料时，对毕业生就业推荐表的制作和填写有以下规定。

（1）毕业生就业推荐表由各个学校的毕业生就业工作办公室统一印制，根据各院毕业生资格审查通过的人数统一发放，供毕业生向用人单位应聘时使用。

（2）毕业生就业推荐表只进行一次审核后加盖一次公章，并由毕业生所在院、系把关核实，毕业生在交到院、系盖章前应该认真检查核对，然后统一交到学校毕业生就业工作办公室，由相关部门统一出具学校推荐意见并加盖公章。

（3）毕业生领取后应认真、如实、用黑色钢笔或签字笔填写就业推荐表相关事项，字体要工整、清晰。另外，毕业生所填写的内容都必须由院、系进行认真严肃的核查，院、系意见由所在院系组织相关老师填写，提出推荐意见并交院系相关单位审核盖章。在校期间所有成绩由教务处统一打印并加盖公章，且成绩单手写无效。

（4）毕业生就业推荐表可以复印，复印件不具有法律效力。大学生求职时，可以将复印件交给用人单位，当双方达成求职意向后，方可将原件交给用人单位。

第四节　课后思考与练习

（1）扫描右侧的二维码，查看其中的自荐信，指出该自荐信在应聘中失败的原因，并对该自荐信进行修改。

（2）扫描右侧的二维码，查看其中的个人简历，分析该大学毕业生所写的个人简历是否恰当，并说明原因。

（3）每位同学根据自己的就业目标，设计出个性化的个人简历，选择用人单位寄出，并在适当的时机与用人单位联系，整个过程结束后，写一篇总结报告。

要求：a. 总结求职过程成败得失的原因和应采取的应对措施。

　　　b. 修正完善个人简历。

拓展阅读

大学生自荐信

拓展阅读

大学生个人简历

第六章
大学生求职应聘技巧

06

在求职应聘的过程中，大学生最终都会进入笔试或面试环节。用人单位通过笔试和面试考察应聘者的知识、能力、思维特征、团队精神等综合素质和能力。所以，了解笔试和面试的类型，熟悉常见问题并掌握应对方法是大学生求职应聘过程中必备的技巧。本章将详细介绍大学生求职应聘过程中笔试和面试的相关知识。

学习目标

◆ 掌握应聘过程中笔试的类型。

◆ 掌握面试的准备工作、应对技巧、常见问题和难点及应对方法。

案例导入

某大学新闻专业的应届毕业生陈某，在参加某电视台笔试考试时，因为太过紧张，将题目中的"新媒体时代的新闻直播"错看成了"新媒体时代的新闻联播"，结果所答非所问，导致自己失去了下一轮面试的机会。

【案例小贴士】

从以上案例可以看出，用人单位的笔试对于大学生求职应聘来说相当重要。笔试时紧张、缺乏自信心往往会导致怯场。大学生在笔试前，应该客观冷静地对自己进行正确的评估，克服紧张心理，增强自信心。不妨将其看成一个小测试，放松心态。其实笔试与高考不同，高考就像"一锤定音"，而笔试失利还可以换一家用人单位重新求职。取得好成绩，说明之前准备得很充分；没考好，权当是一场体验，吸取教训下次重来就行了，这样才能有效缓解紧张情绪。因此，大学生没有必要过分紧张，而应该适当放松心情，调整好精神状态去应试。

第一节 笔试

笔试是用人单位常用的，用于考核求职者特定的知识、专业技术或文字运用能力的一种书面考试形式。笔试的结果可以作为用人单位对求职者所掌握的基本知识、专业知识、文化素养和心理健康等综合素质进行考查和评估的重要参考依据。对求职者来说，笔试是一种相对公平的测试方式。作为面试资格的评定方式，笔试被越来越多的用人单位采用。下面就介绍笔试的相关知识。

一、笔试的准备

大学生求职者平时的知识积累程度，以及对知识是否真正理解和掌握等都可以通过笔试体现出来。用人单位的笔试出题方式远比学校考试的出题方式灵活得多，而且更侧重于对求职者能力的考察。因此，在笔试之前，大学生应对其进行深入的了解，做好充分的准备工作，这样才能从容应对笔试，取得优异的成绩。大学生在笔试前的准备工作包括以下几个方面。

（一）保持良好的身心状态

参加笔试需要良好的心理素质。大学生求职者在参加笔试前，一要正确评价自己，树立自信心，调整好心理状态；二要保持充足的睡眠，可以参加一些文体活动，使高度紧张的大脑得到放松和休息，以充沛的精力参加笔试。

（二）知识的准备

良好的笔试成绩来自大学生大学期间的努力学习和积累，大学学习的不仅仅是专业课程和基础知识，更是平时各方面知识的学习与积累，以及对社会信息的了解。大学生应该通过平时的积累和笔试前必要的复习，做好知识的准备。

1. 进行必要的复习

复习已学过的知识是准备笔试的重要方式，在知识与能力这两者中，知识无疑是基础，没有扎实的基础知识，能力的培养和提高也就无从谈起。从考试的准备角度讲，知识可以分为靠记忆掌握的知识和靠不断应用掌握的知识。一般来说，笔试通常有人体的范围，大学生可围绕这个范围翻阅有关的图书资料，并注意灵活运用知识解决实际问题。但是，现在很多用人单位的笔试题目往往范围大，内容广，存在一定的随意性。因此，凡是与求职相关的一些理论知识，如文史知识、科技知识、经济知识、法律知识和一般的计算机知识，最好系统地复习一遍。

2. 需要将理论应用到实际工作中

用人单位的笔试注重对求职者的实际应用能力的测试，强调用学过的知识来解决实际问题，需要大学生求职者具备理论联系实际的应用能力。换句话说，笔试主要是考核大学生求职者学以致用的能力。因此，大学生求职者在准备笔试的过程中必须注意专业知识的实际应用方面的问题，特别需要联系实际工作中可能出现的各种问题，通过参加各种实践，在一些具体的场景或案例中，把在学校学习的理论知识运用到实际工作中去解决各种具体的问题。

3. 多读书，提高自己的阅读能力

现在很多用人单位的笔试不仅仅局限于该领域的专业知识，还涉及生活中的各种知识和常识，所以，大学生需要在求职笔试准备过程中提高自己的阅读能力，这对扩展知识面和回答笔试中的非专业问题十分有益。为了提高阅读能力，除了坚持阅读外，还需要经常进行阅读训练，对阅读过程中遇到的每个问题都仔细揣摩，认真思考，分析比较，综合归纳。

4. 多思考，提高快速答题能力

用人单位的笔试通常不会限制题量，有些单位为了考查大学生求职者的答题能力，还会增加题量。为了适应这种大题量的笔试，大学生在准备笔试时还应该培养自己快速阅读、思考和答题的能力。因为现代阅读不仅着眼于信息的获取，而且特别重视速度，所以在准备笔试时一定要提高做题速度。

二、笔试的类型

各个用人单位的笔试内容都不同，其笔试的类型也会有所不同。大学生在进行笔试前应对其做详细的了解，针对不同情况做出相应的准备。目前，按照考试的侧重点不同，大学生就业过程中的笔试类型一般有以下几种。

（一）专业考试

专业考试主要是为了检验求职者的专业知识水平和相关能力。一般用人单位从毕业生的成绩单就可以大致了解其知识水平，但有一些专业性要求较高的岗位，需要通过笔试的方式对其专业水平进行考核，这种考核方式已被越来越多的用人单位所采用。例如，外贸外资企业招聘职员要考外语水平，金融单位要考金融专业知识，公检法（公安局、检察院、法院）机关单位录用干部要考法律常识等。

（二）心理测试

心理测试一般要求求职者完成事先设计好的标准化问卷。通过心理测试，用人单位可以了解求职者的态度、兴趣、动机、智力、个性等心理素质，还可以考察求职者的观察能力、综合分析能力、反应能力等。现在，很多用人单位常常以此来测试求职者的态度、兴趣、动机、智力、个性等心理素质。

（三）技能测验

技能测验实际是考查求职者的动手能力和实践能力。例如，考查操作和使用计算机的能力、英语会话和阅读能力，以及财会、法律、驾驶等方面的能力等。例如，用人单位要招聘一名行政秘书，为了考察大学生求职者是否具备这方面的技能，就会在笔试中加入类似的题目：撰写一份请示报告和会议通知，或者公司计划在 6 月赴国外考察，叙述需要做好哪些准备工作等。

（四）命题写作

有些用人单位通过论文或公文写作考查求职者文字表达能力及分析归纳能力。例如，限时写出一份会议通知、请示报告或某项工作总结；提出一个论点，让求职者予以论证或辨析等。这种命题写作能够检验大学生求职者分析、综合、比较、归纳、推理等思维能力，从而让用人单位推测出大学生求职者思想认识的深刻程度。因为命题写作往往会得到各种不同的结果，易于用人单位发现人才，所以命题写作远比简单的测验题更能判断一个人的水平。

（五）文化素质测试

文化素质测试也是笔试中的常见类型，通常用于检验大学求职者的文化素质。一般用人单位会给出范围或特定要求，通过让大学生求职者撰写具体的文字内容来考查其知识、思维、文字表达能力。文化素质测试的题目以开放型居多。例如，要求大学生求职者运用一些原理或历史知识分析问题，或者要求大学生求职者运用专业知识解决实际问题等。

（六）公务员考试

公务员考试是公务员主管部门组织的担任主任科员以下及其他相当职务层次的非领导职务公务员的录用考试。公务员考试分为国家公务员考试和地方公务员考试两种形式。国家公务员考试是指中央、国家机关及中央国家行政机关派驻机构、垂直管理系统所属机构录用机关工作人员和国家公务员的考试。地方公务员考试是指地方各级党政机关、社团等为招录机关工作人员和国家公务员而组织进行的各级地方性考试。国家公务员考试和地方公务员考试单独进行，不存在从属关系，考生可以根据自己要报考的政府机关部门选择要参加的考试，也可以同时报考。

国家公务员考试包括笔试和面试，在 2006 年以前，公共科目笔试按 A、B 类职位分别进行。A 类职位笔试公共科目为《行政职业能力测验》和《申论》；B 类职位笔试公共科目为《行政职业能力测验》。专业科目笔试和面试时间由招考部门自行通知。从 2006 年开始，A、B 类职位都要考《行政职业能力测验》和《申论》，只不过《行政职业能力测验》是分别命题的。地方公务员考试的考试科目都是由地方自定的，且笔试科目各有不同，就公务员考试改革的趋势来看，笔试内容倾向于向《行政职业能力测验》和《申论》两科靠拢。报考地方公务员考试的同学要注意查阅当地政府公布的招考简章，以使有针对性地进行复习。

第二节　面试

面试是用人单位精心设计，在特定的时间、空间和场景内，以与求职者当面交流和观察为主要手段，由表及里测评求职者的知识、能力、经验等相关素质的一种招聘测试。对于求职者而言，面试是一种综合性强，能多方面考查求职者的知识、能力的考核方式，是对求职者多年学习、实践成果的一次检验。面试给用人单位和求职者提供了双向交流的机会，使用人单位和求职者能相互了解，从而使双方都能更准确地做出决定。下面介绍面试的类型、准备工作、应对技巧、常见问题、难点及应对方法等，以便大学生能更好地应对面试。

一、面试的类型

面试不同于观察和考察，也不同于求职应聘前的面谈，面试是求职者求职应聘过程中必经的且非常重要的一关。面试的类型有很多种，包括单独面试和集体面试，一次性面试和分阶段面试，结构化面试、非结构化面试和半结构化面试等。随着科学技术的发展，现在出现了视频面试等新的面试类型，下面分别介绍。

（一）单独面试

单独面试是指用人单位的面试人员逐个与求职者单独面谈的方式，这是最普遍的一种面试类型。单独面试的优点是能够提供一个面对面的机会，让面试双方较深入地交流。单独面试又细分为两种类型：一是只有一位考官负责整个面试过程，这种面试大多在单位较小规模录用较低职位人员时采用；二是由多位考官参加整个面试过程，但每次均只与一位求职者交谈，国家公务员的面试大多采用这种类型。

扫码看微课

常见的面试种类

（二）集体面试

集体面试通常也被称为小组面试，是指多位求职者同时面对面试人员的面试类型。在集体面试中，求职者自行组织小组进行讨论，或者相互协作解决某些问题，甚至让求职者轮流担任领导主持会议、发表演说等。这种面试类型主要用于考查求职者的人际沟通能力、洞察力，以及在不同环境中的应变能力、领导能力等。

（三）一次性面试

一次性面试是指用人单位对求职者的面试集中在一次进行，在这种类型的面试中，面试人员通常由用人单位人事部门负责人、业务部门负责人及人事测评专家组成。大学生在面对一次性面试时，必须集中所长，认真准备，全力以赴，因为这一次面试的表现通常能够直接决定其是否能够面试过关，甚至是否被录用。

（四）分阶段面试

分阶段面试就是将面试分为不同的阶段，通过不同阶段的面试来筛选求职者，并逐步了解求职者的个人素质和专业技能。分阶段面试又细分为顺序面试和逐步面试两种类型。

1. 顺序面试

顺序面试一般有初试、复试和综合评定 3 个步骤：初试的目的在于从众多求职者中筛选出较好的人选，主要是通过对求职者的仪表风度、工作态度、上进心、进取精神等方面进行测评，将明显不合格者予以淘汰；初试合格者则进入复试，复试以测试求职者的专业知识和业务技能为主，并以此判定求职者对拟任工作岗位是否合适；复试结束后即进入综合评定阶段，由人事部门会同用人部门综合评定入围的求职者，确定最终合适的人选。

2. 逐步面试

逐步面试是由用人单位的人事或用人部门的领导和上级领导，以及一般工作人员组成面试小组，按照小组成员岗位级别由低到高的顺序，依次对求职者进行面试。在逐步面试中，面试的内容依岗位级别各有侧重，通常低层岗位级别的面试人员一般以考查专业及业务知识和技能为主，中层岗位级别以考查个人素质和综合能力为主，高层岗位级别则实行全面考查。大学生面对这种面试类型时，要对各层次的面试要求做到心中有数，力争给每个层次的面试人员都留下好印象，尽量做到不卑不亢，以平常心对待。

（五）结构化面试

结构化面试是指根据特定职位的胜任特征要求，遵循固定的程序，采用专门的题库、评价标准和评价方法而开展的面试。在结构化面试中，所有的求职者都采取相同的测试流程，面试评价也有规范的、可操作的评价标准。结构化面试具有试题固定、程序严谨、评分统一等特点，适合规模较大，组织、规范性较强的录用面试，如公务员面试和一些国企统一组织的面试。图 6-1 所示为结构化面试流程。

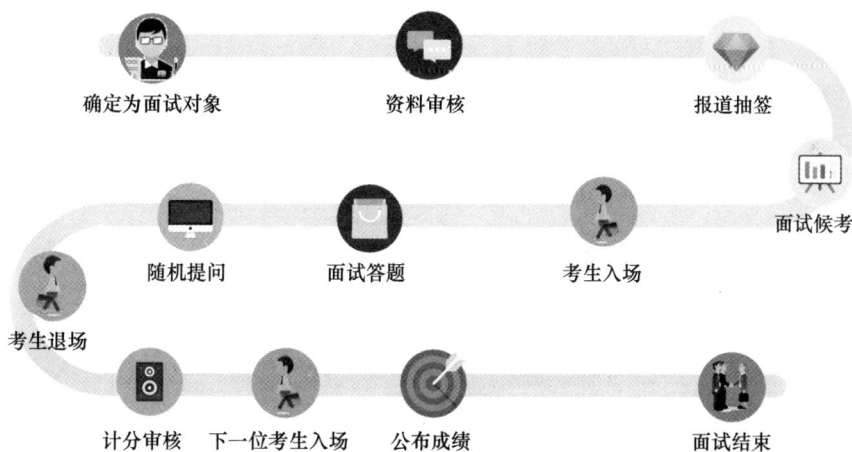

图 6-1 结构化面试流程

（六）非结构化面试

非结构化面试与结构化面试正相反，非结构化面试亦称"随机面试"，所问问题不需要遵循事先安排好的规则和框架，面试人员可以任意地与求职者讨论各种话题，或根据求职者提出不同问题。但是，由于非结构化面试没有一个统一的标准，求职者之间的比较并不直观，面试的信度和效度较低，所以常用于小型面试。

（七）半结构化面试

半结构化面试介于非结构化面试和结构化面试之间，它结合两者的优点，有效地避免了两者的不足，得到了广泛使用。具体而言，半结构化面试有以下特点。

（1）主试者提前准备重要问题，但不需要按照固定次序提问，且可讨论在面试过程中出现需要进一步考查的问题。

（2）主试者依据事先规划的一系列问题来向被试者提问，根据不同的工作类型设计不同的问题表格。

（八）视频面试

视频面试包括在线面试和异步视频面试两种类型。其中，在线视频面试指通过即时视频聊天软件进行在线同步面试的方式；异步视频面试指利用异步视频面试系统，用人单位主考官只需要用短信或邮件将面试的问题发给求职者，求职者可以通过智能手机等设备录制并上传面试视频，然后用人单位主考官通过观看、评价和比较视频，完成筛选的方式。视频面试受距离、空间局限较大，求职者需要注意一些细节，这些细节会对面试的效果和用人单位的最终评价产生影响。

（1）面试前最好进行视频测试，这样做的目的是保证音视频的流畅，以及视频背景的整洁，保证能在视频中将自己正面、积极的形象呈现给用人单位。如果视频中背景凌乱，很难让用人单位相信求职者是个做事有条理的人，会给用人单位留下较差的印象。

（2）至少提前半小时与用人单位进行视频连接，连接好后进行简单的自我介绍，告知对方自己已经准备好了，可准时面试。

（3）在约定时间前5分钟左右上线等候面试。

（4）视频面试时，穿着要正式，因为穿着随意是不职业的表现，而且正式穿着时所呈现出来的状态是不一样的，能够直接向面试人员展示自己对本次面试的重视程度。

（5）一旦出现因网络或信号等问题造成的交流障碍，可在重新调整好后，礼貌地请面试人员重复问题，不可表现出急躁、不耐烦等情绪。

二、面试的准备工作

大学生第一次接到面试通知后会有些迷茫，缺乏职场经验的他们不知道面试前应该做些什么？怎样准备才能让自己在面试时展现出最好的状态，以便提高面试成功率？下面就介绍一下面试前后各个阶段需要进行的准备工作。

（一）面试前的准备

获得了面试机会后，大学生一定要在面试前做好充分的准备，避免准备不足而失去就业的机会。面试前的准备包括以下几项。

1. 深入了解用人单位

俗话说："知己知彼，百战不殆。"面试和打仗一样，在面试前深入了解用人单位的情况非常重要。一般来说，求职者可通过用人单位

扫码看微课

面试前的准备工作

的官方网站、自媒体平台（如微信）、广告宣传手册和新闻媒体报道等渠道进行了解。通过这些渠道，求职者可对用人单位的以下内容进行仔细的了解。

（1）用人单位的性质、规模、特色、组织机构、金融状况、发展前景、企业信誉等情况。

（2）用人单位对员工的工作要求、职责及给予员工的报酬、培训等情况。

（3）用人单位所招聘职位的性质、工作内容、所需知识和技能等。

若求职者对这些情况一无所知或知之甚少，则在面试时容易处于被动地位，也容易给用人单位留下"你不关心我单位"的不良印象，从而影响面试成绩。

2. 透析面试目标

面试过程中，用人单位通常将求职者作为一名即将进入公司的人才来进行考察，因此想要在短时间内更多地了解求职者主要的工作能力、岗位匹配度，从而做出客观有效的评价。求职者需要在面试前分析并掌握用人单位的求才心理，做到有的放矢地参加面试，就能变被动为主动。从心理学角度分析，目前社会上用人单位招聘人才有以下心理。

（1）最初印象。根据数据统计，85%的用人单位在面试前已对求职者有了一个最初的印象。最初印象对面试的过程和结果有着十分重要的作用，所以，求职者应当注意自己的穿着打扮、面试开始时的一举一动，以增加自己在面试人员心中的好印象。

（2）求"专"心理。在同等竞争条件下，有相关的专业技能仍然是用人单位录用人才的首要标准，特别是一些专业性很强的用人单位。所以如果大学生找到了专业对口的单位，就需要在面试中突出自己对这门专业掌握的精深程度，这样可大大提高求职的成功率。

（3）求"全"心理。很多用人单位需要的是一专多能、多专多能的复合型通才，这种人才是目前职介市场上最抢眼且最抢手的人才。所以大学生一方面要在面试前做好准备，应全方位发展，努力将自己打造成复合型人才，以满足用人单位求"全"的心理；另一方面要在面试中着力突出通才的特性，以体现自己知识面宽广、自学能力强、有经验积累等全才优势。

（4）求"优"、求"诚"心理。用人单位一般都要求求职者心理素质好，应变能力强，且为人诚恳，对人对事能坦诚相待。大学生应该做到"人无我有、人有我优"，满足用人单位的需求。同时，准备面试前，大学生一定要时刻提醒自己，面试时千万不要不懂装懂，或乱说猜测，否则很可能造成用人单位对自己的不信任。

3. 充分准备材料

大学生求职者参加面试要带好个人简历、自荐信及有关证书等面试需要的材料。如果应聘外资企业，最好准备中英文对照的求职材料。即使求职者给用人单位发过求职信和个人简历，在参加面试时也应该再带上一份，以备用人单位查看。

另外，大学生求职者应当熟记自己的求职简历内容。用人单位可能会根据求职者的简历内容进行提问，如果求职者的回答与简历有差距，这必定会让用人单位对求职者的诚信度及简历上的经历产生怀疑。

> **知识链接**
>
> 面试是一种经过组织者精心策划的招聘活动，面试的内容也会随着招聘单位和招聘岗位的不同而有所差异，有的用人单位可能强调个人的潜在能力，有的用人单位则可能强调个人的协调能力或团队合作能力等。大学生求职者一定要根据实际的应聘情况来灵活应对面试过程中可能出现的各种面试内容。

4. 进行面试训练

刚毕业的大学生缺乏求职面试经验，因此在面试前有必要进行一些面试训练。面试训练的内容包括反应能力训练、说话的条理性训练、面试礼仪训练等。大学毕业生可以通过学校就业指导课讲座、查阅有关面试的指导书籍或模拟面试等途径进行训练。

拓展阅读

面试训练准备

一位求职成功者说："模拟面试是他取得最佳面试效果的重要环节。"在面试前他喜欢在脑海里构想面试的场景，以及面试过程中可能遇到的面试官和面试问题，因为很多情况自己在面试前就已经想到了，所以面试时十分轻松。大学生可以在面试前，根据面试单位的性质以及要求，根据后面的面试常见问题准备几道模拟试题，进行自问自答式训练，或朋友间的问答式训练。

5. 调整面试状态

用人单位对求职者最重要的印象是面试时的状态。求职者面试状态的好与坏，与最终是否被录用有非常密切的关系。大学生在面试前调整自己的状态主要可以从以下几个方面进行。

（1）调整心情。面试时一定要精神饱满，在参加面试前要适当放松，搞好个人卫生，调节生活规律，保证充分的休息时间，以饱满的精神状态面对用人单位的面试人员。

（2）克服各种紧张心理。据调查显示，大部分大学生在求职面试前会有紧张过度的现象，主要表现为恐惧心理、自卑心理和怯场心理，所以，在面试前可以通过深呼吸等方式使自己心情平静，从而克服这种紧张的心理。

（3）准备面试服装和物品。面试的前一天，准备好面试的服装、公文包、皮鞋、笔、记事本等。

（4）独自前往。在各类面试中，大学生求职者尽量不要让自己的父母、亲戚或朋友陪同参加面试，避免用人单位怀疑个人的独立能力和自信心。

（5）遵守约定的时间。参加面试时，大学生求职者最好比约定时间提前 10 分钟到达面试地点，以稳定自己的情绪和做好面试准备。到达用人单位后礼貌对待前台接待人员，在规定的地方等候，不可随意走动。如果有意外情况，最好能够在面试前通知用人单位并说明理由，告之自己不能准时到达面试地点。

案例 | **没有做好面试准备导致求职失败**

即将步入社会的大三学生吴波，口才甚佳，并且在学校多次获得演讲比赛的冠军。对于面试时要做自我介绍，他自认为不在话下，所以也就没做准备。毕业求职期间，吴波结合自己的兴趣，向心仪的一家企业投递了求职信。很快，吴波就接到该企业的面试通知。面试是在一个下午，办公大厅里有很多面试者在紧张地走来走去，吴波镇定自若，他慢慢走向面试办公室，并坐在门口的椅子上等候。进入面试室后，面试官很客气地要求吴波先做3分钟左右的自我介绍。在自我介绍时，吴波一改脸上轻松自如的模样，略带紧张地介绍一下自己的姓名、身份，其后还磕磕巴巴地补充一些有关自己的学历、专业等情况，大约一分钟就结束了自我介绍。面试官询问吴波是否还有需要补充的内容，吴波立马说"没有了"。这次面试只得草草收场。

【启示】从以上案例可以看出，吴波没有在面试前做好充分的准备，这是导致他面试失败的主要原因。如果面试前他能够充分地了解用人单位的信息，调整好自己的心态，就可以在面试时抓住重点，并且通过短短几分钟的自我介绍来"秀"出自己，从而给用人单位留下深刻的印象。

（二）面试过程的准备

面试过程通常是求职者与面试人员交流的过程，求职者需要充分展示自己的素质和能力，所以，在这个过程中也需要做好一些准备。

1. 正确看待面试成败

大学生求职者应该正确对待面试的成败，在思想上淡化成功和失败的作用，最好保持"不以物喜，不以己悲"的超然态度，这样才会处变不惊，发挥自己的正常水平。在面试过程中，如果只想成功，一遇到意外情况就很容易惊慌失措，发挥失常；如果只想到失败，则容易患得患失，被各种消极心理左右，从而影响面试的效果。

2. 保持自信

大学生求职者除了在面试前要保持自信外，在面试过程中也要始终保持自信。因为只有自信，大学生求职者才能在面对面试人员的压力时始终保持高度集中的注意力、缜密的思维、敏锐的判断力和充沛的精力，从而充分地展示自己的能力，从容地与面试人员交流。

3. 保证心情舒畅

如果面试过程中心情舒畅，大学生求职者的面部表情就会比较自然，与面试人员的交流就会得体，从而展示出自己自信、充满活力的精神风貌，这些是用人单位比较关注的。

4. 尊重面试人员

面试过程中，大学生求职者应该尊重面试人员，要有礼貌，尤其是面对一些难以回答的问题时，脸上不要露出难看的表情，或者抱怨面试人员或用人单位。另外，尽量不要展示自己太强硬的个性，否则会给面试人员留下目中无人的印象。当然，尊重并不是要一味地逢迎对方，看对方的脸色行事，而是站在平等的位置上保持对其他人人格的尊重。

5. 不要紧张

有些大学生求职者在面试前虽然做了克服紧张心理的准备，但一到面试场所就开始紧张；还有些大学生在与面试人员交流过程中一旦遇到没有准备好的问题时，就会立刻变得紧张。在面试过程中，克服紧张心理的主要方式就是自信，建立"大家都差不多，我的水平与其他人一样"的意识。有了这种意识，紧张的情绪就会减少一大半。遇到让自己产生紧张情绪的问题时，如果能保持"平常心"，用真诚的态度和真实的想法来回答问题，那么紧张的情绪就会逐渐消失，面试也能得以正常进行。

6. 大方有礼

大学生求职者在面试过程中尽量不要出现晃腿、玩笔、摸头、伸舌头等小动作，否则很容易给考官一种幼稚、轻佻的感觉。另外，穿着打扮应力求端庄大方，可以稍作修饰，给用人单位留下自然、大方、干练、职业的印象。

扫码看微课

求职礼仪

（三）面试后的准备

面试结束后，当不知道结果时，一味地等待有时可能会错失机会，此时，可以通过写感谢信、实地考察等方式来争取求职成功。如果没被录用，也不用气馁，收拾好心情，找出失败的原因，为下一次面试做准备。

1. 写感谢信

为加深自己在面试人员心目中的印象，增加求职成功的可能性，大学生求职者可以在面试结束几天后，写封简短的感谢信，感谢用人单位提供的面试机会，同时重申一下自己的优点和对应聘职位的兴趣，这样既显得礼貌，又让用人单位觉得该求职者做事仔细、考虑周到。

2. 变被动为主动

面试结束后，一般用人单位都要求求职者等候通知。此时，求职者往往觉得除了静静地等待，似乎没有什么事可做。其实，直到面试结果出来之前，大学生求职者都不能放弃努力，应时刻保持积极主动的姿态，主动创造机会。例如，用短信的方式给对方发送一个问候或一声祝福，以不断加深用人单位对你的印象；主动和用人单位取得联系，询问自己是否被录用。在询问过程中，一定要注意说话的语气和表达方式，不能显得十分冒昧。

3. 实地考察，争取试用

大学生求职者可以在面试结束后利用多种渠道，想办法参观现场，参加岗位实习。在实习中展示自我，不仅能够了解用人单位、熟悉工作岗位，而且还有利于用人单位对自己进一步了解，以此获得对方的信任，争取到录用机会。

三、面试的应对技巧

除了面试准备之外，面试中的许多环节也是有章可循的。下面就将列举一些实用的应对技巧，帮助大学生求职者在面试中顺利过关。

（一）面试成功的关键点

想要面试成功，大学生求职者除了做好必要的求职前的准备工作，还应掌握取得面试成功的关键点，这样将会取得事半功倍的效果。面试成功的关键点主要有以下几个。

（1）注意肢体语言。保持良好的仪态，不要显示出拘谨的样子。

（2）讲话要坦率自信。重点介绍自己所取得的成绩，但要避免自吹自擂或夸大其词。

（3）保持积极热情的态度。在面试人员介绍公司、职位的情况，将面临的挑战及存在的问题时，要表现出积极的态度，并适时给予回应，这是非常重要的。

（4）不要怕停顿。语言中的停顿表示自己对面试人员提出的问题很重视，这也同样可以在某种程度上表明大学生的自信和成熟。

扫码看微课

（5）敢作敢当。要敢于承认自己工作经验的不足，不要否认过往工作的欠缺，并想办法将其转变成有利于自己的方面，表明自己是如何因为这一不足而去做出积极的改变或去努力弥补的。

面试技巧及注意事项

（6）将面试的压力最小化。有些面试人员认为，了解求职者如何应付压力，将有助于全面了解一个人，因此往往会在面试中故意给求职者制造一些压力，这时求职者要冷静应对，尽力将面试压力最小化，从容面对。

（二）语言表达技巧

大学生求职者掌握语言表达的技巧无疑是很重要的。面试中的语言表达反映了大学生求职者的综合素养和成熟程度，准确、灵活、恰当的表达是面试成功的关键。因此，大学生求职者要掌握以下的语言表达技巧。

（1）口齿清晰，语言流利。大学生求职者面试时要注意发音准确，吐字清晰，还要注意控制说话的语速，避免使用口头禅。

（2）语气平和，音量适中。大学生求职者面试时要注意语言、语调、语气的正确运用。打招呼时宜用上语调，加重语气并带拖音，以引起对方的注意；自我介绍时，最好用半缓的陈述语气，声音过大令人厌烦，声音过小则难以听清。音量的大小要根据面试现场情况而定。

（3）语言要含蓄、机智、幽默。大学生求职者面试时除了表达清晰外，适当穿插一些幽默的语言，使谈话气氛愉悦，也能展示自己的良好气质和从容风度。尤其是遇到难以回答的问题时，机智幽默的语言可以展示出自己的聪明智慧，有助于化险为夷，并给面试人员留下良好印象。

（4）注意面试人员的反应。求职面试不同于演讲，交谈中应随时注意面试人员的反应。例如，对方心不在焉，表示可能对你的表达没有兴趣，大学生求职者得设法转移话题；对方侧耳倾听，可能说明自己音量过小，对方难以听清；对方皱眉、摆头可能表示对方不认可你说的话。根据对方的这些反应，求职者要适时地调整自己的语言、语调、音量和陈述内容等。

（三）倾听的技巧

注意倾听是一种重要的交流信息的技巧。面试的实质就是面试人员与求职者进行信息交流，从而对求职者进行了解，以判断其是否适合所应聘岗位的过程，在形式上充分体现在"说"和"听"上。正确有效的倾听不仅仅是听清面试人员说什么，更重要的是要听懂面试人员说什么。求职者只有做到了听懂，才能根据面试人员的提问给出令面试人员满意的答案。那么大学生求职者该怎样倾听，才能做到有效倾听呢？下面就介绍大学生求职者在面试过程中的一些倾听技巧。

1. 耐心倾听

一些大学生求职者在面试中表现得过于积极，当面试人员提到一些自己非常熟悉且简单的话题时，没等面试人员说完就打断，断章取义地进行解读。这是非常不礼貌的行为，是对面试人员的不尊重。打断面试人员的话，就说明求职者不愿意继续听其说话，通常面试人员是很难容忍这种行为的。

案例　　　　　　　**机智幽默的表达助力面试成功**

李燕是某大学新闻专业的应届毕业生。在某杂志社编辑招聘的入围面试的 20 人中，李燕处于明显的劣势，她唯一的优势就是有实践经验——在校期间，每一学期的校刊都是她负责的。

在参加面试前，李燕做好了充分的准备，不仅仔细琢磨了该杂志社的办刊风格、特色、定位及主要专栏等，而且记录了杂志社的主编、编辑和记者的写作风格。

参加面试时，李燕惊讶地发现，面试人员中竟然有 3 个是她已经关注到的编辑和记者。李燕在做了常规的自我介绍后，便将自己对这本杂志的认识娓娓道来，包括风格、定位、特色等。同时，针对杂志的不足她也表达了自己的想法。不仅如此，她还用诙谐、幽默的语言补充道："我还了解咱们杂志社的许多编辑、记者的写作风格。例如，某某老师文笔简洁明了，某某老师善于写作，某某老师的思维缜密流畅……虽然我与他们并不相识，但文如其人，我经常读他们的文章，也算与他们相识了。"这时，部分面试人员露出了会心的微笑。李燕还结合自己主办校刊的一些实际情况，表露了一些对自己参加工作后的展望，获得了面试人员的一致认可。最终，李燕幸运地被录用了。

【启示】从以上案例可以看出，李燕在面试前做了充足的准备，同时还拥有相关的办刊经验。除此之外，其灵活与幽默的表达方式也是面试人员认为李燕能胜任编辑这一岗位的重要原因之一，因此，李燕最终取得了成功。

还有一些求职者小心翼翼地通过了专业知识的问答环节，在面试接近尾声时，得到了面试人员的正面评价，心里就暗自窃喜，于是开始憧憬未来，一不小心就分了神，面试人员再说什么他也就没注意听，这也会影响面试人员对求职者的印象和最终评分。

2．仔细倾听

体现求职者专心致志地倾听的最好的办法就是积极与面试人员配合，对面试人员所提出的观点表示赞同或提出自己的意见，还可以就面试人员提出的问题进行提问。从求职者的举动中，面试人员可以清楚地知道求职者是否在仔细听自己说话。

3．用心倾听

用心倾听是听懂面试人员问题的最好方法。在面试人员提问时，求职者要始终全神贯注，保持饱满的精神状态，专心致志地听对方说话。同时，将面试人员所说的每一句话都仔细地在脑海中回放一遍，善于从中发现和提炼出问题的实质。

（四）问答技巧

问答技巧包括应答技巧和提问技巧两个方面。面试过程中，大学生求职者主要是以回答面试人员的提问来接受测评，有时也需要主动向面试人员提出一些问题，来展示自己的个人思想和素质技能。

扫码看微课

运用你的口才技巧获得工作

1．应答的技巧

在面试过程中，面试人员通常会向求职者提出各种问题，而求职者的回答将成为面试考核的主要内容和最终结果的参考因素。下面总结了几点应答技巧，以帮助大学生求职者从这些技巧中"悟"出面试的规律及回答问题的思维方式，达到"活学活用"的效果。

（1）先说论点后说依据。大学生求职者在回答问题时，要考虑自己所说内容的结构，用尽可能短的时间组织好说话的顺序。一般来说，回答问题时，要先提出自己对问题的基本观点，然后再逐一用资料来论证、解释。

（2）扬长避短。每个人都有自己的优势与不足，如何在有限的时间内充分体现自己的优势，扬长避短、显示潜力，这是一种艺术。当然，扬长避短，不是瞒天过海，更不是弄虚作假，而是一项灵活性与掩饰性技巧的体现。

（3）举例。在实际面试中，可以适当举些例子，在做到语言美的基础上，运用语言表达的技巧对面试人员的问题进一步作答，这在整个面试过程中具有决定性的作用。俗话说，"事实胜于雄辩"，适当举例会使自己的观点得到更加充分的论证。

2．提问的技巧

面试过程中，除了要回答面试人员的问题外，求职者向面试人员提问也是一个重要的环节。当然，在提问这一环节上也应注意方式方法，否则所有的努力很有可能付之东流。

（1）提出的问题要视面试人员的身份而定。如果想了解求职单位共有多少人、组织架构、主要业务方面等问题，就不要向一般工作人员提问，而要向单位负责人提问。

（2）把握提问的时间。要把不同的问题安排在谈话进程的不同阶段，有的问题可在谈话一开始就提出，有的可以在谈话过程中提出，有的则应放在谈话快结束时再提。

（3）注意提问的方式、语气。有些问题可以直截了当地提出来，如求职单位岗位的设置。有些问题则要婉转且含蓄一点地提，如求职单位职工收入情况和自己应聘成功后每月收入多少等问题。此外，在询问时，一定要注意语气，要给人一种诚挚、谦逊的感觉，千万不可用质问的语气，否则会引起面试人员的反感。

（4）不提模棱两可、似是而非的问题。特别是涉及职业、专业有关的问题，一定要确切，不能不懂装懂，提出幼稚可笑的问题。在求职者提问的过程中，面试人员可以看出求职者的知识水平、思维方式、个人价值观等。

> **案例**　　　　　　　　　　**巧妙回答面试提问**
>
> 　　某财经大学毕业生郑明明应聘某一集团公司的财务助理，通过初试后进入面试。面试中，面试人员问："请问你是什么学校的毕业生，学什么专业？"郑明明说："我是××财经大学会计学专业的应届毕业生。"随后，面试人员又提了一些专业性较强的问题，郑明明回答得都还不错，双方都感到很满意，并约定好时间，签订《就业协议书》。然而，当人力资源经理看到协议书上的"××财经大学"时，说："××财经大学，我怎么没有听说过呢？"这时，郑明明冷静地回答道："经理您好，××财经大学的会计学专业属于省重点学科，具有很强的实力。通过初试，老师们也看到了我的表现，您是多年从事人力资源管理的前辈，更知道人才的重要性，不会只重视学校而不重视人才。虽然，我只是普通院校的毕业生，但是，我相信我通过努力，一定能为贵公司的发展做出应有的贡献。恳请您给我这个机会。"郑明明的一席话打动了经理的心，最终顺利签订了《就业协议书》。
>
> 　　【启示】从以上案例可以看出，面试中用人单位常常会指出求职者的某种不足。例如，案例中郑明明被人力资源经理就院校问题提出了质疑，但她并没有慌张，而是从容并巧妙地回答了人力资源经理的问题，同时还宣扬了自己的优势，最终获得该经理的认可。如果回答得支支吾吾，甚至不知道如何作答，那么此次面试很可能以失败告终。

四、常见的面试问题

下面将常见的面试人员在面试过程中可能会提出的问题，以及求职者的回答策略进行了总结，如表6-1所示。大学生求职者可以根据面试单位的性质及要求，针对这些问题，根据自己的情况准备回答的大致内容并进行练习。

拓展阅读

常见面试问题回答
思路（求职篇）

表 6-1　常见的面试问题及回答策略

问题类型	具体问题	回答策略
询问个人基本信息	谈谈你自己	这些是比较随便的问题，面试官常用该方法消除求职者的紧张心理，据实回答即可
	你有什么特长、爱好？	据实回答，切不可无中生有，也不要过分谦虚。一个爱好广泛、多才多艺的求职者将备受用人单位青睐
	你有什么优缺点？	这是一个常常被问及且较难回答的问题，一般人很难对自己有一个客观的评价。如实讲述自己的优缺点，并不会减少自己的录用机会，回答问题时的态度比回答的内容更重要，若回答的内容能与应聘职位紧密联系则效果更佳
询问求职者关于职业的规划和选择	你为什么来本公司应聘？	可以说出公司吸引你的地方，如公司规模较大、发展前景看好，对业务内容感兴趣，赞同公司管理制度，福利待遇较好等，表达你想到本公司的态度和决心
	你为何要选择这份工作？	可以分析自己的兴趣、专长所在，说明自己所学的专业、工作经历及对这项工作的期待和理想
	你对这项工作了解多少？	事先搜集该工作的背景资料和公司相关资料，做到心中有数，尽量根据自己所搜集的资料详细地回答
	当你知道应聘这份工作的条件非常严格时，你首先联想到什么？	这是考察你认为什么样的工作条件算是严格，同时考察你是否能接受该公司的严格工作管埋。这样提问是判断你和公司需要的人才素质是否相符合，务必坦诚地回答
	你对这份工作的期望与目标是什么？	可以就进入该公司后如何实现自己的目标与前途为重点，表达自己明确的人生目标和努力上进的精神
综合考察职业素质	你可以接受加班吗？	可以回答视情形而定，或说出可以加班的限度
	你有没有使用过本公司的产品？	这是测试你对公司业务的了解程度，因此，面试前要熟悉面试公司的产品，总结一下整体印象
	如果你是公司销售人员，你会如何将该产品推销给我？	面试人员并非是想听你长篇大论，侃侃而谈，而是想从你的回答中判断你是否能客观地看待产品的优点，以及看你是否具备向对方有效传递信息的能力
	你希望在何处上班？	最好根据该公司的营业范围考虑三四个想去的地方，让对方有考虑的余地
	你准备在公司待多久？	如果你不想做出"我愿意做一辈子"或者"也许几年"的回答，那么可以先说出你选择这家公司的原因，公司吸引你的地方等方面，然后给出有条件的回答，例如"只要机会一直存在，我就会一直待下去"
	除了应聘本公司工作之外，你是否也应聘了其他工作？	如果该公司知道你到其他公司应聘不同性质的工作，可能认为你的去向不稳定，没有明确的职业规划

续表

问题类型	具体问题	回答策略
综合考察处理各种问题的能力	你的专长与该职位需要的技能不对口	可以回答"21世纪最抢手的是复合型人才，而外行的灵感往往超过内行，因为外行没有思维定式，没有条框限制"
	你经历太少了，我们需要的是社会经验丰富的人	可以回答"我确信如果我有机会进入贵公司，我将很快成为经验丰富的人，我希望自己有这样一段经历"
	你找工作首先考虑的因素是什么？	建议从自己的职业发展角度或者创造价值角度作答，表明自己的理想和规划，而不要回答薪资、待遇等物质因素
	你喜欢独立工作还是与他人合作？	根据自己意向的工作内容作答
	如果为了某事你受到批评怎么办？	回答接受合理的批评，审视自己的缺点并加以改正
	你觉得学习和工作经验哪个更重要？	言之成理即可，哪个重要并不重要，用人单位其实想了解的是你的思维方式
综合考察处理各种问题的能力	如果你是面试官，你会录取自己吗？	回答当然是肯定的。这个问题主要想测试你的自信程度。因此还需陈述自己的特长和优势，同时说明录用的理由，以增加说服力
	你受过挫折吗？又是如何渡过难关的？	可以回答"步入社会，挫折和失败是随之而来的，至今没有挫折经验的人对公司来说，反而令人感到不安。"公司渴望了解有关你的挫折和失败的经验，了解你是如何面对挫折，战胜挫折的
结束问题	到本企业上岗前，让你先到基层锻炼两年，你愿意吗？	建议向对方进一步了解基层岗位的情况，要表明愿意锻炼的态度，不要一口回绝或一口答应。如无法接受要直接讲明
	你喜欢什么样的领导？	根据岗位情况回答，如"能带领我成长的领导""能在专业技术上指导我的领导"等
	你喜欢与什么样的人交往？	可以回答"善于合作的人""开朗乐观的人"等，略提几点即可，不要提太多的要求
	你最有成就感的事情是什么？	根据自身情况回答，事例尽量正面，如获奖等
	你希望的待遇是多少？	可以回答"钱不是我唯一关心的事，我更关心的是公司有没有学习提高的机会及激励上进的机制"或"我相信公司能根据我的情况和市场标准的水平，给我合理的薪水"
	何时可以正式上班？	根据自己的情况具体回答，不要支支吾吾，如果必须延迟上班的，请务必讲清楚

五、面试的难点及应对方法

面试是决定求职是否成功的一个非常重要的因素，但要保证面试过程一帆风顺并不容易。大学生求职者在面试过程中经常遇到一些意想不到的情况，如果能预计到并设计好处理预案，就可能化险为夷，转危为安，最终提高面试成功的概率。下面就介绍面试中的难点和应对的方法。

（一）精神紧张及应对方法

调查数据显示，九成以上的大学生承认自己在面试时精神紧张。在陌生的环境，被陌生的人提问，事关自己今后一段时间的发展前途，在这种情况下产生紧张的情绪是正常的。紧张并不就是"坏"的，适度的紧张可以促使求职者集中注意力投入面试，但紧张过度则对面试极为不利，求职者不仅可能注意力不集中，甚至还可能将事先准备的内容忘得干干净净。

下面的 4 种方法可以帮助大学生求职者在面试过程中克服过度紧张的情绪。

1. 做 30 次深呼吸

深呼吸（腹部呼吸）是消除紧张情绪很好的一个办法。具体方法如下：将身体尽可能放松，把手放在腹部，用鼻孔轻轻吸气到腹部。这时会感觉到腹部慢慢胀起来，然后轻轻通过鼻孔把腹部的气呼出去，呼气的最后稍微用点力，要能够感觉到腹部在尽量贴向背后的脊骨。每次呼吸要饱满，反复 30 次，同时在心里数着呼吸的次数。深呼吸可以调节大学生求职者紧张的精神状态，使其回到放松的状态。

2. 自问可以接受面试不成功吗

人的大脑是很复杂的，总喜欢回顾过去或展望将来，并推断可能发生的后果，但实际上发生的事情并不如大脑想象的那么严重。这时，深刻认识自己大脑想象的这个"复杂的事情"，不去反抗与评论它。然后问自己：这次面试最坏的结果就是不被录取，可以接受吗？人们其实大都可以接受面试不成功。大学生求职者应保持积极向上的心态，想象事情正在按照预想的方向发展。虽然想象并不是实际存在的，但是通过这种方法，求职者能够得到更舒缓的心情，同时阻止内心消极想法的滋生。这是心理学上一个惯用的手法，不仅对面试有帮助，而且对后期的工作和生活都有很大的帮助。

3. 不要急于回答问题

当面试人员问完问题后，大学生求职者可以考虑一下再回答。在思考的过程中，大学生求职者不仅可以组织问题的回答思路，而且可以稳定自己的情绪。如果对方问到一些难以回答的问题，可以婉转地问对方是否指向某一方面，但不可胡乱猜测、信口开河。如果真的一点儿也不清楚怎么回答，就应实事求是地告诉面试人员，这个方面的知识未接触过。

4. 正确应对说错话的问题

大学生求职者在面试过程中因为紧张而说错话的应对情况分为两种：一是若说错的话无关大局，就不要太在意，只需要继续专心回答下一个问题；二是若感觉说错的话比较严重，则应该及时道歉，并重新说出心中原本要表达的意思。

大学生求职者只有在平时多注意思维方式的训练和知识的积累，才能在面试时胜出。

（二）面试中的自我介绍

自我介绍通常是面试中的第一个环节，也是非常重要的环节。面试人员可以通过求职者的自我介绍来判定其是否重视这次面试。自我介绍做得好，就能得到面试人员的认可，留下较好的印象，而且面试人员通常会根据求职者的自我介绍，接着提问。下面就从自我介绍的内容、误区和技巧3个方面讲解大学生求职者应该如何在面试中进行自我介绍。

1. 自我介绍的内容

自我介绍通常是求职者在纸面之外最能够呈现能力的一个流程，也是求职者在整个面试过程中唯一一次主动展示自我的机会。自我介绍的时间通常为3分钟左右，其内容主要涉及个人基本信息、过往的工作经历、工作成绩和对岗位的认知或职业规划4个部分，下面对这些内容分别进行介绍。

（1）个人基本信息

自我介绍的第一步是让面试人员了解求职者是谁，在这一步中，求职者主要介绍自己的个人履历和教育背景，包括姓名、年龄、籍贯和毕业学校等个人基本信息，教育背景及与应聘职位密切相关的特长等。如果能够生动、形象、个性化地介绍自己的姓名，不仅能够引起面试人员的注意，而且可以使面试的氛围变得轻松。

（2）过往的工作经历

这个部分主要介绍与应聘职位密切相关的实践经历，包括校内活动经历、相关的兼职和实习经历、社会实践经历等。由于自我介绍的时间有限，如果展开了对某份工作的介绍，在时间上会超出面试人员的预期，不但得不到加分，还有可能会减分。所以，这一部分的内容尽量简略，主要介绍与应聘职位相关的工作经历，说清楚确切的时间、地点、担任的职务、工作内容等，这样能让面试人员觉得求职者所说的是真实、可信的。

（3）工作成绩

工作成绩就是求职者在实际工作中获得的成果，这一点非常重要，代表着求职者的能力和水平。介绍工作成绩时最好找一件自己做成的有代表性的事情，最好匹配求职意向的内容，也就是说，该成绩要与应聘职位需要的能力紧密相关。另外，介绍的工作成绩要有量化的数字和具体的证据；介绍的内容应当有所侧重，着重介绍那些能体现自己能力的内容；介绍业绩取得的具体过程时，应把该阶段最闪光的成绩大致提一下，而不做展开，等着面试人员在后续的沟通中提出来专门交流，这样可以变被动为主动。

（4）对岗位的认知或职业规划

自我介绍的最后应该是求职者自己对应聘职位、行业的看法和理想，包括职业生涯规划、对工作的兴趣与热情、对行业发展趋势的看法等。

知识链接

如果面试人员给予求职者足够的自我介绍时间，求职者还可以根据用人单位的性质及应聘岗位，加入一些可以获得加分的信息。例如，如果用人单位是大型跨国企业，求职者可以展示自己流利的外语和经常旅游等个性化的生活；如果应聘岗位是总裁秘书，进行自我介绍时则可以把自己良好的家庭背景、高素质的教育经历适当地陈述一段，并以优雅的谈资、得体的着装、温文尔雅的表达获得面试的加分。

2. 自我介绍的误区

大学生求职者在面试过程中做自我介绍时，可以从多个角度出发，集中展现自己的个人素质和技能才干，重点向用人单位传达自己符合岗位要求的信息。不过，在进行自我介绍时，要注意避开以下几个常见的误区。

（1）背简历。大学生求职者在面试自我介绍中常犯的错误就是将简历中的内容陈述一遍。这些已经被面试人员了解的信息并不能够突出求职者个人优秀的一面。自我介绍更重要的是展现个人优秀的品性，介绍时要把重点放在有代表性且和应聘岗位相匹配的教育经历和实践经历上。

（2）太简单或太冗长。面试中的自我介绍通常有时间限制，有些求职者自我介绍太简单，全等着面试人员提问，这就等于放弃了一次主动展示自己的机会，面试人员也会认为该求职者过于轻率，或沟通表达能力不强。有些求职者则完全相反，试图将自己的全部经历说完，拖拖拉拉说了很久，这种不明智的做法容易引起面试人员的不满。所以，大学生求职者面试时应该合理地安排自我介绍的时间，突出重点尤为重要。

（3）自吹自擂夸大其词。有些大学生求职者为了引起面试人员的注意，夸大自己的能力。有时把自己说得太完美了，面试人员也不会相信，轻则认为求职者自我认知不清晰，重则认为求职者职业操守有问题。因此面试时最好不要把话"说得太满"，要有所保留，给自己留条后路。

（4）主动介绍个人爱好。面试时不要介绍个人爱好，除非面试人员主动询问。因为求职者在自我介绍中讲述自己的个人爱好，有些用人单位认为这是在浪费时间，还会对求职者产生不够专业、不够成熟的印象。需要注意的是，自我介绍中的个人爱好不等于个人特长。

（5）把岗位职责当个人业绩来呈现。大学生求职者更应该注意这一点，自我介绍时重点展示的是个人实践工作与应聘职位的匹配，这个匹配不是逐条介绍该职位的工作职责，而是需要大学生求职者介绍自己曾经做过的相关工作、采用的工作方法以及取得的实实在在的成绩。

（6）言谈举止非职业化。面试是进入职场的最后一步，大学生求职者应该提前进入职业化的状态，自我介绍时不要使用随意的语言，要用书面化的语言来表达。举止端庄即可，不要摇头晃脑、表情过于丰富，眼光尽量直视面试人员。

3. 自我介绍的技巧

面试的本质是与面试人员进行交流和沟通，当背景和经历都无法改变时，求职者可以将沟通作为获得面试人员青睐的关键。而自我介绍作为沟通的一部分，就需要求职者掌握一些技巧，以帮助其在自我介绍中通过信息传达和语言交流，给面试人员留下好的印象，从而为面试成功打下坚实的基础。下面就介绍大学生求职者在面试过程中做自我介绍的几个技巧。

（1）自我介绍的内容要触及用人单位的"痛点"。用人单位通常会对招聘岗位有具体的要求，所以，大学生求职者面试时的自我介绍一定要针对这些工作岗位需求，展示自己具有的相关经历和素质且是用人单位需要的人才。所以，在准备自我介绍时，大学生求职者一定要仔细阅读岗位描述，对照用人单位的要求，选取自己与之相匹配的经历和素质放入其中。

（2）自我介绍要言简意赅、重点突出。自我介绍的时间尽量控制在3分钟左右，时间过长或过短都会影响面试人员对求职者的印象；尽量不要就某一个要点进行详细的阐述，对于面试人员比较关注的重点内容，可以通过降低语速、加重音的方式引起对方的注意，引导面试人员接下来追问这个重点内容。

（3）提前准备好自我介绍的文稿。自我介绍通常是面试的第一项流程，求职者难免紧张出现失误，而避免这种情况出现的最好的办法就是提前写好自我介绍的文稿并熟练背诵。注意，这里的文稿是指自我介绍的全部内容，而不是只写要点，因为人在紧张的情况下会容易想不起来如何拓展要点。准备完整的自我介绍内容好处还表现在写完后可以修改其中逻辑不通顺、表达不准确的地方，甚至可以对着镜子带表情地背诵，模拟面试时自己说话的感觉，并及时调整不到位的地方。

案例　　**直击用人单位"痛点"获得面试成功**

云锡是某院校土木工程专业的应届毕业生，毕业前他已经在某地产项目中有过实习经历。这次他面试的企业在当地颇有名气，已经很久没有面向应届生招聘了，所以竞争者很多。云锡了解到该企业近期公布了好几个项目，其中就有两个是地产项目，他想着公司这次招聘可能就是为这两个项目服务的。于是他更改了自己的自我介绍内容，着重介绍了自己的项目实习经历。

面试当天，果然应聘者众多，面试的房间外排了长队。云锡发现，一些应聘者只面试了几分钟就失望地走了出来，显然面试时间非常紧迫。于是他又暗暗打腹稿，将自己的实习经历提前。轮到他时，他在自我介绍时简单说了名字、学校、专业情况，便将话题引到了实习经历上，这果然吸引了面试官的注意。面试官仔细听了云锡的介绍，并且和他就相关经历做了详细的沟通。最终，云锡成功杀出重围，获得了这份宝贵的工作机会。

【启示】从以上案例可以看出，云锡在自我介绍中这样做是为了突出重点，提高第一印象中"经历相关度高"这个特点。"相关度高"是很重要的点，这会给用人单位对求职者的第一印象加分，也让面试人员有兴趣继续了解求职者。如果自我介绍的内容与用人单位的需求不相关，即使求职者再优秀，面试效果也会大打折扣。而面试就是求职者向用人单位销售自己的过程，所以自我介绍一定要戳中用人单位的"痛点"，这样才能一击即中。

（4）注意谈吐。谈吐对自我介绍的效果有重大影响。在做自我介绍时，大学生求职者应该声音洪亮，吐字清晰，并注意语速适中，节奏恰当，语气自然且自信。大学生求职者可以提前自行做相关的练习，不要在面试过程中出现语速过快、吞吞吐吐、语气不连贯、声音太小等现象。

（5）自我介绍时多说优点少说缺点。自我介绍中通常可以说明自己所拥有的基本素质，包括谦虚谨慎、沉着冷静、胆大心细、敢于承担责任、团结、顾全大局、服从上级等。最重要的是优点要结合岗位，岗位需要什么样的优秀品质，大学生求职者在表达的过程中就可以重点突出相应优点，少描述与岗位冲突的一些缺点。即便面试人员要求求职者描述自己的不足之处，求职者描述的缺点也应该是一些无关人品和工作岗位的，而且能够在接下来的工作和学习中改掉的缺点。

第三节　课后思考与练习

（1）模拟面试——分组

①分小组，每组建议 7 ~ 8 人。

②确定小组组别，确定每位组员的序号。

③小组成员根据序号到指定的组进行 3 分钟的自我介绍，每组组员向面试者提问，最多 3 个问题。总时长不超过 6 分钟。

（2）模拟面试——评分

①自我介绍。根据面试者自我介绍的内容进行评分，少于 2 分半钟或超过 3 分钟的酌情扣分，该环节占 7 分。

②提问。根据回答问题的情况给予分数，提问分数占 3 分。

③评分。总分 10 分，每位面试者的最低得分应不少于 5 分。

（3）模拟面试——面试总结

根据本章所学知识、分析模拟面试中自己的表现，并提出改进措施。

第七章
大学生就业陷阱防范

随着高校扩招，大学应届毕业生数量大幅增加，就业市场日趋饱和，一些不法分子利用部分大学生防范意识薄弱的心理，诱骗大学生，导致其落入就业陷阱。招聘市场的各类陷阱对刚步入社会的大学毕业生来说，是个不小的考验。学会识别和防范各种就业陷阱，不上当受骗，对于大学生来说至关重要。

学习目标

◆ 了解常见的求职陷阱。

◆ 掌握求职陷阱的自我防范方法。

◆ 熟悉常见求职陷阱的预防措施。

案例导入

某大学的一位应届毕业生小吴，在网上看到一则招聘启事，一家短视频制作公司的招聘宣传页上承诺 2 年内平均年薪 5 万 ~ 10 万元，她很动心，便投了简历。经过初试、复试，小吴顺利进入这家公司，但该公司以试用员工太多，需要裁减一大半为由，没有马上跟小吴签订劳动合同。公司的工作人员告诉小吴，因为她没有工作经验，公司需要对其培训 3 个月。同时，公司以统一制服和管理为由，要求小吴花一大笔钱购买了公司的统一制服、办公用品等所谓的"工作必需品"。在试用期间，公司不但要求小吴每天加班，且在发工资的时候不给加班费，甚至在转正以后，没有兑现招聘时承诺的待遇。在该公司工作的几个月里，小吴经常加班，工作很辛苦，但并未得到应有的报酬，教训十分深刻。

【案例小贴士】

从以上案例可以看出，一些用人单位利用大学生渴望就业的心理来达到非法获利的目的。大学生受困就业陷阱的原因主要有以下 3 点：一是有的大学生自身防范意识薄弱，轻信他人，上当受骗；二是择业时放松了必要的警惕，轻信了以用人单位身份出现的"骗子"或"皮包公司"；三是个别大学生存在不劳而获的思想，被宣传的高额报酬引诱。

第一节 识别求职陷阱

大学应届毕业生由于与社会的接触较少，往往缺乏求职应聘的经验，容易落入各种求职陷阱。求职陷阱通常涉及就业渠道、工资待遇、单位资质和工作中介等方面。下面就介绍几种常见的求职陷阱，希望大学生求职者务必小心防范。

（一）就业渠道陷阱

就业渠道陷阱是通过各种就业渠道发布不实的招聘信息，利用高薪、高职位等诱惑条件吸引大学生的求职陷阱。常见的就业渠道陷阱通常出现在一些非主流的就业渠道中，如非主流招聘网站、QQ 信息、微信和微博等。由于这些就业渠道对于发布招聘信息的单位或个人管控不严，对信息的真实性也不经常核实，有的用人单位和个人就利用这一点，在这些就业渠道中发布对大学生求职者具有很大诱惑力的职位信息，吸引大学生求职者的注意。

（二）工资待遇陷阱

工资待遇陷阱，顾名思义，就是用人单位在工资待遇上欺骗求职者的求职陷阱，通常分为以下两种。

（1）有些用人单位对大学生求职者许以高薪，但是不签订任何书面合同或就业协议，等到求职者领取工资时，不是打折就是推脱，有的甚至以单位倒闭为由不发一分钱。

（2）有些用人单位只许给大学生求职者一个很高的工资总额和无据可查的升职加薪计划，而实际上这个工资总额包含保险金、养老金、失业金等各种项目，在扣除后实际到手的工资远远低于承诺的工资，而且，升职加薪计划的最终解释权通常掌握在用人单位手里，实际发放情况和招聘时展示给大学生求职者的升职加薪计划完全不同。

（三）单位资质陷阱

单位资质陷阱是用人单位伪造自己的工作条件和工作环境，欺骗大学生求职，从而获得低廉或免费劳动力的求职陷阱。一些用人单位在招聘时把不属于自己的资质、荣誉、业绩等都添加到自己头上，给自己披上一件光鲜的外衣后，再展示给求职的大学生。有些社会经验欠缺的大学生觉得这个单位不错、有实力，将来一定能够有所发展，从而应聘该单位，等到醒悟过来，已经为其付出了大量的劳动，花费了不少时间。

（四）工作中介陷阱

大学生在求职过程中，常有一些人很主动热情地介绍好工作，而这些热情的背后可能隐藏着无法预知的危机。例如，传销就属于这种求职陷阱，传销中的介绍人总是在大学生求职者面前展示一种成功者的姿态，向大学生求职者吹嘘自己工资高、工作轻松，生活自由，发展空间很大，这可能会使缺乏工作经验的大学生上当受骗。大学生求职者一旦进入陷阱，便被限制人身自由，被迫从事传销活动。此外，传销组织者还会采取扣留身份证、控制通信工具、监视等手段不让受骗者离开，强迫他们联系亲友前来，或者让新友寄钱、寄物以从中牟利。

案例 | 不签订《就业协议书》的工资待遇陷阱

某大学 10 名大学生集体到深圳的一家民营企业实习，当时该企业给他们的口头承诺是月薪 9 000 元，外加年终分红，工作满 1 年分房，工作满 3 年配车。所有人都认为这几个大学生遇到了"天上掉馅饼"的好事，这 10 人都没有和该企业签订任何书面合同，就去了深圳。

到了深圳之后，这 10 名大学生很快与该企业签订了工作合同。一个月之后，他们才发现自己上当了。这些大学生的月薪确实是 9 000 元，但是在工作中一旦违反合同上的"霸王条款"就会被罚款。结果，大家一个月工作下来，扣掉各种罚款，实际发到手里只有可怜的 1 000 多元钱。例如，迟到一次罚款 1 000 元；在食堂吃饭，剩饭、剩菜罚款 500 元；没有完成任务罚款 2 000 元；请假半天扣 500 元，一天 1 000 元等。这 10 位大学生集体反抗，说要辞职不干了，该企业拿出工作合同，要求每个学生交 60 000 元的违约金。这 10 名大学生说，在学校谈的时候可不是这么说的，该企业则表示，请拿出证据来。众大学生木然。

【启示】从以上案例可以看出，用人单位不与大学毕业生签订《就业协议书》，对大学毕业生的工作、生活、职业发展是不利的。大学生在招聘环节就应该多加注意，在与用人单位洽谈时，要大胆地和用人单位商谈工资、保险等相关内容。洽谈成功后，一定要和用人单位签订具有法律效用的书面合同。与用人单位签订的用工合同要对双方权、责、利等有所规定；一些远期承诺也应写进合同中，合同可办理公证手续；签订正式工作合同时，要注意条款的设置，切勿签订"霸王条款"。

案例 | "皮包公司"陷阱

某大学应届毕业生郑南收到一家房地产公司的电子邮件，通知他去面试。由于郑南并未向该公司投送简历，他害怕遭遇"皮包公司"，为安全起见，决定上网先查一下。让郑南惊讶的是，通过网络搜索发现，该公司居然用同一个电话、地址注册了 4 家公司，涉及医药、保险、建材等不同领域。该公司给出的待遇异常优厚，而信息中对于学历的要求竟然是"中专以上即可"。该公司以低学历招聘大学毕业生，却给出相当高的工资，值得怀疑。郑南向市场监督管理部门了解后得知，该公司压根不存在。可见该公司是以较低的用人标准将大学毕业生招进来为公司干活，而其承诺的高工资是不会兑现的。

【启示】从以上案例可以看出，如果接到一些自己并不熟悉或者并未投送简历的用人单位的面试通知，应该事先向有关部门查询、核实该单位的资质情况，并确定其规模与用人需求，然后再去参加面试，这样就能避免落入单位资质陷阱。

另外，一些中介和用人单位通过设置一些根本不存在的岗位吸引大学生求职者应聘。这些岗位对求职者的要求低，但报酬丰厚，能吸引一些辨别能力不强的大学生求职者。大学生如果应聘该职位，不仅要给中介公司支付介绍费，到用人单位"面试"，还可能在被"录用"时要求缴纳诸如信息费、报名费、登记费、资料费、推荐费或注册费等名目繁多的费用。而当用人单位和中介公司收到这些费用后，就会找出各种理由将大学生"辞退"。

（五）试用期陷阱

试用期陷阱是初出校门的大学毕业生可能会遇到的求职陷阱之一，主要有以下几种形式。

（1）只试用不录用。毕业生等到试用期满时，用人单位随意找个理由就将其辞退。

（2）试用期不签订劳动合同，考核合格后才签订劳动合同。法律规定，劳动合同必须是劳动者开始工作时签订，劳动合同可以约定试用期。因此，毕业生被用人单位录用后就应该签订劳动合同，并约定试用期。

（3）随意延长试用期。《劳动合同法》对试用期限有明确规定，试用期的时间与劳动合同签订的就业服务年限有关，不能随意延长试用期。

（4）混淆实习期、见习期与试用期的概念。实习期是在校大学生到单位进行实践活动的时间，属于教学过程；见习期是对应届毕业生到用人单位进行业务适应及考核的一种人事制度；试用期是劳动法规定的员工工作的尝试时间。

🔍 **案例**   **试用期陷阱**

某大学应届毕业生王辉在毕业前半年就开始到处找工作，在某公司的面试合格后，他没来得及仔细推敲合同里的条款就与用人单位签订了一份工作合同。公司要求王辉先进入实习期，在这3个月的实习期里，王辉努力地工作，却一共只得到6 000元的"实习工资"。

实习期结束后，王辉以为工作的事是板上钉钉了，于是，他打算回学校修完剩下的一些课程，在获得毕业证书后再回到公司正式上班。但当王辉向公司请假时，公司以合同中"工作前两年不得连续请假一周以上"的条款为由，认定王辉违约，并索要违约金。

【启示】从以上案例可以看出，大学生在求职过程中可能会遇到一些不正规的公司提出了一些不合理条款，如违约金、服务期等。大学生求职者虽然知道这些附加条款是有失公平的，但也不敢明确表示异议。在职场上，把"试用期"当成"免费用工"已经成了一些无良的用人单位逃避法定义务的惯用伎俩，大学毕业生一定要擦亮自己的双眼，不要让用人单位任意榨取自己的劳动果实。

（六）合同陷阱

合同陷阱即大学生与用人单位签订的劳动合同（详见本书第八章）可能存在与劳动法相违背的地方，用人单位通过合同陷阱侵害大学生合法权益。合同陷阱一般有以下几种形式。

（1）口头合同。用人单位与大学生就权利、义务达成口头约定，不签订书面正式协议。大学生正式被单位录用，开始上班后，一定要与用人单位签订《就业协议书》。转正后，还应立即与用人单位签订劳动合同，这样才能更好地维护自身的权益。

（2）单方合同。用人单位在劳动合同里只约定大学生的义务和用人单位的权利，而很少约定甚至没有约定大学生的权利和用人单位的义务。

（3）真假两份合同。用人单位与大学生签订真假合同。假合同按照劳动部门的要求签订，真合同则是从用人单位利益出发签订的合同。

（4）模糊合同。用人单位与大学生签订的合同内容含糊不清。合同内容表面上看不出有什么问题，但具体文字表述不清，甚至可以有多种解释。

（七）协议陷阱

《就业协议书》（详见本书第八章）是明确大学毕业生、用人单位在大学生就业、择业过程中的权利和义务的书面协议。《就业协议书》一经签订，对双方都具有约束力。按照有关规定，《就业协议书》不能代替劳动合同或聘用合同，这样就可能在大学生和用人单位之间产生纠纷。常见的大学生签订《就业协议书》的过程中，遇到的陷阱有以下几种。

（1）用人单位不与大学生签订《就业协议书》。

（2）用人单位不与大学生签订劳动合同。

（3）用人单位不将承诺写入合同。

（4）用人单位与大学生签订"霸王合同"。

（八）地点陷阱

有些大企业在全国各地有分部，而参加招聘会的往往是总部的人力资源部门。因此，有些大学生在应聘时容易产生错觉，误以为工作地点就是总部所在的大城市。有些用人单位在面试大学生求职者时故意不予以说明，结果大学生上岗后被分到其他地方，这就是大学生求职过程中容易碰到的地点陷阱。

（九）智力陷阱

智力陷阱指以招聘为名，无偿占有大学生求职者的广告设计、策划方案等创意，甚至知识产权等无形资产的现象。例如，某些用人单位按程序对前来应聘的大学生求职者进行面试，再进行笔试，在面试、笔试时，故意把本单位遇到的项目问题作为考试题目，要求大学生求职者作答，待大学生求职者利用自己的专业优势完成其承担的项目后，再告知面试不通过，实际无一人被录用。此时，用人单位就理所当然地将大学生求职者的劳动果实据为己有，使大学生陷入智力陷阱。

案例　　　　　　　　　　智力陷阱

刘某是某大学计算机专业刚毕业的一名大学生，在校期间就很爱设计一些小软件，最喜欢也最擅长的是游戏设计。他曾成功设计了一个相当成熟的小游戏，这款小游戏在同学之间流传较广。毕业后，刘某找到了一个工资和福利都不错的网络游戏公司，但这家公司要求刘某在正式上班之前，完成指定的某款网络游戏的核心部分来作为最后考核。按照用人单位提出的制作要求，刘某用了一个月时间就完成开发，当其信心满满地把成品发了过去，两天后，该公司却以刘某所设计的游戏没有达到预期要求为由拒绝了他。然而，一年以后，该网络游戏公司推出的新款网络游戏中大量使用了刘某的设计。

【启示】从以上案例可以看出，大学生求职者在应聘一些需要专业技术或是创意领域的岗位时，一定要注意智力陷阱。当遇到用人单位提出的一些类似于提交策划案的考核项目时，求职者应该在提交劳动成果时准备两份，一份提交，并附上"版权声明"，另一份自己留存，并在留存份上要求用人单位签字确认，以便将来能够证明这是属于自己的劳动成果。

第二节　大学生面对求职陷阱的自我防范

某些用人单位或个人利用个别大学生求职者缺乏社会阅历，而又急需就业的情况，在大学生求职就业的过程中设置重重陷阱，诱骗大学生上当，以此获取非法利益。大学毕业生在认识和了解求职陷阱的同时，还需要树立自我防范意识。下面就介绍大学生求职者面对求职陷阱，如何培养防范意识以及如何增强防范能力的相关知识。

一、培养面对求职陷阱的防范意识

在充分识别求职陷阱的基础上，大学生需要培养防范意识，提高自己的警惕性，才能在就业过程中避免落入求职陷阱，提高就业的成功率。具体来说，培养防范意识，学校层面和学生都可以做出一些努力。

（一）学校层面

学校在培养大学生面对求职陷阱的防范意识上有着非常重要的作用。学校可以通过以下 3 个方面对大学生的防范意识进行培养。

1. 加强就业指导的针对性

各大高校的就业指导部门要积极向大学生，特别是应届毕业生宣传国家、地方的各项就业政策，把引导大学生面向基层、面向西部就业和国家西部大开发的建设结合起来，和对大学毕业生进行职业生涯规划教育及人生目标规划教育结合起来，提高就业指导的针对性。

2. 加强就业政策宣传教育

各大高校的就业指导部门通常需要对应届毕业生进行就业形势教育，让大学生了解当前的就业形势和国家、地方最新的就业政策，培养大学生的多次就业意识和创业精神。同时，学校也要让大学生正确认识目前就业市场中的供需矛盾，帮助大学生树立正确的择业观和创业观，培养大学生的创业思想和创业能力，鼓励大学生创业。

3. 多向大学生介绍防范求职陷阱的知识

通常大学应届毕业生的社会阅历较浅，可能不容易识别和防范就业过程中可能出现的求职陷阱。学校应该针对常见的求职陷阱进行相关的防范知识教育，教会大学生一些基本的识别、防范和应对求职陷阱的技巧。

（二）学生层面

对于大学生来说，树立面对求职陷阱的防范意识不仅需要学习各种相关知识，还要端正自己的就业心态，并不断提高自身的法律意识。

1. 端正就业心态

端正就业心态对于大学生提升防范求职陷阱的意识有非常重要的作用。端正就业心态的途径主要有以下3种。

（1）大学生应该努力学习自己的专业技术知识，积极参加各种社会实践活动，为毕业后进入社会储备各种优秀且实用的就业能力，为就业打下良好的能力基础。

（2）大学生应该正确认识自我，了解自己的真实水平，以免被不法分子以不实夸大之词或甜言蜜语所迷惑或欺骗，使自己面对社会中的各种诱惑时能够保持清醒的头脑。

（3）大学生应该坚定努力奋斗、自立自强的人生目标，进入社会后不要随便相信高工资、高待遇、福利好、挣钱快等"天上掉馅饼"的情况，要通过自己的辛勤工作和努力上进来获得职业生涯的成功。

2. 不断提高法律意识

大学生培养防范意识，还需要不断提高法律意识，提高在就业过程中对求职陷阱的辨识能力。提高大学生法律意识的主要方式就是了解和学习与大学生就业相关的法律内容，如《民法典》和《劳动法》中的相关内容，加强自己的法律观念和维权意识。这样，大学生一旦在就业过程中个人权利受到侵害，才能够且敢于拿起法律武器来维护自身利益，不给违法分子以可乘之机。

🔍 **案例**　　　　　　　　　　**警惕试用期的无效合同**

王浩是某大学的应届毕业生，在经过一系列的面试、笔试后，终于被所应聘的食品有限公司录取了。到了公司后，公司人力资源部负责人对王浩说："按公司的规定，凡是新招用的职工要先签订 3 个月的试用合同，约定每月工资 600 元，待试用合格以后再签订正式的劳动合同，每月工资 4 000 元。"

王浩提出签订一年期的劳动合同，公司人力资源部负责人说："只能签订试用合同，试用合格后才能签订劳动合同。"王浩认为该公司的做法有问题，违反了《劳动法》的规定，损害了自己的利益。在与该公司协商不成的情况下，王浩向公司所在地区的劳动争议仲裁委员会申请了劳动仲裁。

【启示】从以上案例可以看出，针对某些用人单位先"试用"劳动者，然后再以劳动者不符合劳动条件为由任意辞退劳动者的情况，《劳动法》明确规定：试用期包含在劳动合同期限内。劳动合同仅约定试用期的，试用期不成立，该期限为劳动合同期限。王浩正是具备了一定的法律知识和防范意识，才正确防范了用人单位设下的陷阱。

二、增强面对求职陷阱的防范能力

在防范求职陷阱的过程中，大学生除了保持平和、阳光的心态，提升自己的防范意识外，更要时刻保持高度的警惕性，提高自己的实践能力和防范能力，为进入社会做好准备。大学生增强面对求职陷阱的防范能力的途径主要有以下几种。

（一）层层过滤就业信息

各大高校官方网站或就业指导部门发布的就业信息都是经过严格核实的，包括用人单位的工商许可证、营业执照等都经过了核实，基本上确保了就业信息的真实性、准确性和安全性。如果大学生通过其他渠道获得了就业信息，那么一定要通过其他途径核实后再决定是否相信。

（二）时刻保持警惕性

在求职过程中，大学生一定要保持高度的警惕性，擦亮眼睛识别各种陷阱，特别是在面试前后，最好详细了解用人单位的情况。

1. 面试前

大学生最好在面试前通过电话、网络等渠道与用人单位进行简单的沟通，摸清对方的底细及招聘岗位的虚实，淘汰掉一些不靠谱的招聘信息，尽可能排除求职陷阱。下面就是一些大学生面试前需要保持警惕和提高防范意识的情况。

（1）前往面试的第一天或入职培训的前几天，要留意该用人单位是否隐瞒工作性质及业务性质。

（2）面试地点太偏僻、隐秘或临时转换面试地点的状况，或要求夜间去面试的用人单位，大学生皆应加倍小心。对于一些过于隐秘的面试地点，大学生最好不要去。

（3）面试前后随时与学校辅导员、同学、家长保持联系，并告知面试地址及联系人的电话号码。

（4）向用人单位咨询一些具体问题。例如，应聘岗位主要的工作内容是什么？部门组织架构及分工是怎样的？通过用人单位的回答来判断招聘的真实性。通常用人单位回答得越具体、越详细就越靠谱；反之，用人单位支支吾吾，避重就轻，掩盖一些问题，大学生就需要提高警惕。

（5）部分用人单位为了吸引求职者，会在一定程度上夸大应聘岗位的薪酬，这一点大学生最好在面试前与用人单位确认。需要重点确认的还有应聘岗位的薪酬是稳定的，还是有提成制上下波动的。

（6）大学生可以通过百度、天眼查等网站查询企业的运营状况、有无纠纷、近年口碑等情况。图7-1所示为天眼查官方网站。

图7-1 天眼查官方网站

2. 面试时

面试时，可以实地观察，留心用人单位的规模大小、工作氛围等情况，也可以与前台或行政人员沟通，从而了解用人单位的实际情况，看看是否存在陷阱。此外，为了防范求职陷阱，在面试时大学生还需要注意以下几个方面。

（1）面试人员所提工作内容空泛、不具体时，不要被对方夸大的言辞所迷惑。大学生感觉到有不安全或不正常的状况，要以某种借口迅速离开该单位，及时拒绝不合理的邀约及要求。

（2）遇到用人单位要求交保证金或其他培训费用（如报名费、训练费等）时，大学生一定要慎重，千万不要为了保住工作而盲目交费。

（3）要求提供亲友名单、身份证复印件的用人单位均可能有诈财之患，要注意避免。

（三）谨慎行事

在找到合适的工作单位，且与对方达成就业意向后，大学毕业生需要签订《就业协议书》，《就业协议书》的签订在形式上宣告了工作尘埃落定。

但近些年来，《就业协议书》引发的纠纷屡有发生。有的大学生正式到单位报到后，单位擅自降低劳动报酬，变更原来双方约定的工作岗位；更有甚者以"试用期"（或见习期）为由不签订劳动合同，使得毕业生长期处于"试用期"，只拿到较低的报酬。所以，在签订《就业协议书》前，大学生一定要反复斟酌，多方面考察，认真核查企业相关信息的真实性，三思而后行。大学生可以通过以下几个方法核查企业的相关信息。

（1）通过网络或其他途径查看该单位（特别是企业单位、公司）登载的营业项目、刊登的项目与面试现场所见的真实情况是否相符。

（2）登录有关部门的网站查看该公司是否有违信、违规、违法记录。

（3）面试当天或初进该单位的数天内，是否被要求付费，若有，则要特别注意。

第三节　大学生常见的求职陷阱及预防措施

求职者在求职应聘过程中可能会遇到各种各样的求职陷阱，而初入社会的大学生更容易遇到。所以，指导大学生识别常见的求职陷阱并教给大学生预防措施是就业指导课程中的重要内容，下面就通过一些具体案例介绍常见的求职陷阱及预防措施。

一、网络求职陷阱及预防

随着移动通信技术的发展和应用，网络求职已经受到越来越多大学生求职者的欢迎。目前，全国各类人才招聘网站有很多。网上人才市场查询方便、联系快捷，而且信息量大。网络求职的便捷性确实是报刊、电视等传统媒体与现场招聘会难以企及的。不过凡事有利就有弊，网络求职过程中存在大量的不确定性，大学生如果轻易相信网上的招聘信息，可能会遇到麻烦，甚至陷阱。下面就介绍一些常见的网络求职陷阱。

（一）信息量大却易泛投

互联网上的招聘信息不仅容量大，而且更新速度快。一些品牌知名度较高的招聘网站会随时更新各种招聘职位信息。大学生求职者通过网络不仅可以同时看到几十家甚至上百家用人单位的招聘信息，而且能及时获得最新的招聘信息。大学生求职者在面对海量的招聘信息时，非常容易犯不顾职位的要求，广泛投递简历的毛病。

案例　**"广撒网"并不一定能求职成功**

为了能找到满意的工作，晓丽通过搜索引擎找到了许多招聘网站，其中有许多招聘信息，按地区、按工种都可查询，相当方便。晓丽认为"广撒网，总会网到鱼"，只要是自己相中的用人单位，无论是高级级别的职位还是低级级别的职位，她一个不落地全都投递了简历，觉得这样就可以增加面试的机会。

遇到特别喜欢的公司，在发出简历一天后没有面试消息的，晓丽会将简历重复发送两三遍。然而在网上求职已有一个多月，晓丽每天都会查看她的电子信件，一直都杳无音信。

【启示】从以上案例可以看出，在网上发送简历要有一定的针对性。一些大学生求职者认为网上发送简历很方便，发了总比没发好，于是频频向用人单位发送简历，这样的结果往往是颗粒无收。首先，如果大学生的简历不符合条件，在第一轮过滤时就会被刷下；其次，投递多个职位的做法会让用人单位认为该求职者没有明确的自我定位，缺乏明确的求职意向，不具备职业素质；最后，在3天之内重复发送简历至同一个用人单位，这种行为很可能引起用人单位的反感，从而导致求职邮件被过滤掉。所以，有针对性地发送简历才是应对网络求职的最好方式。

（二）无时空限制但容易泄露隐私

大学生可以通过互联网搜索全国甚至全世界各个地区用人单位的招聘信息，并随时投递简历。这就是网络招聘的突出优势，能够突破地域时空的限制，不同地域的求职者和用人单位可以通过互联网平台实现信息的实时沟通。

在网络求职过程中，求职者需要输入个人的信息，这些信息一旦被泄露，就容易被不法之徒利用，导致求职者个人利益被损害。一般来说，正规的招聘网站不会主动泄露求职者的个人信息，但也不能排除有人通过不法的手段将求职者的个人信息挪作他用。

（三）足不出户却难辨信息真假

通常求职者的个人简历在互联网上传了之后，就有机会被用人单位浏览到，如果用人单位觉得求职者很合适，就会主动联系求职者，这使足不出户就能找到理想的工作成了现实。然而，互联网中招聘网站很多，各种用人单位的招聘信息更是多得难以计数，求职者很难分辨这些招聘信息的真假。即便网站会对招聘信息进行审核，也难免百密一疏。通过发布虚假招聘信息牟利或从事其他不法活动的情况可能会出现，所以大学生需要注意这种网络求职陷阱。

案例　　**信息泄露导致损失**

某大学的应届毕业生古伦把自己的简历上传到了一个人才招聘网站中，并在该网站中填写了自己的个人情况、求职意向，留下了手机号码等联系方式。

第二天，一个自称广告公司负责人的男子打来电话，说在网上看见古伦的简历，在详细地询问了有关情况后，要求古伦留下家人的电话，以便通过亲人对他作进一步的了解。

不久，古伦的父亲接到一个陌生男子打来的电话。此人自称是某广告公司的负责人，在了解古伦的情况后，要求古伦父亲缴纳 1 万元的保证金，用于古伦进入公司的服装、体检等支出，并提供了一个银行账号，户主名是古伦，让古伦的父亲把钱汇去，古伦也可以通过该账号收取每个月的工资。古伦父母没有怀疑，马上将 1 万元汇了出去。古伦回到家中才知道，父亲被骗子骗走了 1 万元。

【启示】从以上案例可以看出，大学生求职者在进行网络求职的过程中，一方面应使用安全性较高的大型专业招聘网站，这些网站在密码登录、邮件通知方面的技术比较成熟，通常不会出现信息泄露的危险；另一方面，除了信息真实、求职诚信外，大学生还要懂得保护自己的个人隐私，在填写求职信息时，姓名、手机、邮箱、固定电话可以准确、全面，但身份证号码和家庭电话等不要轻易外传。

🔍 案例　要交费的面试基本都是骗局

刘敏是某大学的应届毕业生，为了能寻找到合适的就业机会，天天在各大网站查看招聘信息。一次，刘敏在某人才网站上看到一家企业的广告部正在招聘。在广告公司实习过一段时间的刘敏感觉这个职位很适合自己，就将自己的个人简历发了过去。第二天，刘敏收到该企业的电子邮件，对方回信说，刘敏非常符合招聘条件，邀请她参加面试，按照招聘程序，需要其先交纳存档费、培训费、工装费等各项费用。为了不失去这个不错的就业机会，存有一些疑虑的刘敏最终还是将钱汇到了对方提供的账户。但在这以后，刘敏就再也联系不上这家公司了。至此，刘敏才确认自己上当，对被骗去的钱心疼不已。

【启示】从以上案例可以看出，预防网络求职陷阱应该从各个方面了解公司的可信度入手。首先，应该判断用人单位招聘的诚意，有些单位不止采用一种招聘方式，在网站、报纸、人才市场同时进行招聘，一般这类招聘的规模大，比较可信；其次，在应聘时，一定要核实用人单位的地址，以判断是否是皮包公司；最后，面试过程中，需牢记不掏钱的原则。

二、变相直销陷阱及预防

直销是指直销企业招募直销员，由直销员在固定营业场所之外直接向最终消费者推销商品的经销方式。我国有直销法规，并对正规的公司发放直销牌照。一些传销组织将传销伪装成直销，设置陷阱来欺骗求职者。需要注意的是，直销和传销是有区别的。表 7-1 所示即为直销和传销的区别。

表 7-1　直销和传销的区别

	概念定义	行为特征	人员管理	商品退换
直销	直销企业招募直销员，由直销员在固定营业场所之外直接向最终消费者推销商品	直销是合法的经营行为，以"单层次"为主要特征	直销员无须交纳费用或购买商品，接受业务培训和考试也无须任何费用。自签订推销合同之日起 60 日内可以随时解除推销合同	直销商品 30 日内未开封，可凭发票或售货凭证办理换货和退货
传销	组织者或经营者发展人员，以发展人数或销售业绩为依据计酬，或要求被发展人员交纳费用以取得加入资格等方式非法牟利	传销是非法经营行为，以"拉人头""入门费""多层次""团队计酬"为主要特征	参与者通常要交纳费用或者以认购商品等方式变相交纳费用，通过不断发展人员加入，形成上下层及网络，并从直接或间接发展的下线交纳的费用中提取报酬	传销活动中所谓的"商品"认购费用或交纳的"入门费"通常不予退还

大学生一定要在求职和就业过程中预防以下几种变相直销陷阱。

（一）野蛮推销

直销通常希望通过人脉的积累，形成一个商品流通的网络，而从该网络中自己节点流通出去的商品就会给自己带来收入。也就是说，直销的收入多少取决于自己的人际网络的大小，商品只不过是让自己的人际网络产生收入的一个载体。

而人际网络的形成，需要一个积累的过程，因此，有的大学生就会为了利益努力推销商品，希望通过只有少数人的网络实现数量较大的营业额。大学生如果不顾自己朋友、亲戚，甚至是邻居等熟人的感受，野蛮推销，不仅会破坏自己的人际资源，还会让亲朋好友"敬而远之"，最终失去这个人际网络。

🔍 案例　　　　　　**野蛮推销，害人终害己**

　　某大学保卫部接到学生投诉，有两名本校大学生在校内向低年级同学推销化妆品，还对 20 多名大学生进行"化妆培训"，十几位女大学生购买了其推销的化妆品，总价近 5 000 元，部分学生因使用该化妆品后皮肤过敏要求退款。在校方调解下，这两名学生只退款 1 800 元，其余货款拒不退还。原来这两名大学生是该大学的应届毕业生，进入某直销企业后，回学校向低年级同学推销商品。发生这件事后，两名同学不仅破坏了自己的人际网络，还被学校通报处分，并被当地工商部门列入失信人员的名单。

　　【启示】销售应该遵循公平交易原则，野蛮推销最终只能自食其果。

（二）自己大量购买商品

在直销过程中，一旦无法形成人际网络，商品卖不出去，通常需要节点营销人员先把商品买了放到自己的家里，这样，商品都卖到了下级营销人员的手里。也就是说，大学生一旦陷入这种变相直销陷阱中，就需要不断花钱购买自己不需要的商品，最后花光自己的钱，甚至还要动用父母的积蓄囤积商品。

（三）免费培训

变相直销最大的陷阱其实就是免费培训。这种免费培训通常不是技术培训或者销售培训，而是所谓的关于如何实现自己的梦想，让营销人员对自己的未来充满希望的培训；培训接下来就是告诉营销人员，成功就要放下自己原有的思维方式，要做到"服从"，诸如此类，其目的是让营销人员野蛮地推销商品，或自己大量囤货等。

三、其他常见求职陷阱及预防

前面已经介绍过一些大学生在求职就业过程中可能遇到的陷阱。但实际上，在求职过程中的职业培训和试用期内，也可能遭遇职业陷阱。下面就通过具体的案例来帮助大学生了解其他的求职陷阱。

（一）培训陷阱

社会上职业培训的广告很多，其中混杂着不少"挂羊头、卖狗肉"的假培训。对教育行业方面的不少投诉都和这类培训有关。如何才能够保障自己的权益，不再上当受骗，是大学生需要思考和注意的问题。

大学生要预防职业培训中的陷阱，保护自己的利益，需要注意下面几点。

（1）选择培训机构时事先要对该机构的资质做评估。可以从口碑、规模、教学质量等方面进行评估。

（2）提出试听课程的要求，以此了解课程是否适合自己，课程各方面是否与描述的一致，勿轻信广告用词。

（3）根据自己的实际学习能力、课程时间长度、课程量等选择适合的课程（可以咨询专业人员）。

（4）对教师资质、教材质量进行分析。

（5）选择合适自己的教学模式。

（6）量力而行，价位高的培训未必适合自己。

（7）切勿盲目跟风，先确定发展方向，做好自己的职业规划，再选择具体课程。

（8）培训前应该签订相关合同，作为对双方的约束，做到有据可查，不吃哑巴亏。

案例　　　　　　　　　　　　　　　**培训陷阱**

　　张玲 6 月刚从某大学工商管理专业毕业。为了更好地与该行业接轨，张玲花 3 000 元报考了某投资管理公司的"管理培训班"。公司原定 6 月初开课，但等了 4 个月仍没有动静，这期间张玲曾多次打电话追问情况，对方接电话人员一直左右搪塞。

　　后来，张玲通过其他渠道打听到，该培训班已停办。于是她多次要求退还培训费，该公司以各种理由拒绝退还，甚至还威胁张玲不要再到公司来"无理取闹"。

　　【启示】培训陷阱很常见，大学生遭遇后应及时报警，尽量挽回损失。

（二）虚假年薪

　　现在的招聘广告中，有很多用人单位会使用"年薪"这个词。但用人单位和求职者对年薪的理解可能各不相同。求职者认为，年薪就是 12 个月的工资相加，是将年薪分成 12 份，最多分成 13 份（包括年终双薪），按月发放。但一些用人单位对年薪的理解是一年后能够拿到手的最多的报酬，同时，要拿到年薪必须完成相应的考核。

　　用人单位的理解对于求职者而言是一种"陷阱"，有的求职者被用人单位提出的"年薪××万元"所迷惑，最终踏入"陷阱"。这种虚假"年薪"主要有以下两种表现形式，大学生在求职过程中要注意预防。

1. 借试用期来骗人

　　一个月的工资应为年薪的 1/12，不能相差太大。然而有些大学生刚开始工作时，用人单位为其定的工资低得令人咋舌。对此，用人单位解释，3 个月试用期满，考核转正后，工资即翻番。可等大学生好不容易熬完试用期，用人单位却下发一纸通知，称其考核不过关，让其"卷铺盖走人"。

2. 中途借故辞退人

　　年薪制的关键在"年"字上，然而一些用人单位惯用的伎俩就是年终前一两个月，巧立名目突击裁人，让员工有苦难言，无处申冤。

案例　　　　　　　　　　　　　　　**高薪骗局**

　　某大学的应届毕业刘松在人才市场找工作，看到一家公司的待遇十分诱人——年薪 10 万元。冲着这年薪，刘松使尽浑身解数，终于拿到了这个职位。刘松到岗后发现，其实这是个年薪陷阱。每个月领到的工资很低，"年薪"的其余部分只有在完成规定的工作业绩后才能兑现，而规定的业绩实际上很难完成。不少员工不到年底就被老板辞掉了；有的员工虽然坚持到了年底，但老板百般挑剔，列举员工工作中的种种不足，最后员工领到的薪酬远远低于承诺的年薪。

　　"年薪"指员工的一年收入，年终时有些公司会说这个标准是部门主管的一年收入，或称此标准指销售业务人员完成规定业绩后的收入，普通员工收入达不到这个标准。

　　【启示】大学生在择业时不要被招聘信息上的高薪所迷惑，要弄清楚薪酬的组成结构和计酬方式等信息。

　　大学生在求职过程中可以通过下面的方法预防陷入年薪陷阱。

　　（1）问清请假如何扣薪。一些企业给聘用员工提出苛刻条件，凡请假一次，扣发5～10天工资，一月累计请假3天，一月工资全部扣发。

　　（2）问清公司每月能否固定准时发放足额工资。最好通过各种途径问清该公司内部职工工资发放情况，以免被骗。

　　（3）问清试用期工资多少，期限多长。如果觉得试用期工资太低，就最好不要抱幻想。

（三）试用期的无效合同

　　有的用人单位与被聘用人员订立所谓的"试用期合同"应属无效合同，因为有关法律不承认"试用期合同"。造成这种无效合同的责任主要在用人单位，而损失者则往往是由被聘用人员承担。有些用人单位靠试用期的无效合同来降低用工成本，当试用期快结束的时候用人单位就会以被聘用人员试用不合格为由不予转正。

　　《劳动合同法》中的规定有效地规避了这种现象。员工入职后，用人单位即应该与其签订劳动合同，试用期包括在合同期内，不得单独订立所谓的"试用期合同"。无效合同或无效条款虽属无效民事行为，但这种无效行为也可能给被聘用人员带来损失，因此，由于用人单位原因造成无效合同或无效条款，并给对方造成损失的，用人单位要赔偿对方的损失。当用人单位有意以"签订试用期合同"为幌子造成无效合同或无效条款时，大学生要维护自己的合法权益。

　　针对某些用人单位先"试用"劳动者，然后再以劳动者不符合劳动条件为由任意辞退劳动者的情况，《劳动合同法》明确规定：试用期包含在劳动合同期限内。劳动合同仅约定试用期的，试用期不成立，该期限为劳动合同期限。据此，大学生不但可以要求用人单位按规定才能解除合同；即使合同被解除，大学生也有权要求用人单位赔偿自己的损失，并要求按规定用人单位因提前解除合同向自己支付经济补偿。

第四节　课后思考与练习

　　（1）简述求职陷阱的含义，并介绍目前常见的求职陷阱的类型。

　　（2）根据自己的理解说说当代大学生应该如何防范求职中常见的各种陷阱。

　　（3）根据本章所学的内容，说说自己理解的传销和直销有哪些共同点和不同之处，并举出具体的案例进行说明。

第八章
大学生就业权益与保障

在求职过程中，有些大学生因为急于找到一份工作，而忽视了对自身合法权益的保护，甚至默认和接受了就业过程中的不公平。对此，健全与完善相关法律法规，加强就业权益保护问题的研究与指导，引导大学生树立正确的择业观，明确自己的权益，增强自我就业权益保障的防范能力，是解决大学生就业权益问题的有效途径。

学习目标

◆ 了解大学生就业的权利与义务，熟悉就业争议的解决办法与维权途径。

◆ 熟悉《就业协议书》的作用、法律性质和签订，熟悉就业报到手续流程。

◆ 熟悉劳动合同的签订和解除。

⤬ 案例导入

小崔与用人单位经过协商签订了《就业协议书》，就以下3个事项进行了约定：①服务期限两年，试用期3个月；②试用期工资2 000元/月，试用期满工资3 000元/月；③违约金5 000元。

在签订《就业协议书》时，小崔将协议书中要求自己填写的内容全部填写完毕，然后签字，学校盖章，再交给用人单位。几天后，小崔拿到用人单位盖好章的协议书后发现工资栏多了一条"此工资为税前工资"，由于协议已经生效，又想到5 000元的违约金，小崔只能忍气吞声。

小崔到用人单位报到后，公司告之："当初签订的《就业协议书》就是劳动合同，没必要重复签订。"不久，公司即以小崔不能适应岗位要求为由将其辞退，并以没有签订劳动合同不存在劳动关系为由拒绝承担任何责任。

【案例小贴士】

从以上案例可以看出，一些用人单位利用大学生渴望就业的心理来达到非法获利的目的。大学生受困就业陷阱的原因主要是有的大学生自身防范意识薄弱，轻信他人，上当受骗；加之择业时放松了必要的警惕，轻信了以用人单位身份出现的"骗子"或"皮包公司"；同时个别大学生存在不劳而获的思想，被宣传的高额报酬引诱。

第一节　　大学生就业的权利与义务

在就业过程中，大学毕业生应正确行使自己的权利并履行应尽的义务，当自身合法权利得不到保障，甚至受到侵犯时，大学毕业生需要通过正当的渠道和方式，依法维护自身的合法权益。此外，大学毕业生应该增强依法就业的意识，认真遵守国家有关大学毕业生就业的方针、政策、规定，自觉履行应尽义务。

一、大学生就业的基本权益

大学毕业生作为就业市场的一个重要主体，在就业过程中享有的权利包括接受就业指导权、被推荐权、就业信息知情权、就业选择自主权、平等就业权和违约及补偿权，下面分别进行介绍。

（一）接受就业指导权

接受就业指导工作直接影响大学毕业生的职业生涯规划、就业方向及求职择业等。接受就业指导是大学毕业生就业成功非常关键的一步。

《高等教育法》第五十九条规定："高等学校应当为毕业生、结业生提供就业指导和服务。"由此可以看出，接受来自国家、社会和学校的就业指导与服务，是大学毕业生的一项重要权利。由于学校在毕业生就业指导中占据重要位置，所以各高校应成立专门机构，开设专门课程，安排专门人员对毕业生进行全方位的就业指导与服务，其中包括宣传国家关于毕业生就业的方针、政策，对毕业生进行求职技能指导，引导毕业生根据实际情况择业。毕业生通过接受就业指导，可以对自身准确定位，合理择业。

扫码看微课

就业权益与法律保护

（二）被推荐权

学校在就业指导工作中的一个重要职责就是向用人单位推荐毕业生。毕业生在被学校推荐的过程中享有如实推荐、公正推荐、择优推荐的权利，下面对这些权利分别进行讲解。

（1）如实推荐。如实推荐指学校在对毕业生进行推荐时，应实事求是，根据毕业生本人的实际情况向用人单位进行介绍，不能故意贬低或随意拔高毕业生的在校表现。

（2）公正推荐。公正推荐指学校对毕业生的推荐应做到公平、公正，应给每一位毕业生就业推荐的机会，不能厚此薄彼。

（3）择优推荐。择优推荐指学校在公正、公开的基础上，还应择优推荐，真正体现优生优待，人尽其才。这样才能调动广大毕业生的就业积极性。

（三）就业信息知情权

充分了解就业信息能提高大学毕业生的就业成功率，越了解就业招聘信息，大学毕业生越可能结合自身情况找到适合自身发展的职业和用人单位。就业信息知情权是指大学毕业生拥有及时全面地获取应该公开的各种就业信息的权利。就业信息具有以下3个方面的特点。

（1）信息公开。用人信息应向所有毕业生公开，任何团体、组织和个人都不得隐瞒、截留用人信息。

（2）信息及时。就业信息有很强的时效性，所以就业信息应及时、有效地向毕业生公布，以免失去利用价值，影响毕业生就业。

（3）信息全面。就业信息应当全面、完整，以便大学毕业生对用人单位有全面的了解，从而做出符合自身要求的选择。

（四）就业选择自主权

根据国家有关规定，现代的高校毕业生可以在国家就业方针、政策指导下"双向选择，自主择业"，即毕业生可以按照自己的兴趣、爱好和能力选择自己喜欢和擅长的职业，同时，毕业生还有权决定自己何时就业、何地就业等。家长、学校和用人单位可以为初出校门、缺乏工作经验的毕业生提供建议和引导，但不能强迫或限制他们选择职业。

（五）平等就业权

大学毕业生在就业过程中享有平等的就业权利。所谓平等，即毕业生有公平的机会去竞争工作岗位，要反对就业中的各种歧视行为。目前，社会上存在一些不良的就业歧视，如性别歧视、学历歧视、地域歧视、身体条件歧视和经验歧视等。

（六）违约及补偿权

用人单位、学校、毕业生三方签订《就业协议书》后，任何一方不得擅自毁约。如任何一方无故要求解约，都必须承担相应的违约责任。总体来说，违约一般有如下两种情况。

（1）用人单位违约。用人单位由于单位改制、经营不善等原因，有可能主动向毕业生提出解除协议，而此时毕业生有权要求用人单位履行就业协议，否则用人单位将承担违约责任，支付违约金。

（2）毕业生违约。在现实就业过程中，毕业生出于谋求更好的就业机会等原因，向用人单位主动提出解除协议的情况较多，这时毕业生应承担违约责任。

二、大学生就业的基本义务

权利和义务是相对的，大学毕业生在享有多项就业权利的同时，也应该履行一定的义务，包括回报国家、服务社会的义务，向用人单位实事求是介绍个人情况的义务，配合学校完成毕业交接的义务，严格遵守和履行就业协议的义务，按规定期限到工作单位报到的义务，依照职责完成工作任务的义务，保守商业机密的义务等，下面分别进行介绍。

（一）回报国家、服务社会的义务

《宪法》规定，劳动对于公民来说，既是权利又是义务，是权利和义务的结合与统一。毕业生有自主择业的权利，但也有服从国家需要的义务。毕业生应从大局出发，认真执行国家的方针、政策，根据需要为国家服务。

按照"得之于社会、还之于社会、报之于社会"的原则，毕业生应积极地、有责任地依托自己的职业行为，发挥自己的专业优势，以此来回报国家、社会和家庭，承担起自己应尽的义务。

（二）向用人单位实事求是介绍个人情况的义务

大学毕业生在求职择业过程中应如实向用人单位介绍自己的情况，这是基本的职业道德要求，也是自己应尽的义务。

大学毕业生在填写就业推荐表、自荐信，与用人单位洽谈，介绍自己时，必须实事求是，不得弄虚作假，应该以诚相见。只有如实介绍自己的情况，才能让人觉得可信、可靠，从而获得用人单位的信任。

大学毕业生如果提供虚假信息，不仅会耽误用人单位录取优秀人才的机会，也会失去用人单位的信任，甚至会出现被退回或发生争议的风险。

（三）配合学校完成毕业交接的义务

大学毕业生在离校前，学校要根据《普通高等学校学生管理规定》《高等学校学生行为准则》等的要求，结合毕业生在校期间各方面的基本情况，实事求是地对毕业生做出鉴定。大学毕业生应该认真总结，并积极配合学校做好此项工作，切实履行好此项义务。

另外，由于部分毕业生在校期间接触到学校的许多科技成果，甚至还直接参与成果的研究与开发，所以，毕业生有保护学校知识产权的义务，不能以此作为与用人单位签约的筹码，否则，将会因侵犯学校的知识产权而承担相应的法律责任。

（四）严格遵守和履行就业协议的义务

大学毕业生与用人单位通过双向选择签订协议后，就应严格遵守和履行就业协议，保证工作顺利进行。表里如一、言行一致是做人的基本准则，讲信誉是毕业生应尽的义务。

协议一经签订就不能随便违约，一旦违约，不仅影响学校正常的就业秩序，而且会损害用人单位、学校及其他同学等各方面的利益。因此，毕业生应该慎重签约，严格履约。

（五）按规定期限到工作单位报到的义务

大学毕业生办理完离校手续后，应按规定期限到用人单位报到。不去就业单位报到的毕业生，学校不再负责其就业问题。

（六）依照职责完成工作任务的义务

大学毕业生是受过高等教育的人才，用人单位会对其寄予厚望，并赋予重要职责。因此，毕业生有义务遵守劳动纪律，积极努力地将自己的知识和才能充分发挥出来，切实履行工作职责，认真完成所承担的工作任务，为单位的发展做出自己应有的贡献。

（七）保守商业机密的义务

一些用人单位在录用毕业生之前，为了全方位了解毕业生的情况，会安排毕业生到单位实习。在实习期间，毕业生要严格遵守单位的规章制度，尤其是一些商业机密，更要严加保守，防止侵权行为的发生。

第二节 《就业协议书》

《就业协议书》的全称是《全国普通高等学校毕业生就业协议书》，如图 8-1 所示。

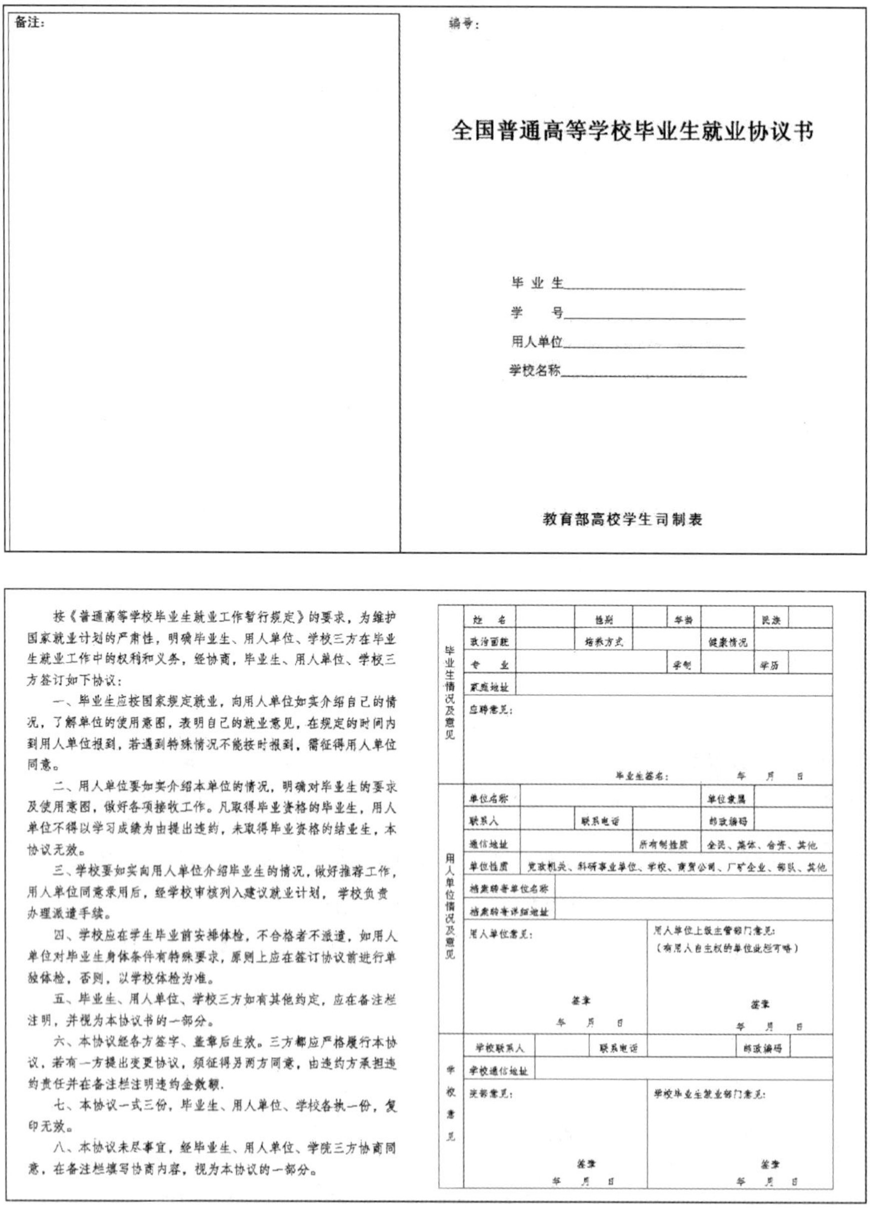
备注：

编号：

全国普通高等学校毕业生就业协议书

毕 业 生__________

学　　号__________

用人单位__________

学校名称__________

教育部高校学生司制表

按《普通高等学校毕业生就业工作暂行规定》的要求，为维护国家就业计划的严肃性，明确毕业生、用人单位、学校三方在毕业生就业工作中的权利和义务，经协商，毕业生、用人单位、学校三方签订如下协议：

一、毕业生应按国家规定就业，向用人单位如实介绍自己的情况，了解单位的使用意图，表明自己的就业意见，在规定的时间内到用人单位报到，若遇到特殊情况不能按时报到，需征得用人单位同意。

二、用人单位要如实介绍本单位的情况，明确对毕业生的要求及使用意图，做好各项接收工作。凡取得毕业资格的毕业生，用人单位不得以学习成绩为由提出违约，未取得毕业资格的结业生，本协议无效。

三、学校要如实向用人单位介绍毕业生的情况，做好推荐工作，用人单位同意录用后，经学校审核列入建议就业计划，学校负责办理派遣手续。

四、学校应在学生毕业前安排体检，不合格者不派遣，如用人单位对毕业生身体条件有特殊要求，原则上应在签订协议前进行单独体检，否则，以学校体检为准。

五、毕业生、用人单位、学校三方如有其他约定，应在备注栏注明，并视为本协议书的一部分。

六、本协议经各方签字、盖章后生效。三方都应严格履行本协议，若有一方提出变更协议，须征得另两方同意，由违约方承担违约责任并在备注栏注明违约金数额.

七、本协议一式三份，毕业生、用人单位、学校各执一份，复印无效。

八、本协议未尽事宜，经毕业生、用人单位、学院三方协商同意，在备注栏填写协商内容，视为本协议的一部分。

毕业生情况及意见	姓　名		性别		年龄		民族	
	政治面貌		培养方式			健康情况		
	专　业				学制		学历	
	家庭地址							
	应聘意见： 毕业生签名：　　年　月　日							
用人单位情况及意见	单位名称					单位隶属		
	联系人		联系电话			邮政编码		
	通信地址			所有制性质		全民、集体、合资、其他		
	单位性质	党政机关、科研事业单位、学校、商贸公司、厂矿企业、部队、其他						
	档案转寄单位名称							
	档案转寄详细地址							
	用人单位意见： 签章 年　月　日				用人单位上级主管部门意见： （有用人自主权的单位此栏可略） 签章 年　月　日			
学校意见	学校联系人		联系电话			邮政编码		
	学校通信地址							
	院部意见： 签章 年　月　日				学校毕业生就业部门意见： 签章 年　月　日			

图 8-1 《全国普通高等学校毕业生就业协议书》模板

《就业协议书》一般由教育部或各省、市、自治区就业主管部门统一印制，是明确毕业生、用人单位和学校在毕业生就业工作中权利和义务的书面表现形式，也是学校编制就业计划和毕业生派遣的依据。《就业协议书》一般统一制表，该协议书一共三联，分别供毕业院校、用人单位和毕业生留存。

一、《就业协议书》的作用

《就业协议书》是为了明确毕业生、用人单位、学校三方在毕业生就业工作中的权利和义务，经协商签订的协议。在相当长的一段时间里，毕业生就业需要按《就业协议书》来办理。

（1）《就业协议书》是传递毕业生档案和户口关系、办理报到落户手续的依据，学校依据《就业协议书》的内容开出《户口迁移证》，同时转移学生档案。一般学校会要求学生在规定的日期（如每年6月底）上交《就业协议书》，学校再以《就业协议书》为依据进行派遣。如果超过这一时限，学校会把学生的关系和档案一并派回原籍。

（2）毕业生一旦办理了《就业协议书》，则说明该公司或人事局决定接收该毕业生的档案，准备正式录用该毕业生。

二、《就业协议书》的法律性质

《就业协议书》具有劳动合同的某些法律属性，但与劳动合同又有明显的不同。

（一）不能取代劳动合同

虽然《就业协议书》具有劳动合同的部分特征，但它不能等同于劳动合同，更不能取代劳动合同。《就业协议书》只是一份简单的文件，很多劳动合同应有的内容并没有包含在内，如工作岗位、工作条件、薪酬待遇等，因此，仅凭《就业协议书》，毕业生就业后的劳动权利无法得到保障。

> 🪂 知识链接
>
> 《就业协议书》是毕业生与用人单位确立劳动关系的前提，劳动合同是劳动者与用人单位确立劳动关系、明确双方权利和义务的重要法律依据。对于大学毕业生来说，两者相依相存，并不矛盾，它们合在一起构成了一道强大的大学生就业保护网。

（二）合同属性

《民法典》第四百六十四条规定：合同是民事主体之间设立、变更、终止民事法律关系的协议。民事主体签订合同时，应遵循合法、公平、平等自愿、协商一致、诚实信用的原则。《就业协议书》也具有合同的属性，签订《就业协议书》的主体是毕业生（自然人）和用人单位（法人、其他组织），他们在签订就业协议时的法律地位是平等的；《就业协议书》是双方意见的协商，任何一方都不能将自己的意志强加给另一方；《就业协议书》所涉及的权利义务均属于我国民事法律管辖的范围。

三、《就业协议书》的签订

每位毕业生只有一套《就业协议书》，任何单位和个人均不得复印、翻印、复制、挪用、转借、涂改，否则视为无效或需要承担相应责任。毕业生与用人单位达成一致意见后，需签订《就业协议书》。就业协议书由用人单位、毕业生、用人单位上级主管部门、部（系）、校毕业生就业指导中心签字盖章后，需及时交一份到校毕业生就业指导中心，以便办理就业派遣手续。

（一）签订流程

签订就业协议书的基本流程如图 8-2 所示。

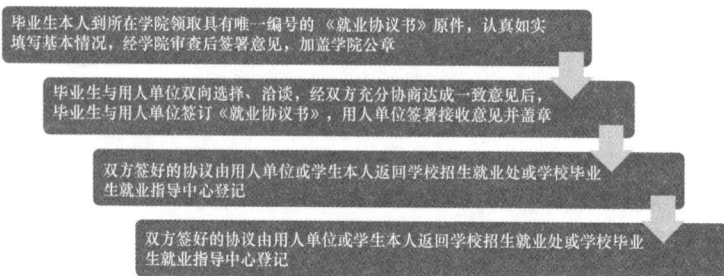

毕业生本人到所在学院领取具有唯一编号的《就业协议书》原件，认真如实填写基本情况，经学院审查后签署意见，加盖学院公章

毕业生与用人单位双向选择、洽谈，经双方充分协商达成一致意见后，毕业生与用人单位签订《就业协议书》，用人单位签署接收意见并盖章

双方签好的协议由用人单位或学生本人返回学校招生就业处或学校毕业生就业指导中心登记

双方签好的协议由用人单位或学生本人返回学校招生就业处或学校毕业生就业指导中心登记

图 8-2 签订就业协议书的基本流程

知识链接

报考研究生的毕业生在签订就业协议时，应将报考研究生的有关情况告知用人单位，双方协商的意见在协议书其他约定栏中予以注明。毕业生和用人单位之间如果另有约定，应在其他约定栏中注明，并由毕业生、用人单位和学校毕业生就业指导中心签字盖章后生效。协议书签订之后，毕业生应及时将协议书邮寄或呈送用人单位。

（二）签订的注意事项

大学生在签订《就业协议书》时还有以下几个注意事项。

（1）与用人单位达成的口头意向尽量写入协议中。

（2）慎重对待达成意向外的附加条款。

（3）协议书上交学校毕业生就业指导中心的时间有限制，通常为毕业年度的5月31日之前。

（4）协议书上"用人单位上级主管部门"是否盖章关系到毕业生户口档案的去向，请务必在签订协议书时向所签约的用人单位咨询。

（5）对于用人单位是否解决户口、档案问题，现在一些单位普遍采用招聘的形式，不解决毕业生的户口和档案问题，因此，签订的就业协议将不能列入国家就业计划。大学生可以联系单位所在地的人才市场，申请档案、户口由人才市场管理，并请人才市场在"上级主管部门"栏签章确认，学校方可办理手续。

（6）在生源地就业的学生可以不需要用人单位上级主管部门盖章。

对于人才市场在就业协议书上的签章环节，《国务院办公厅关于进一步做好高校毕业生等青年就业创业工作的通知》（国办发〔2022〕13号）指出，要为大学毕业生提供求职就业便利。取消高校毕业生离校前公共就业人才服务机构在就业协议书上的签章环节，取消高校毕业生离校后到公共就业人才服务机构办理报到手续。

（三）补发

毕业生如果不慎将《就业协议书》遗失，学校原则上不再补发。若因特殊情况需补发时，毕业生需要按照按如下流程办理。

（1）前往丢失地报社，登报请求挂失。

（2）在就业指导中心网站下载《协议书遗失补办申请表》如实填写，并由所在院（系）辅导员签字，总支副书记签署意见，就业秘书加盖公章。

（3）将刊登自己协议书挂失启事的报纸和申请书交给学校毕业生就业指导中心审核。

（4）由学校毕业生就业指导中心公示7天后，毕业生方可获取一份新协议书。

另外，遗失《就业协议书》的情况又分为空白协议书遗失和已签协议书遗失两种情况。

（1）如果是《就业协议书》丢失时未签约的情况，挂失时在挂失启事中应该包括学校、专业、年级、姓名、协议书编号等内容。

（2）如果是《就业协议书》丢失时已签约的情况，挂失时在挂失启事中除包括以上所列内容外，还应该注明已与何单位签约。在换发了新协议书后，需要及时与单位联系，重新签订《就业协议书》。

四、《就业协议书》的解除

大学毕业生与用人单位签订《就业协议书》后，双方都应该认真履行协议。如果某一方或双方违反协议约定，违约方需要承担违约责任，并按照相应的流程解除《就业协议书》。

（一）解除流程

大学毕业生解除《就业协议书》的流程主要有以下3个步骤。

（1）到签订《就业协议书》的用人单位办理书面解约函（盖单位公章）。

（2）向学校就业指导办公室提出书面申请（阐明解约理由），并附上单位及上级人事主管部门审核同意的解约函，交学校就业指导办公室。

（3）学校就业指导办公室根据有关规定审批换发新的《就业协议书》。

（二）单方解除

单方解除《就业协议书》又分为单方擅自解除和单方依法或依协议解除两种情况。

（1）单方擅自解除协议属于违约行为，解约方应对另一方承担违约责任。

（2）单方依法或依协议解除是指一方解除就业协议有法律上的或协议上的依据。例如，大学生未取得毕业资格，用人单位有权单方解除就业协议；毕业生录用之后，可解除就业协议；或依协议规定，毕业生未通过用人单位所在地组织的公务员考试，用人单位有权解除协议。此类单方解除，解除方无须对另一方承担法律责任。

（三）双方解除

双方解除是指毕业生和用人单位双方经协商一致，取消原订立的协议，使协议不发生法律效力。此类解除是双方当事人真实意思表示一致的体现，双方均不承担法律责任，双方解除应在就业计划上报主管部门之前进行，如就业派遣计划下达后双方解除，还须经主管部门批准办理调整改派。

案例　　　　　　　　　　企业无故解除就业协议

某技术学院应届毕业生赵华参加了某集团在广州高校举办的专场招聘会，因为很想去沿海城市发展，赵华就投了简历。几轮筛选后，赵华接到通知，准备与该集团签协议。随后，该集团通知赵华将户口、档案、体检表、组织关系等都转到广州，理由是方便到时候办理五险一金。办好一系列手续后，该集团与赵华签订了就业协议，约好的报到时间是 7 月 10 日到 7 月 15 日。

没想到，6 月 18 日晚上，赵华收到了该集团发来的电子邮件，称要解除就业协议。3 天后，赵华收到了一封装有两张纸的快递：一张是《就业协议书》用人单位留存页，另一张纸是一份盖有该集团公章的解约信。解约信的内容为"经公司研究决定，终止我们于 2021 年 4 月 26 日签署的《就业协议书》，特此通知！"该通知落款为 2021 年 6 月 18 日。赵华觉得该集团这个举动明显违反了《就业协议书》中的约定，是单方擅自解除协议，属于违约行为。

【启示】从以上案例可以看出，在校大学生还不具备签订劳动合同的主体资格，签《就业协议书》不代表双方发生劳动法律关系。但是，《就业协议书》中有"学生报到时毕业证和学位证齐全"的相关约定，而且约定 7 月 10 日到 7 月 15 日报到，学生履约的时间还没到，用人单位就单方擅自解除协议，明显是违约行为，应当承担相应的违约责任。

第三节　劳动合同

就业过程中保障自己的就业权益需要与用人单位建立有保障的劳动关系，这种劳动关系本质上是一种合同契约关系，而这种契约关系主要是靠劳动者与用人单位签订的劳动合同来调整和规范，所以劳动合同是确立劳动关系的法律依据。有些初入社会的大学生在与用人单位签订劳动合同时不够重视，有的甚至不签订书面劳动合同，当自己的就业权益受到损害时才后悔莫及，所以，大学生必须对劳动合同的相关内容有一个全面的认识。

■ 一、劳动合同概述

劳动合同是劳动者与用人单位确立劳动关系、明确双方权利和义务的协议。所有劳动合同都必须依据《劳动合同法》制定，而不能依据用人单位的单方面意愿来制定。劳动合同文本由用人单位提供，劳动合同应当由用人单位与劳动者协商一致，并经双方当事人在劳动合同文本上签字或者盖章生效。

（一）现行《劳动合同法》来由

现行的《劳动合同法》于 2007 年 6 月 29 日，由第十届全国人民代表大会常务委员会第二十八次会议修订通过，自 2008 年 1 月 1 日起施行。2012 年 12 月 28 日，第十一届全国人民代表大会常务委员会第三十次会议通过了《劳动合同法》的修订决定，2013 年 7 月 1 日起施行修订后的《劳动合同法》。

为了更好地保护自身的合法权益，大学毕业生可在"中国人大网"学习现在施行的《劳动合同法》的全部内容。

（二）有效劳动合同应具备的要素

劳动合同既具有合同的一般特征和相应的法律约束力，同时作为一种特殊的合同类型，又具有自己的特色，其特点主要包括以下几点。

扫码看微课

劳动者的权利和义务

1. 主体资格合法

劳动者的主体资格合法，指劳动者必须是年满 16 周岁、具备劳动权利能力和劳动行为能力的公民。未满 16 周岁的未成年人不能作为主体与用人单位签订劳动合同。用人单位的主体资格合法，是指用人单位须经主管部门批准依法从事生产经营和其他相应的业务，享有法律赋予的用人资格或能力。

2. 合同内容合法

合同内容合法主要指劳动合同的内容不得违反法律、行政法规的强制性规定。例如，《劳动法》第二十一条明确规定："劳动合同可以约定试用期。试用期最长不得超过六个月。""试用期最长不得超过六个月"就是法律关于劳动合同试用期的强制性规定。例如，某劳动者与用人单位签订的劳动合同约定的试用期为 10 个月，由于违背了上述"试用期最长不得超过六个月"的强制性法律规定，所以该劳动合同是无效的。

3. 当事人意思表示真实

根据《劳动法》第十八条第（二）款的规定，采取欺诈、威胁等手段订立的劳动合同，因为违背了当事人的真实意愿，所以是无效的。另外，如果有证据证明当事人对合同内容有重大误解，这样的劳动合同也应无效。

4. 合同订立的形式合法

《劳动法》第十九条明确规定，劳动合同应当以书面形式订立。其他以口头、录音、录像等形式订立的劳动合同均无效。

拓展阅读

劳动合同模板

（三）劳动合同的基本内容

根据《劳动合同法》的规定，劳动合同的内容主要由法定条款和约定条款两类构成。

1. 法定条款

法定条款，即法律规定劳动合同必须具备的条款，只有具备了这些条款的劳动合同才能依法成立。一般法定条款包含以下 7 个方面的内容。

（1）合同期限。除依法允许订立不定期合同的情况以外，合同都应当规定有效期限。其中应包括合同的生效日期和终止日期，或者决定合同有效期限的工作（工程）项目。例如，某毕业生 2021 年 3 月 1 日被录用开始工作，工作时间为 6 个月，那么合同的期限规定为"本劳动合同从 2021 年 3 月 1 日生效，到 2021 年 8 月 31 日结束"。

（2）工作内容。工作内容指关于劳动者的劳动岗位、劳动任务条款。

（3）劳动保护和劳动条件。劳动保护和劳动条件指关于用人单位应当为劳动者提供劳动安全、卫生条件和生产资料条件的条款。如建筑工人应该发放安全帽。

（4）劳动报酬。劳动报酬指关于劳动报酬的形式、构成、标准等条款。

（5）劳动纪律。劳动纪律指关于劳动者应当遵守劳动纪律的条款。如上班时间不得私自外出，如何请假等。

（6）合同终止条件。合同终止条件指关于劳动合同在法定终止条件之外的哪些情况下可以或应当终止的条款。如合同到期终止，或就业单位出现破产、停业等情况终止合同等。

（7）违约责任。违约责任指关于违反劳动合同的劳动者和用人单位，各自应如何承担责任的条款。

> 🎈 知识链接
>
> 由于某些劳动合同自身的特殊性，立法特别要求，除一般法定必备条款外，还必须规定一定的特有条款。例如，外商投资企业劳动合同和私营企业劳动合同中应包括工时和休假条款。

2. 约定条款

约定条款，即劳动关系当事人或其代表约定劳动合同必须具备的条款。法定条款是法定条款的必要补充，其具备与否，对劳动合同可否依法成立，在一定程度上有决定性意义。

《劳动合同法》规定，劳动合同除法定必备条款外，当事人还可以协商约定其他内容。约定的其他内容通常有试用期条款、保密条款和禁止同业竞争条款等，但是，补充条款的约定不能与国家的法律法规相抵触，不能危害国家、组织或个人的利益。

（四）劳动合同与就业协议的区别

在就业过程中，很多大学生不清楚劳动合同和就业协议的区别，从而被用人单位利用，导致大学生自己的就业权益得不到保障。表8-1所示为劳动合同和就业协议在用途上的主要不同之处。

表 8-1 劳动合同和就业协议在用途上的主要不同之处

	主体不同	依据不同	内容差异	签订时期不同	效力不同
劳动合同	劳动者和用人单位	《劳动法》《劳动合同法》	劳动合同期限、工作内容	学生毕业后	劳动合同的有效期是劳动者与用人单位以合同方式确定的
就业协议	毕业生、用人单位、学校	教育部颁发的部门规章	毕业生自身情况、就业意向	学生毕业前	效力始于签订之日，终于报到之时

二、劳动合同的签订

劳动合同的签订，指劳动者和用人单位经过相互选择和平等协商后，就劳动合同条款达成协议，从而确定劳动关系和明确双方相互的权利、义务的法律行为。劳动合同受劳动法约束，并且是明确劳动关系的主要依据，理应在合同中遵循劳动法基本原则，合同内容亦不得违背劳动法基本原则。

（一）劳动合同的订立原则

《劳动合同法》规定，订立劳动合同要遵循合法、公平、平等自愿、协商一致、诚实信用的原则，不得违反法律和行政法规的规定。

扫码看微课

签订劳动合同

（1）合法原则。劳动合同必须依法以书面形式订立，做到主体合法、内容合法、形式合法、程序合法。只有合法的劳动合同才能产生相应的法律效力。

（2）公平原则。劳动合同的内容应在符合法律规定的前提下，公正、合理地确立双方的权利和义务。

（3）平等自愿原则。平等即劳动者和用人单位在订立劳动合同时法律地位是平等的，没有高低、从属之分，不存在命令和服从、管理和被管理关系。自愿即订立劳动合同应完全出于劳动者和用人单位双方的真实意志，任何一方不得把自己的意志强加给另一方。

（4）协商一致原则。用人单位和劳动者应对合同的内容达成一致意见，合同内容应得到双方的共同认可。

（5）诚实信用原则。在订立劳动合同时要诚实，讲信用，双方不得隐瞒真实情况，不得有欺诈行为。

🔍 案例　　大学生在试用期解除劳动关系

　　某大学应届毕业生侯明应聘到一家科技公司上班，公司正式录用侯明时，与其签订了为期两年的劳动合同，并在合同中规定，试用期为两个月。可是，从上班的第一周开始，公司就要求侯明加班。因为劳动强度非常大，侯明上班半个月后，就不想再继续干了。谁知，侯明的辞职请求被公司拒绝了。侯明很迷茫，不知道公司这种强迫自己继续工作的行为是不是可以作为解除劳动关系的理由，如果劳动关系解除了，自己需不需要承担相应的法律责任。

　　【启示】《劳动合同法》第三十七条规定："劳动者提前三十日以书面形式通知用人单位，可以解除劳动合同。劳动者在试用期内提前三日通知用人单位，可以解除劳动合同。"从以上案例可以看出，侯明与公司签订了劳动合同，但在试用期内发现用人单位分配的工作不利于自己的发展，可以果断行使解除劳动合同的权利，并且，处于试用期的劳动者不必向用人单位说明任何原因和理由，只要提前3天通知用人单位即可。

（二）与大学生就业相关的劳动合同签订事项

《劳动合同法》的颁布给毕业生带来了"利好"消息，但由于《劳动合同法》的内容多而全，下面仅列出几项与大学生就业息息相关的注意事项。

拓展阅读

社会保险相关知识

1. 必须签订劳动合同

《劳动合同法》第十条规定："建立劳动关系，应当订立书面劳动合同。"实际上，有些用人单位对劳动合同有一个错误的认识，即签订劳动合同就会将自己套牢，而没有劳动合同就与职工没有劳动关系，可以规避法律的很多规定。

其实不然，《劳动合同法》关于劳动合同的签订有如下规定。

（1）用人单位自用工之日起超过一个月不满一年未与劳动者订立书面劳动合同的，应当向劳动者每月支付二倍的工资。

（2）用人单位自用工之日起满一年不与劳动者订立书面劳动合同的，视为用人单位与劳动者已订立无固定期限劳动合同。《劳动合同法实施条例》第六条规定：用人单位自用工之日起超过一个月不满一年未与劳动者订立书面劳动合同的，应当依照劳动合同法第八十二条的规定向劳动者每月支付两倍的工资，并与劳动者补订书面劳动合同。

由此可见，用人单位如果不与劳动者签订书面劳动合同，将面临更大的法律风险。

知识链接

2005年劳动和社会保障部在颁布的《关于确立劳动关系有关事项的通知》中指出，用人单位未与劳动者签订劳动合同，如劳动者有可参照的凭证，可认定双方存在劳动关系，这些凭证主要有以下内容。

① 工资支付凭证或记录（职工工资发放花名册）、缴纳各项社会保险费的记录。

② 用人单位向劳动者发放的"工作证""服务证"等能够证明身份的证件。

③ 劳动者填写的用人单位招工招聘"登记表""报名表"等招用记录。

④ 考勤记录。

⑤ 其他劳动者的证言等。

《关于确立劳动关系有关事项的通知》还规定，若用人单位终止事实劳动关系也需要向劳动者支付经济补偿金。

---

2. 个人隐私保护

为了保护劳动者的隐私，《劳动合同法》第八条规定："用人单位招用劳动者时，应当如实告知劳动者工作内容、工作条件、工作地点、职业危害、安全生产状况、劳动报酬，以及劳动者要求了解的其他情况；用人单位有权了解劳动者与劳动合同直接相关的基本情况，劳动者应当如实说明。"这句话背后的含义是不属于"与劳动合同直接相关的基本情况"，用人单位无权过问，劳动者也有权拒绝回答。

另外，《就业服务与就业管理规定》规定："用人单位在招用人员时，除国家规定的不适合妇女从事的工种或者岗位外，不得以性别为由拒绝录用妇女或者提高对妇女的录用标准。用人单位录用女职工，不得在劳动合同中规定限制女职工结婚、生育的内容。"

3. 不得要求提供担保或收取财物

某些不正规的用人单位在招聘或录用过程中，为了谋取钱财，向求职者收取招聘费、培训费、押金或服装费，要求必须扣押证件等，这些行为在《劳动合同法》中都是被禁止的。

《劳动合同法》第八十四条规定："用人单位违反本法规定，扣押劳动者居民身份证等证件的，由劳动行政部门责令限期退还劳动者本人，并依照有关法律规定给予处罚。用人单位违反本法规定，以担保或者其他名义向劳动者收取财物的，由劳动行政部门责令限期退还劳动者本人，并以每人五百元以上两千元以下的标准处以罚款；给劳动者造成损害的，应当承担赔偿责任。"

4．同工同酬

《劳动合同法》第六十三条规定："被派遣劳动者享有与用工单位的劳动者同工同酬的权利。用工单位应当按照同工同酬原则，对被派遣劳动者与本单位同类岗位的劳动者实行相同的劳动报酬分配办法。用工单位无同类岗位劳动者的，参照用工单位所在地相同或者相近岗位劳动者的劳动报酬确定。"同工同酬是指技术和劳动熟练程度相同的劳动者在从事同种工作时，不分性别、年龄、身份、民族、区域等差别，只要提供相同的劳动量，就应获得相同的劳动报酬。同工同酬最重要的贡献之一，就是规定了同一工种不再有合同工与正式工的差别，在同一企业工作的只要是相同工种，就应得到相同报酬。

在实际施行过程中，同工同酬作为一项分配原则也有其相对性：相同岗位的劳动者之间也有资历、能力、经验等方面的差异，因此劳动报酬只要大体相同就不违反同工同酬原则。

5．关于试用期

试用期指用人单位和劳动者为相互了解和选择，在劳动合同中约定的不超过 6 个月的考察期。《劳动合同法》第十九条规定："劳动合同期限三个月以上不满一年的，试用期不得超过一个月；劳动合同期限一年以上不满三年的，试用期不得超过二个月；三年以上固定期限和无固定期限的劳动合同，试用期不得超过六个月。"

劳动合同中约定试用期不是必备条款，而是协商条款，是否约定由劳动者和用人单位协商确定。但是，如果双方约定试用期，就必须遵守有关规定。在劳动合同中约定试用期要遵守以下 6 项规定。

（1）劳动合同中的试用期应由用人单位和劳动者双方平等协商约定，不得由用人单位一方强行规定。图 8-3 所示为某企业制订的员工试用期转正考核表模版，其中便明确了试用期的考核项目。

（2）试用期最长不得超过 6 个月。

（3）以完成一定工作任务为期限的劳动合同或者劳动合同期限不满 3 个月的，不得约定试用期。试用期包含在劳动合同期限内。劳动合同仅约定试用期的，试用期不成立，该期限为劳动合同期限。

（4）同一用人单位与同一劳动者只能约定一次试用期。试用期适用于初次就业、改变岗位或工种的劳动者，工作岗位没有发生变化的劳动者只有一次试用期。

（5）试用期不得延长。用人单位在试用期内发现劳动者不符合录用条件，可以解除劳动合同，而不能延长试用期继续进行考察；同样，劳动者在试用期内对用人单位不满意或认为自己不适合该工作，可以解除劳动合同。

（6）试用期的工资不得低于本单位相同岗位最低档工资或者劳动合同约定工资的 80%，且不得低于用人单位所在地的最低工资标准。

员工试用期转正考核表

考核日期：　　年　月　日

姓　名		所属部门		职　位		入职时间	
原定考核期	年　月　日—		年　月　日	实际考核期	年　月　日—		年　月　日
试用期内考勤情况		应出勤　　天　　实际出勤　　天					
申请人情况说明							

考评内容（由直接上级填写）

考核项目	考核标准	考核得分				
		优	良	中	可	差
职业道德	严格遵守公司的管理制度，爱岗敬业，诚实守信	10	8	6	4	2
责任意识	能够放心交付工作，能够圆满完成目标和任务，工作认真负责	10	8	6	4	2
文化认同	高度认同公司的经营理念、企业文化和核心价值观，有强烈的集体荣誉感，能够快速融入公司	10	8	6	4	2
岗位技能	正确理解本岗位的工作内容与职责，运用专业知识及时、有效地解决各类问题，圆满完成各项工作任务	10	8	6	4	2
工作效率	工作方法合理，在要求的时间内能及时、优异地完成工作，并保持良好业绩	10	8	6	4	2
团队合作	积极与他人协同工作、密切配合，顺利完成工作任务和要求	10	8	6	4	2
沟通协调能力	工作中能妥善处理与上级、同级、下级等的关系，能够调动各方面的工作积极性	10	8	6	4	2
学习能力	主动学习，积极进取，较快掌握并且很快能运用到工作上	10	8	6	4	2
服务意识	在本岗位中，能积极主动了解同事、客户需求，并提供有效服务，亲和力强，工作差错少	10	8	6	4	2
创新能力	工作中不断更新观念，积极探索，不断改进工作方法，提高工作效率	10	8	6	4	2
100 分						
参考标准：80 分以上优秀，建议正式录用或转正； 60～80 分良好，建议降一级录用； 低于 60 分，建议调岗或予以辞退。						
考核意见	用人部门意见： 签名：			总经理意见： 签名：			

图 8-3 员工试用期转正考核表模板

6. 关于违约金

《劳动合同法》对违约金条款给予严格的限制，明确规定只有以下两种情形可以在劳动合同中约定违约金。

（1）在培训服务期中约定违约金。用人单位为劳动者提供专项培训费用，对其进行专业技术培训的，可以与该劳动者订立协议，约定服务期。劳动者违反服务期约定的，应当按照约定向用人单位支付违约金，违约金的数额不得超过用人单位提供的培训费用。

（2）在竞业限制中约定违约金。用人单位与劳动者可以在劳动合同中约定保守用人单位的商业秘密和与知识产权相关的保密事项，对负有保守商业秘密和知识产权义务的高级管理人员、高级技术人员和其他负有保密义务的人员，可以约定竞业限制。劳动者违反竞业限制约定的，应当按照约定向用人单位支付违约金。

除以上两种情况外，用人单位要求劳动者支付违约金都是不合法行为。

知识链接

竞业限制的约定不得违反法律、法规的规定。在解除或者终止劳动合同后，受竞业限制的人员到与本单位生产或者经营同类产品、从事同类业务的有竞争关系的其他用人单位，或者自己开业生产或经营同类产品、从事同类业务的竞业限制期限，不得超过两年。

三、劳动合同的解除

劳动合同的解除是指在劳动合同订立后，尚未全部履行以前，由于某种原因导致的劳动合同一方或双方当事人提前消灭劳动关系的法律行为。《劳动合同法》中关于用人单位辞退劳动者的情形分为3种类型：过失性辞退、无过失性辞退和经济性裁员。为了更好地保护劳动者的合法权益，《劳动合同法》对每一类辞退员工的情形都有条件限制。例如，即时通知解除劳动合同的，用人单位需要承担举证责任，即劳动者在试用期间被证明不符合录用条件的，或严重失职、营私舞弊给单位造成重大损失的，或劳动合同无效的，或员工兼职给单位工作造成严重影响的，或被追究刑事责任等的；预告通知解除劳动合同的，需要符合法定情形，并且履行法定程序；经济性裁员也要符合裁员的条件并履行法定程序等。

（一）用人单位可解除劳动合同的情形

《劳动合同法》第四十条规定，有下列情形之一的，用人单位提前三十日以书面形式通知劳动者本人或者额外支付劳动者一个月工资后，可以解除劳动合同：

（1）劳动者患病或者非因工负伤，在规定的医疗期满后不能从事原工作，也不能从事由用人单位另行的安排工作的；

（2）劳动者不能胜任工作，经过培训或者调整工作岗位，仍不能胜任工作的；

（3）劳动合同订立时所依据的客观情况发生重大变化，致使劳动合同无法履行，经用人单位与劳动者协商，未能就变更劳动合同内容达成协议的。

（二）用人单位不可解除劳动合同的情形

《劳动合同法》第四十二条规定，劳动者有下列情形之一的，用人单位不得依照本法第四十条、第四十一条的规定解除劳动合同：

（1）从事接触职业病危害作业的劳动者未进行离岗前职业健康检查，或者疑似职业病病人在诊断或者医学观察期间的；

（2）在本单位患职业病或者因工负伤并被确认丧失或者部分丧失劳动能力的；

（3）患病或者非因工负伤，在规定的医疗期内的；

（4）女职工在孕期、产期、哺乳期的；

（5）在本单位连续工作满十五年，且距法定退休年龄不足五年的；

（6）法律、行政法规规定的其他情形。

（三）用人单位应支付经济补偿的情形

《劳动合同法》第四十六条规定，有下列情形之一的，用人单位应当向劳动者支付经济补偿：

（1）劳动者依照本法第三十八条规定解除劳动合同的；

（2）用人单位依照本法第三十六条规定向劳动者提出解除劳动合同并与劳动者协商一致解除劳动合同的；

（3）用人单位依照本法第四十条规定解除劳动合同的；

（4）用人单位依照本法第四十一条第一项规定解除劳动合同的；

（5）除用人单位维持或者提高劳动合同约定条件续订劳动合同，劳动者不同意续订的情形外，依照本法第四十四条第一项规定终止固定期限劳动合同的；

（6）依照本法第四十四条第四项、第五项规定终止劳动合同的；

（7）法律、行政法规规定的其他情形。

总体来说，除了劳动者个人原因主动辞职，或个人不满足岗位需求、违法乱纪外，因用人单位的情况，如经营不善倒闭等原因解除劳动合同的，用人单位都应支付经济补偿。经济补偿的金额按劳动者在本单位工作的年限而定，主要有 3 种情况：一是每满一年支付一个月工资的标准；二是六个月以上不满一年的，按一年计算；三是不满六个月的，支付半个月工资的经济补偿。支付经济补偿的年限最高不超过十二年。

第四节　就业报到手续

大学毕业生与用人单位签订就业协议后，通常就可以办理就业报到手续。就业报到手续各个地方差异不大，通常会由用人单位的人力资源部代理办理，大学生只需要准备好相关的证明材料即可，如毕业证、学历验证证明、学位证和档案等。下面就介绍毕业生就业报到手续的相关内容。

一、毕业生档案

毕业生档案主要是一个装着各种文件材料的档案袋，文件材料主要是毕业生高中阶段和大学阶段的经历，包括个人简历、工作履历表、学历档案、政治面貌材料等个人情况的文件材料，起着凭证、依据和参考的作用，是以学生个人为单位集中保存起来以备查看的文字、表格及其他各种形式的历史记录。大学毕业生所在学校通常不会随便处理每个大学生的档案，而是根据大学生提供的用人单位的接收函来派发档案。派发档案的途径主要有以下几种。

（1）国家机关、事业单位、国有企业、银行等用人单位拥有调动大学生档案的权限，而且这些用人单位本身就可以办理接收函，如果大学生与这些单位签订了就业协议，这些单位会为大学生办理接收函。大学生毕业时，可以将接收函交给学校，学校就会将大学生的档案派发到该用人单位。

扫码看微课

人事代理

（2）私有、民营、外资等用人单位则通常没有接受大学生档案的权限，大学生可以选择去用人单位所在地的人力资源市场办理接收函。人力资源市场办理好接收函后，学校通常会根据接收函将大学生的档案派发到人力资源市场进行保管。

知识链接

　　将毕业生档案派发到人力资源市场保管的好处是大学生的户口可以随档案迁移到人力资源市场所在的城市，成为城市公民，以后会享有该城市户籍居民所有的各种便利。

（3）如果大学生愿意回到自己原户口所在地工作，那么学校会直接把大学生的档案派发到生源地的人力资源和社会保障局，大学生的档案一直会在那里进行保管。

知识链接

　　将毕业生档案派发到生源地城市的大学生也可能在其他城市的公司工作，但最好先去生源地的人力资源和社会保障局报到，这样才可以定岗定级。这对以后考公务员或进入国有企业、事业单位有一定影响。

（4）如果大学生毕业后不立即就业，则可以办理暂缓就业，暂缓期限通常是两年。在这一时限内，大学生的档案将由学校所在省、自治区、直辖市的大学生就业指导中心保管，大学生可以以应届毕业生的身份考研或考公务员等，通过考试则可以拿到接收函直接去就业指导中心办理相关资料。如果超过暂缓就业的时限，就业指导中心在两年期限后会直接把大学生的档案派发回生源地的人力资源和社会保障局。

二、毕业生离校

大学毕业生到用人单位报到之前，还需要返回学校办理离校手续。各学校办理离校手续的内容和流程各不相同，但通常都会有如下一些共同之处。

（一）日程安排

毕业生离校的日程安排通常包括以下几项内容。

（1）毕业典礼。

（2）学士学位授予仪式。

（3）办理离校手续。

（4）领取毕业证书。

（二）相关手续办理

大学毕业生可以在学校规定的办理离校手续的时间范围内，通过学校的官方网站或者到有关部门，根据具体的办理流程，核对自己的个人信息，查询离校手续办理情况等。毕业生离校手续主要包括以下一些相关事项。

（1）党、团组织关系的办理。党员、团员组织关系由毕业生所在学院党总支、团委统一办理，具体时间由学院党总支、团委确定。

（2）图书归还。毕业生要在学校规定的还书截止时间前归还所借图书。

（3）户口迁移办理。毕业生按照学校颁发的关于毕业生户口迁出及落户的相关政策办理，户口迁移证根据学校规定统一领取并邮寄。

（4）学费、住宿费及公寓相关欠费清缴。毕业生应该根据学校指定的时间，到学校的指定部门，如卡务中心等，结清学费、住宿费及公寓相关欠费，办理相应手续。

（5）证件回收。毕业生应该根据学校指定的时间，以班为单位将学生证交至所属学院的学生工作办公室注销。

（6）一卡通退费。毕业生应该根据学校指定的时间，到学校卡务中心办理学生一卡通退费。有些学校将为毕业生保留一卡通在校内的部分使用权限（用餐、校内 Wi-Fi 等），所以，毕业生在办理一卡通退费时可选择不退卡。

（7）公寓退宿手续办理。毕业生应该根据学校指定的时间，办理公寓退宿手续，如果需要延迟退宿，还需办理有关手续。

（8）在完成了以上手续后，没有任何欠费的毕业生需要到所在学院直接办理离校手续，领取毕业证、学位证等各种证书。

第五节　毕业生就业保障与维权方式

大学毕业生在求职过程中的权益如果受到侵犯，既损害了毕业生的利益，又会影响其职业发展。因此，大学生在就业过程中应该时刻注意对自身合法权益的维护。下面就介绍《就业协议书》与劳动合同争议的解决办法，以及毕业生维护权益的途径与方式等相关内容。

一、《就业协议书》与劳动合同争议的解决办法

在大学毕业生就业过程中通常会涉及两种主要的协议和合同，即《就业协议书》和劳动合同。下面分别讲解《就业协议书》和劳动合同产生争议的情况及解决办法。

（一）《就业协议书》争议的情况及解决办法

目前，关于大学毕业生《就业协议书》争议问题时有发生，一般情况下是大学毕业生最初与一家单位签订了《就业协议书》，但后来发现了更适合自己的岗位，想解除与原单位的就业协议，从而引起纠纷。

国家还没有明确的关于解决《就业协议书》争议的法律规定。但在实践中解决《就业协议书》争议的主要办法有以下 3 种。

（1）毕业生与用人单位协商解决。这种办法适用于因毕业生引起的就业协议争议，毕业生可出面向用人单位赔礼道歉，并说明情况，赢得用人单位的理解，必要时需支付违约金，经双方协商达成新的意向。

（2）学校或当地省级毕业生就业主管部门与用人单位协调解决。这种办法大多适用于因用人单位引起的就业协议争议，由学校或行政部门介入，针对纠纷予以调解，使双方达成和解。

（3）通过法律途径解决。协商调解不成的，可向人民法院起诉，由人民法院依法裁决。

知识链接

如果毕业生单方面希望解除就业协议，除了可与用人单位协商解决之外，也可根据违约金分析利弊，找出最有利于自己的方式。另外，毕业生也可考虑到原单位的其他岗位就业，在工作的过程中可能会发现工作的乐趣，如果仍然不合适，再向用人单位提出辞职。

（二）劳动合同争议的情况及解决办法

劳动合同争议是指用人单位与劳动者之间由于劳动合同发生的争议，一般包括如下 4 类。

（1）因企业开除、除名、辞退职工和职工辞职、自动离职发生的争议。

（2）因执行国家有关工资、保险、福利、培训、劳动保护的规定发生的争议。

（3）因履行劳动合同发生的争议。

（4）法律、法规规定应当依照《劳动合同法实施条例》处理的其他劳动争议。

劳动合同争议发生后，当事人可向相关部门申请调解；调解不成的，当事人可向当地的劳

动争议仲裁委员会申请仲裁。由此可见，劳动合同争议发生时，可根据不同情况采取不同的解决方法。劳动合同争议的解决办法主要有以下 3 种。

1. 协商和调解

劳动争议发生后，首先双方本着互谅互让的积极态度，自行协商解决，也可以请第三方（即双方信任的个人或组织）帮助协商，达成和解协议。如果双方不愿协商、协商不成或者达成和解协议后不履行的，可向本单位劳动争议调解委员会、地方劳动争议调解组织申请调解。为确保调解协议的顺利履行，可以从调解协议生效之日起 15 日内，共同向劳动争议仲裁委员会提出审查确认，经审查确认后制定出具有法律效力的仲裁调解书。

使用协商和调解方式解决劳动合同争议，具有简单方便、灵活快捷等优势，能够及时有效地维护当事人的合法权益，是解决劳动合同争议的最佳方式。

2. 仲裁

劳动争议发生后，当事人的任何一方都可在争议发生之日起 60 日内向劳动争议仲裁委员会申请仲裁，并提出书面申请。劳动争议仲裁委员会应当自接到仲裁申请之日起 7 日内做出是否受理的决定。劳动争议仲裁委员会决定受理的，应当自收到仲裁申请之日起 60 日内做出仲裁裁决。劳动争议仲裁委员会可依法进行调解，经调解达成协议的，制定仲裁调解书。仲裁调解书具有法律效力，当事人必须自觉履行，如一方当事人不履行，另一方可向人民法院申请强制执行。

3. 诉讼

诉讼是解决劳动争议的最后一道程序。如当事人对劳动争议仲裁委员会做出的仲裁裁决不服，可自收到仲裁裁决书之日起 15 日内向人民法院提起诉讼。逾期不起诉的，仲裁裁决将产生法律效力。人民法院审理劳动争议案件有相应条件，具体有以下 5 点。

（1）起诉人必须是劳动争议的当事人。当事人因故不能亲自起诉的，可以直接委托代理人起诉；未经委托无权起诉。

（2）起诉事项必须是不服劳动争议仲裁委员会仲裁结果而向人民法院起诉，未经仲裁程序的劳动争议不得直接向人民法院起诉。

（3）必须有明确的被告、诉讼请求和事实根据。当事人不得将仲裁委员会作为被告向人民法院起诉。

（4）起诉的时间必须在劳动法律规定的时效内，即在当事人收到仲裁裁决书之日起 15 日内向人民法院提起诉讼，否则不予受理。

（5）起诉必须向有管辖权的人民法院提出，一般应向仲裁委员会所在地人民法院起诉。人民法院处理劳动争议案件和处理一般民事纠纷一样，主要程序有一审程序、二审程序、审判监督程序等。

二、维护权益的途径与方式

上一章中已经介绍了大学毕业生在求职过程中需要预防的各种陷阱，这些都是侵犯大学毕业生就业权益的侵权行为。面对这些情况，大学毕业生除了要采取安全的应对方式外，还要掌握相应的自我保护措施，从而保护自身的合法权益不被侵害。

（一）预防侵害自身合法权益行为的发生

大学毕业生在就业求职过程中，应本着诚实、信用、平等的原则，以自身的实力参与竞争。同时，要有风险意识，对于一些用人单位使用虚假广告、高薪待遇等欺骗手段招聘的做法，要有提防戒备心理，预防侵害自身合法权益行为的发生。

（二）自觉遵守就业规范

在就业过程中，毕业生应自觉遵循就业规范和相应的规则。据相关规定，当毕业生有下列情形之一时，学校不再负责提供就业服务。

（1）不顾用人单位需要，坚持个人无理要求，经多方教育仍拒不改正的。

（2）已签订《就业协议书》，无正当理由超过3个月不去就业单位报到的。

（3）去就业单位报到后，因不服从安排或提出无理要求被用人单位退回的。

（三）维护自身合法权益

在就业过程中，大学毕业生不可避免地会遇到一些不公平现象。当自身的正当权益被侵害时，大学生要敢于拿起法律武器据理力争，使自己处在与用人单位平等的地位，自己的合法权益才能得到保障。大学毕业生就业相关的主要法律、法规包括《劳动法》《劳动合同法》《就业促进法》《劳动争议调解仲裁法》《普通高等学校毕业生就业工作暂行规定》等。

在实际维护自身合法权益的过程中，大学毕业生除了个人的力量之外，还可以依靠学校向国家行政机关投诉，借助新闻媒体和寻求法律援助等方式来维护自己的合法权益。

第六节　课后思考与练习

（1）根据本章所学知识，简述应届大学毕业生签订就业协议书、劳动合同的注意事项。

（2）阅读下面的案例，分析当事人是否可以在不缴纳违约金的情况下辞职。

喻玲玲是某高等职业技术学院的毕业生，毕业后到某公司工作，与该公司正式签订了为期两年的劳动合同。在劳动合同终止前一个月，喻玲玲提出不再与公司续约一事，当时人事部表示同意并要求其一个月后办手续。一个月以后，当喻玲玲到人事部办理离职手续时，人事部负责人却提出："要辞职必须按规定交齐后3年的服务未到期的违约金2 000元。"原来公司制定的《员工手册》第18条规定：凡到公司工作的人员至少应服务5年。所以公司认为：喻玲玲与公司签订的两年劳动合同虽然已经到期，但至少还应与公司续签3年的劳动合同才符合公司规定，如果喻玲玲不再为公司服务，则应赔偿违约金2 000元。喻玲玲不知道该不该赔偿2 000元。

（3）阅读下面的案例，分析当事人是否该缴纳违约金。

某高校毕业生王梅，在毕业前夕与某公司签订了《就业协议书》。王梅毕业后按照协议约定到该公司上班。现已按规定签订劳动合同，合同期限为5年，劳动合同中没有规定违约金。但是《就业协议书》中要求服务未满5年辞职时需缴纳违约金5万元。后来王梅在这家公司工作的过程中，发现自己并不适合这份工作，于是提交了辞职申请，但该公司要求她支付5万元的违约金。

（4）阅读下面的案例，分析当事人是否该缴纳违约金。

小李大学读的专业是会计，毕业前她应聘某房地产公司的会计岗位，经过面试后她被录用了。当她毕业后去报到时，却被告知："按照公司规定，所有员工必须在一线锻炼一段时间，熟悉整个公司的运作流程后方可回到本职岗位。"于是小李被分派去做业务员。这不是小李的强项，但她想到"先苦后甜"，所以一直忍受着，但是两个月后，公司还是没有让她回到会计的工作岗位上。一段时间之后，她只好提出辞职。这时公司以违反合约为由，要求小李支付违约金。

第九章
职场礼仪

09

职场是一个既讲究专业，又讲究形象的地方。职场礼仪是指人们在职业场所中应当遵循的一系列礼仪规范。从个人的角度来看，礼仪有助于提高个人的内在修养和素质的外在表现。从就业求职的角度来看，礼仪在很大程度上决定了用人单位对求职者的认可度，这直接关系到面试和录用等环节。每一个职场人都需要树立塑造并维护自我职业形象的意识，大学生恰当运用职场礼仪可以提高获得满意工作的机会，并且在职场中赢得他人的尊重。

学习目标

◆ 掌握职场的仪容仪表礼仪。

◆ 掌握商务社交与职业行为礼仪。

案例导入

某跨国企业招聘文秘人员，由于待遇优厚，应聘者很多。某大学中文系的应届毕业生金莉莉也是应聘者之一。从简历来看，金莉莉是所有求职者中最适合这个职位的。大学期间，金莉莉在各类刊物上发表了 3 万字的作品，还为 6 家公司策划过周年庆典，英语通过了六级考试，口语表达也非常熟练，对计算机办公软件的操作也非常熟悉。金莉莉五官端正，身材高挑、匀称，且一直担任学院的宣传部部长职务，组织能力也非常强。在进入最终面试阶段时，金莉莉穿着迷你裙，上身是露脐装，涂着鲜艳的口红，一坐在座位上就跷起了二郎腿。该企业人力资源总监在与她进行了简短的交流后，说："金同学，请回去等通知吧。"金莉莉喜形于色："好！"拎起小包飞跑出门。过了两天后，金莉莉得到的是面试失败的消息。

【案例小贴士】

从以上案例可以看出，金莉莉失败的主要原因并不是自身素质和技能的缺失，而是没有正视职场礼仪在面试中的重要性。金莉莉面试中在仪容仪表上至少犯了 3 个错误：一是衣着问题，面试应该穿正装，迷你裙、露脐装显然不合适；二是面容，应该以淡妆为主，不适合涂鲜艳的口红；三是坐姿，裙装坐姿应该是两脚并拢往左边或右边倾斜，跷二郎腿显得对面试人员不尊重。

第一节　仪容仪表礼仪

仪容仪表是指人的容貌和外表，包括头发、脸部、口部和手部等多个部位的状态，以及着装、语言等外部因素。在就业求职的过程中，大学生求职者的仪容仪表会引起用人单位的特别关注，并会影响到面试人员对求职者的整体评价。为了维护自我形象并提高应聘成功率，大学生求职者必须注意自己在仪容仪表方面的礼仪问题，包括妆容与着装礼仪、举止礼仪、语言礼仪，以及其他礼仪等，下面分别进行介绍。

一、妆容与着装礼仪

妆容与着装是求职者展示给用人单位的第一印象，是指根据个人条件并依照一定的审美对仪容进行的必要的修饰。在求职过程中，得体且职业的妆容与着装既是尊重自己，又是尊重用人单位的表现。

（一）妆容礼仪

妆容主要是对求职者暴露在用人单位面前的身体部位的修饰和设计。无论男性还是女性，在求职过程中都需要注意自己的妆容礼仪。

1. 男性妆容

就业求职过程中的男性妆容礼仪主要表现在以下几个方面。

（1）头发。头发表现了一个人的生活状况和情绪。不管从哪个方面讲，一个人蓬头垢面、须发不整，或交谈时在他人面前梳理头发，都会让人感觉不舒服。男士的发型发式标准就是干净整洁，要注意经常修剪，特别是夏天更要及时清洗。头发不应该过长，前面的头发不要遮住眉毛，侧面的头发不要盖住耳朵，后面的头发不要碰到衣领。随时注意清理落在肩背上的头屑。

案例　　　　**头皮屑导致面试失败**

某大型跨国家电企业的招聘会现场，宽敞的报告厅被挤得水泄不通，职位申请表也被一抢而空，现场十分火爆。其中有一位身着西装的年轻小伙子小刘。小刘是国外某著名大学的应届毕业生，学成归国寻找就业机会，其专业知识非常不错，为这次求职他也做了充分的准备。在面试过程中，小刘全面展示了自己优秀的素质和专业技能，面试官也很赏识小刘，但就在面试最后谈到薪资问题时，小刘捋了捋头发，顿时有头屑飘了下来，面试官脸上的笑容立马僵住了，委婉地让小刘回家等通知。

【启示】在本案例中，小刘面试失败最主要的原因就是没有注意自己的仪容礼仪。作为一个职场中人，仪表清洁是尊重自己、尊重他人、尊重这个工作的基本礼仪，不爱清洁不但容易滋生细菌，也会严重影响自己在他人心中的印象。

（2）面部。在与陌生人交谈的过程中，存在这样一个心照不宣的共识：见面后的前3分钟内发生的事情决定第一印象。第一印象通常对求职的成败有很大影响，而脸部修饰在给人的第一印象中有举足轻重的地位。修饰面部，首先要做到面部清洁，尤其是耳后与脖颈。其次是胡须清洁，胡须是男士的特征，不同的留须方法会反映不同的性格特征。一般求职者应将胡须刮得干干净净。

（3）口部。口部礼仪最重要的是口腔无异味。要想保持良好的个人形象，应该养成饭后及时漱口，每天早晚刷牙的习惯，尽量避免在会客之前接触香烟、酒等有刺激性气味的物品，或进食有异味的食物如葱、蒜、韭菜、海鲜等。求职者在面试前一旦发现自己有口腔异味，应及时使用漱口水或喷剂清除。

（4）手部。男士在表示友好时，一般都有握手的习惯。手也是能显露人修养的重要部位。手部要清洗干净，在用完洗手间、外出归来或接触了脏东西后，一定要洗手；指甲要经常修剪、洗干净；指甲长度要适当，不可留长指甲。

2. 女性妆容

女性的职业妆容问题同样包括发型发式和脸部修饰等，有些内容与男性妆容标准相同，主要包括以下几个方面。

（1）头发。目前职业女性的发型发式有很多，总体上来讲，女士应该保持美观、大方、高雅、得体、干练的发型。蓬头散发不仅是对自己的不尊重，也是对别人的不礼貌。所以，女士要勤于梳理头发，消除异味，且每次出门前应将身上，特别是肩背衣服上的落发、头屑清理干净，不然会给人留下不爱干净的印象；如果有重要的应酬，应于事前进行一次清洗。需要特别注意的一点是，职业女士选择发卡、发带的时候，样式应该庄重大方。

（2）嘴唇。求职面试过程中，女性应尽量避免嘴唇干燥，除多喝水之外，要常使用护唇油、润唇膏等；有时可选择肉色的或透明珠光的唇膏修饰唇部，使双唇滋润，更有魅力。

（3）手部。求职过程中，每个细小的动作都是决定整体印象好坏的关键。手是人的第二张脸，手部的美呈现在手的外形、指甲的形状、皮肤的状况等方面。

① 除了清洁手部以外，还要及时进行手部的保养与按摩，加强手部的血液循环，从而使手部的皮肤细嫩、柔软且有光泽。

② 健康的指甲坚硬有弹性，表面光滑，微呈弧形、粉红色。职场人士不能将指甲涂得大红大紫，很多用人单位会认为涂抹鲜艳的指甲油是不妥当的行为。

（4）化妆。要美化自己的仪容，化妆是一个很重要的手段。在现代职场中，化妆也是一种礼貌，而且化妆后，在人际交往中可以变得更自信。化妆礼仪的基本原则包括3点，即自然、协调和针对性。

① 化妆要注意自然。化妆的最高境界是"清水出芙蓉，天然去雕饰"，即没有人工美化的痕迹，力求化妆之后真实、自然，给人天生丽质的感觉。

② 化妆要注意协调。高水平的化妆强调的是整体效果。所以在化妆时要努力使妆面协调、服装协调、环境协调、身份协调，以体现自己不俗的气质和品位。

③ 化妆要有针对性。化妆应注意服从目的，体现个性。例如，工作时化妆宜淡，社交时化妆可以稍浓，做到"淡妆浓抹总相宜"。

（5）香水。香水能代表女性的品位，几乎没有一位女士是不爱香水的。香水可以使人更自信这一点虽然无从考证，但人们对气味的敏感程度、气味对人情绪的影响力，远远超乎大家的想象。女性在选择香水时，要根据自己的气质及将要面对的工作环境来挑选。

（二）着装礼仪

着装指服装的穿着，服装被视为人的第二肌肤，可以根据不同的时间、场合、目的，选择、搭配和组合突出个人的阅历修养、审美情趣、身材特点的服装。在求职应聘过程中，注重个人着装能体现个人的职业素养，增强个人的工作信心，给人留下良好的印象，使招聘人员愿意花时间更深层次地了解求职者，同时，注意着装也是每位职场人士的基本素养。

1. 着装的协调性

着装首先需要达到和谐的视觉效果，这就要求着装的各个部分要相互呼应，精心搭配，还要保证着装与身份、时间、自身条件、环境的协调。

（1）着装与身份应相符。职场中不同职位的人必定有不同的职业行为规范，在着装方面自然也有规范。例如，商业谈判人员穿着休闲服去谈业务，水泥工人穿着西装去和水泥，秘书戴着帽子拿资料到办公室等都会造成不良的影响。在没有统一公司制服的情况下，出入写字楼或职业比较正式的男士一般都穿着西装，而女士一般都要求穿着套裙。

（2）着装与时间应相宜。着装要考虑时间因素（早晚、季节、时代等），晨练与晚宴着装是不同的，冬季与夏季着装更有明显的区别，既不能在冬季穿着薄衫冻得跳脚，又不可在夏天穿着棉袄捂汗水。着装要顺应自然，还要有时代特点，显示出不同时代的不同风格。

（3）着装与自身条件应协调。体形较丰满的人着装要力求款式简洁，中腰略收，后背最好扎一条中缝，采用"V"形领，有小花纹、直条纹的衣服（最好是冷色调）最佳；体型较瘦的人应选择色彩鲜明、大花图案、方格的衣服，以给人健壮的视觉效果。

（4）着装与环境应相衬。不同场合的着装原则一般是约定俗成的，由文化背景所致，在公司内、公司外应有所区别。不同国家、不同民族有不同的文化背景、地理环境、历史条件、风俗人情，着装时也要尊重对方的文化背景。

求职应聘中选择服装款式的基本要求为庄重、保守、传统，但应聘某些职位，如设计类岗位时就可以穿得时尚、典雅、个性一点，以体现自己的审美风格。

2. 西装礼仪

男性在职场中的着装通常以西装为主，穿着西装能使人显得庄重、成熟、自信，因此适用于各种正式场合。西装有西装的穿法和讲究，每一位男士特别是初入社会的大学生，都应注意西装礼仪，若是不遵守西装的规范穿法，或者不知道哪些场合应穿西装，都是有违礼仪的。

（1）西装的选择

大学生在求职过程中需要选购一套合适的西装，大致应该关注西装的质量、色彩、图案、款式、造型、尺寸等方面的细节。

① 质量力求高档。西装穿起来应该具有轻、薄、软、挺的效果。毛料是西装首选的面料，纯毛、纯羊绒的面料及高比例含毛的毛涤混纺面料，皆可用作西装面料。尽量不要选择不透气、不散热、发光发亮的各类化纤面料制作的西装。

② 色彩必须庄重、正统，无图案为佳。职场男性首选的西装颜色为藏蓝色，还可选择灰色或棕色的西装，黑色的西装亦可考虑。在正式场合不宜穿色彩过于鲜艳或发光发亮的西装，朦胧色、过渡色的西装通常也不宜选择。西装一般以没有任何图案为佳，如果要选择竖条纹的西装，以条纹细密者为佳，以条纹粗阔者为劣。

③ 关注西装的款式。按照西装的件数可将其划分为单件与套装西装。职场男士在正式的商务交往中必须穿西装套装，在参与高层商务活动时，以3件套的西装套装为佳。

④ 选择合适的西装造型，注意大小要合身，宽松要适度。西装的造型又称西装的版型，指的是西装的外观形状。相比较而言，英式西装与日式西装更适合中国人穿。在选择西装时，一定要进行试穿。一般西装肩宽较实际宽1.5cm为宜，胸围以能穿件薄毛衣或衬衣能自由活动为准。衣长应能遮住五分之四的臀部，裤长应能遮住三分之二的鞋面。

（2）西装与商标

在西装上衣左边袖子的袖口处，通常会缝有一块商标，在穿西装之前，切记要将其先行拆除，这样做也表示对外宣告该套西装已被启用。

（3）平整的重要性

想要使一套穿在自己身上的西装看上去美观而大方，首先要保持其平整，这就需要定期对西装进行干洗，并在穿着之前，对其进行熨烫。

（4）纽扣的规范

按照纽扣的多少可将西装分为单排扣和双排扣两种类型。单排双颗扣的西装，系上面一颗或全部不扣；单排三颗扣的西装，系中间一颗或全部不系；单排四颗扣的西装，系中间两颗。双排扣的西装相对更为正式，穿着时一定要把纽扣全部系上，以示庄重。

（5）不卷不挽

穿西装时，在公共场所千万不要随意脱下，更不能把它当作披风一样披在肩上。需要特别强调的是，不可以将西装上衣的衣袖挽上去，这样会给用人单位留下不好的印象。另外，随意卷起西裤的裤管，也是一种不符合礼仪的表现。

（6）衬衫的搭配

西装与其他衣饰的搭配也是西装礼仪的重点。职场男士特别要注意穿好西装内的衬衫。衬衫材质以棉质衣料为优，颜色应为单色，且应与西装整体颜色保持协调，同时衬衫不宜过薄或过透，领子要挺括，不能有污垢、油渍。衬衫下摆要放在裤腰里，衬衫衣袖要稍长于西装衣袖1～2厘米，领子要高出西装领子1～1.5厘米，以显示衣着的层次。

（7）内衣的搭配

除衬衫外，在西装上衣之内最好不要再穿包括内衣在内的其他衣物。以T恤衫直接与西装配套的穿法是不符合西装礼仪的。在寒冷的冬季，可穿上一件内衣，但需要注意以下事项：一是数量以一件为限；二是色彩上宜与衬衫的色彩相仿，至少不比衬衫的色彩深；三是款式上应短于衬衫，领型以"U"形领或"V"形领为宜。

（8）西装应少装物品

西装上的口袋多起装饰作用，为保证西装在外观上不走样，应当在西装的口袋里少装东西或不装东西。具体而言，西装上衣左胸部的衣袋只可放装饰手帕；内侧的胸袋，可用来放票夹、名片夹等轻薄的物品；裤袋亦不可装物品，以求臀位合适，裤形美观。

（9）领带的选择

西装驳领间的"V"字区较为显眼，领带处在这个部位的中心，在西装的穿着中起着画龙点睛的作用，所以领带也被称为是西装的灵魂。选择领带应注意如下的细节：色彩上，单色领带适用于公务活动和隆重的社交场合，并以蓝色、灰色、黑色、棕色、白色、紫红色最受欢迎；图案上，职场男士应选择印有规则、传统图案的领带，常见的有斜纹、横条、竖条、圆点及方格。其中，斜纹代表果断权威，稳重理性，适合谈判、主持会议、演讲等正式商务场合；圆点、方格代表中规中矩，按部就班，适合面试或刚进单位时使用。

（10）鞋袜的搭配

穿西装一定要搭配皮鞋，且裤管应盖住皮鞋鞋面。皮鞋要保持光亮、整洁。杜绝搭配运动鞋、旅游鞋、布鞋或露脚趾的凉鞋。穿质地和透气性较好的袜子，颜色必须保持和西装整体颜色协调，不能穿白色袜子和色彩鲜艳的袜子，忌穿半透明的尼龙或涤纶丝袜。

3. 套裙礼仪

套裙是女性的标准职业着装，是西装套裙的简称，由女士西装上衣与同色同料的西装裙组合而成。套裙可分为两件套和三件套。两件套仅由上装与半截裙构成；三件套则是在两件套的基础上加了一件背心。在求职应聘过程中，两件套西装套裙是女性较为常见的职业着装样式。

（1）套裙的选择

职场穿着的套裙，上衣与裙子应使用同一种面料，并保持匀称、平整、滑润、光洁、柔软、挺括。在造型上讲究扬长避短，提倡量体裁衣。传统的西装套裙强调上衣不宜过长，裙子不宜过短，尤其对裙子的长度要求较严，通常认为裙短不雅，裙长无神，所以裙子的下摆在膝盖上下一寸为宜。

色彩方面以冷色调为主，应当淡雅、清晰而庄重，藏青、炭黑、烟灰、雪青、茶褐、紫红等色彩都可以。不宜选择过于鲜亮、刺眼的色彩。此外，各种带有明暗分明、或宽或窄的格子与条纹图案，以及带有规则圆点图案的面料也大都适宜选用。

（2）套裙的穿着和搭配

套裙的穿着和搭配需要注意以下几个方面。

① 大小要适度。上衣最短可以齐腰，裙子最长可以达到小腿中部，上衣的袖长要盖住手腕。

② 衬衫要搭配适当。衬衫的颜色可以多种多样，与套装相匹配即可。以白色、黄白色和米色的衬衫最为普遍。穿套裙（特别是丝、棉、麻等薄型或浅色面料的套裙）时还要穿衬裙。可以选择合身的透气、吸湿、单薄、柔软面料的衬裙，颜色以白色或肉色为佳。

③ 穿着要端正。尽量避免无领、无袖、太紧身或者领口开得太低的衣服。衣服的款式要尽量合身。上衣的领子要完全翻好，衣袋的盖子要拉出来盖住衣袋，衣扣要全部扣好。

④ 举止需符合礼仪。套裙最能够体现女性的仪态美，这就要求女性穿着套裙时举止优雅，注意个人的仪态等。

知识链接

女士穿着套裙时还需要注意仪态，站立时不可以双腿叉开；坐下时，两个膝盖要紧紧靠在一起，不能两腿叉开；正面坐时，应双膝并拢朝向其他人；如需蹲下，可先向前迈一小步，用交叉式姿势蹲下；走路时不要大步奔跑，应小碎步前行；拿自己够不着的东西，可以请他人帮忙，不要踮起脚尖、伸直胳膊费力地去够，或是俯身、探头去拿。

（3）鞋袜的搭配

鞋袜的搭配在女士套裙着装礼仪中也非常重要。女士在穿套裙时，鞋、裙的色彩必须深于或略同于袜子的色彩，另外，鞋袜应当大小相配套、完好无损。用来和套裙配套的鞋子一般是黑色半高跟皮鞋，也可以选择与套裙色彩一致的皮鞋。不要穿鞋跟过高过细的高跟鞋，绝对不能穿旅游鞋、布鞋、凉鞋及后跟用带子系住的鞋或露脚趾的鞋。

套裙应当搭配长筒丝袜或连裤袜，颜色以肉色、黑色为主，因为在正式场合着裙装，不穿袜子也是不礼貌的。女士在选择丝袜时，需要注意丝袜的长度，袜口不能露在裙摆或裤脚外边。另外，不能在公众场合整理自己的袜子。

4. 饰品礼仪

在求职应聘过程中，大学生除了要注意服装的选择外，还需要注意身上佩戴的饰物同样要符合职位、企业文化、办公环境等的职业需求。

（1）男性饰品

男士在职场中比较常见的饰品主要包括以下几种。

① 领带夹。领带夹主要用于将领带固定在衬衫上，正确的使用位置是在衬衫从上往下数的第 4 颗与第 5 颗纽扣之间，系上西装上衣扣子之后最好不要让其外露。

② 领带针。领带针主要用于将领带别在衬衫上，其一端为图案，应处于领带之外，另一端为细链，应免于外露，应将领带针别在衬衫从上往下数第 3 颗纽扣处的领带正中央。

③ 领带棒。领带棒主要用于穿着扣领衬衫时，穿过领带，将领带固定于衬衫领口处。

④ 皮带。皮带的花色应尽量与皮鞋保持一致，一般来说，黑色皮带可以搭配任何服装。皮带上不能携挂过多的物品，其长度应保持尾端介于第一和第二裤绊之间，宽度应保持在 3 厘米左右。

⑤ 手表。男士手表首选厚重坚固的机械表，在造型上要庄重、保守，而且尽量选择单色或双色手表，色彩要清晰。另外，表盘上最好不要出现其他无意义的图案。

⑥ 钢笔。求职过程中经常需要填写资料，所以男士可以在西装内侧的口袋中携带一支钢笔，但要注意不要把衬衫弄污。

⑦ 公文包。公文包中可以放置求职过程中可能会用到的一些物品，如手机、笔记本等。在选择公文包时，要注意它的式样、大小应该与整体的着装协调。

（2）女性饰品

在求职过程中，女性通常希望向用人单位展示自己最好的一面，因此，如需佩戴首饰，建议选择简洁大方的饰品。女士在职场中常见的饰品主要包括以下几种。

① 戒指。因为戒指的戴法十分讲究，所以一定要注意。一般只戴在左手，而且最好仅戴一枚。

② 耳环。耳环是女士的主要首饰，其使用率仅次于戒指的使用率。穿西装套裙时，不要在一只耳朵上同时戴两只或两只以上的耳环，也不要只在一只耳朵上戴耳环，且耳环不宜太长、太大。

③ 项链。佩戴项链时应避免因文化差异产生的误解。例如，到外资企业面试时，不戴有生肖的挂件、有耶稣殉难像的十字架，或有其他意义图案的挂件。

④ 手镯。求职时一般不戴手镯，如果一定要戴，可戴一只，通常戴左手上，但形状不宜过于招摇、档次不宜过低。一只手上最好只佩戴一样饰物，手镯、手链、手表可任选一样。不要戴在袖口之上，或有意露出。

⑤ 胸花。胸花是女士在胸、肩、腰等部位佩戴的各种花饰，一般佩戴在左胸部位，也可依据服装设计要求和整体效果将其佩戴在肩部、腰部、前胸等处。

⑥ 手提包。手提包是女士随身携带的重要饰物，要求小巧、别致、协调，给人以赏心悦目的感觉。求职过程中虽然需要携带很多资料，但千万不要将手提包塞得满满的。

二、举止礼仪

举止礼仪是一个人的性格、品质、素养、情趣、精神世界和生活习惯的外在表现。一些不雅的行为举止是有失礼仪的表现，不仅会影响到个人的自身形象，还会影响用人单位对求职者的评价。因为在求职过程中，用人单位对求职者的评价很多时候就来源于对其举止礼仪的观察和概括。下面就介绍大学生求职者在求职应聘过程中需要注意的举止礼仪。

（一）稳重大方的站姿、坐姿

举止落落大方，动作合乎规范，是个人仪态方面最基本的要求。对于求职者来说，仪态主要是指站姿和坐姿。图 9-1 所示为正确的站姿和坐姿。

正确的站姿　正确的坐姿

图 9-1 正确的站姿和坐姿

1. 站姿

站立是人们在交际场所最基本的姿势，是其他姿势的基础。站姿可以体现一种静态美，是培养优美仪态的起点。

正确的站姿从整体上要求挺、直、高。基本要领是：头正，双目平视前方，嘴唇微闭，下颌微收，面部表情平和自然；双肩展开放松，稍向下沉，身体有向上的感觉，呼吸自然；躯干挺直，收腹，挺胸，立腰，提臀；双臂放松，自然下垂于体侧，中指对准裤缝；双腿并拢立直，膝、两脚跟靠紧，小腿向后发力，人体的重心在前脚掌，脚尖分开呈60°。

女士站立最美的姿态为身体微侧，与正前方呈自然的45°，斜对前方，面部朝向正前方。脚呈丁子步，四指并拢，虎口张开，双臂自然下垂置于腹部，将右手搭握在左手四指，四指前后不要露出，这样的站姿可使女性看上去体态修长、苗条，同时也可显示女性的阴柔之美。男士站立时，双脚可分开与肩同宽。

在生活中，每个人由于生活条件、个人习惯的不同，久而久之形成了各自的站姿。不正确的站姿，如站立时歪脖、斜腰、曲腿，挺腹，会给人轻浮的感觉。

求职面试场合不可弓腰、驼背，眼睛不可不断地左右斜视；不宜将手插在裤袋里，更不要下意识地出现搓、剐动作，也不要随意摆动打火机、香烟盒，玩弄皮带、发辫等。否则不但显得拘谨、有失庄重，还会给面试官一种缺乏自信、没有经验的感觉。

2. 坐姿

端稳、优雅的坐姿能表现出一个人的静态美感。正确坐姿的基本要领为上身直挺，不可弯腰驼背，也不可前贴桌边后靠椅背，上身与桌、椅均应保持一拳左右的距离。一般应坐满椅面的三分之二。最适当的位置是两脚着地，膝盖呈直角。与人交谈时上身要适当前倾，上身与两腿应同时转向对方，双目正视说话者。

总的来说，男女的坐姿大体相同，只是在细节上存在一些差别。例如，女士就座时，双腿应并拢，以斜放一侧为宜，双脚可稍有前后之差。男士就座时，双脚可平踏于地，双膝亦可略微分开，双手可分置左右膝盖之上，表示个性奔放坦率，胸怀开阔。但无论男女，就座时下意识的随意抖动双腿都是极不礼貌的。

面试的过程中还需要注意不要有小动作，以防给人留下不耐烦、不自信的印象。下面列出常见的一些不正确的小动作。

（1）下意识地看手表。

（2）坐着时双腿叉开，摇晃不停。

（3）跷二郎腿，或不住地抖动。

（4）讲话时摇头晃脑。

（5）用手掩口。

（6）用手挠后脑勺、摸头发等。

（7）不停地玩弄随身携带的小物件等。

（二）适当的眼神交流

眼睛能表达人们的内心活动，能有效地传递信息和表达情感。大学生在求职应聘过程中，与负责招聘的人员进行适当的眼神交流时，应注意以下几点。

1. 恰当的注视范围

求职应聘过程中，求职者需要用目光汇视招聘人员，并讲究眼神的礼仪规范。求职者注视招聘人员时，一般是注视对方眼睛和鼻子之间所形成的三角区。注视这一区域容易形成平等感，并拉近与招聘人员间的距离，以便更轻松、自然地发表自己的观点与看法。

2. 眼神传达的寓意

在面试过程中敢于礼貌地正视面试官，是坦荡、自信的表现，也是对他人的尊重。在谈话中眯眼、斜视、闭眼，目光游离不定，显得漫不经心，是求职应聘中的大忌。另外，眼睛转动过快会给人以轻浮、不诚实的印象，而过慢则给人迟钝、呆板的印象。

案例 | **习惯性小动作导致面试失败**

刘芳是某大学应届毕业生，应聘某大型企业的行政人员。笔试通过后，刘芳认为自己拥有优异的学习成绩和优良的个人素质，对即将到来的应聘面试胸有成竹。到现场后，刘芳发现已经有几个求职者在等候。这些求职者都经过精心打扮，而且一个个嘴里念念有词，显然是在温习自己的简历或者其他内容。看到这些，由于没有做多少准备工作，刘芳感受到了竞争的压力。

轮到刘芳面试时，两位负责招聘的人员表情很严肃，现场气氛有些紧张，这时刘芳突然发现自己脑子里一片空白，事先准备的说辞全忘了。刘芳做自我介绍时，只是机械性地把自己的简历背了一遍，声音有些发虚，而且，因为紧张刘芳平时的一些小动作全出来了，一会儿摸头发、摸耳朵、擦鼻子……等到刘芳意识到这些之后，她发现自己的手脚都不知道该往哪儿放了，最后的结果当然是被淘汰了。

【启示】在本案例中，刘芳轻视面试，导致面试时紧张，出现了太多的小动作，让负责招聘的人员对其专业度和自信心产生了怀疑，最终导致面试失败。

3. 注视的注意事项

面试时不可长时间地凝视负责面试的人员，一般情况下，50% 的时间可注视对方，另外 50% 的时间注视对方脸部以外 5 ~ 10 厘米处。注视对方时，目光应自然、稳重、柔和，不可自始至终地盯住面试人员的某一个部位，尤其是对方的胸部、腹部、臀部、大腿、脚部和手部，注视这些部位，就会引起对方强烈的反感。此外，在电梯间里与他人目光相遇时，可微笑一下，点一下头。一个礼貌的眼神就能赢得对方好感，甚至赢得工作的机会。

（三）表情自然，面带微笑

微笑是一种最直接、有效的体态语言，在求职应聘中微笑能迅速缩短面试双方的心理距离，为深入的沟通与交谈创造和谐的氛围。

1. 微笑的禁忌

微笑之美在于适度，要发自内心、亲切自然、符合礼貌规范。不要缺乏诚意，故作笑颜、皮笑肉不笑；不要仅为情绪左右而笑，发出傻笑、狂笑、奸笑、冷笑；不要露出笑容随即收起，更不要把微笑只留给上级、朋友等少数人，否则会给人假意奉承的感觉。

2. 微笑的练习

学会控制自己的情绪，保持一张谦和微笑的脸，是每一位求职成功者都必须做到的。如果你平时不苟言笑，为使自己的微笑富有魅力，就应该经常有意识地练习微笑。

练习微笑可以选一支不太粗的筷子，用牙齿轻轻横咬住它，对着镜子记住这时面部和嘴部的形状，这时的口形就是适度的"微笑"。当然，发自内心的微笑并不是咧开嘴就可以，检验的标准是用纸挡住鼻子以下的面部，看眼睛中是否含笑。要做到这一点，需要经常回忆以前愉快的事，并努力将自己维持在愉快的状态。另外，应尽量保证充足的睡眠，让自己尽量放松，这样才能使微笑看起来轻松自在。大部分服务行业要求员工在看到顾客的 3 秒内开始微笑，微笑时要露出 6 颗或 8 颗牙齿。

（四）适度恰当的肢体语言

手势是人们常用的一种肢体语言，在与人交谈中有着重要的作用，如可以加重语气，增强感染力。

在求职面试过程中，与面试人员交谈时的手势不宜过多，动作不宜过大，更不可手舞足蹈；介绍某人或给对方指示方向时，应掌心向内向上，手指并拢，拇指自然分开，以肘关节为轴，前臂自然上抬伸直。指示方向时要面带微笑，自己的眼睛看着目标方向并兼顾对方是否意会到；打招呼、致意、告别、欢呼、鼓掌也属于手势的范围，要注意其力度的大小、速度快慢及时间的长短。求职面试过程中，举手投足应有礼貌和风度，竭力避免不文明、不礼貌的动作。

三、语言礼仪

现代社会是一个信息能够实时交流的时代，语言的使用能力在很大程度上能够决定一个人的发展潜力。大学生在就业过程中需要进行各种人际间的交流，如果能够将自己的观点和想法用礼貌的语言表达出来，更容易获得用人单位的认可。下面就介绍职场中的语言礼仪。

（一）注意称呼，使用礼貌用语

求职应聘过程中，如果大学生多用礼貌用语，将给招聘人员留下良好的第一印象，从而大大提高就业成功率。常用的礼貌用语主要包括敬语、谦语和雅语。

（1）敬语。敬语亦称"敬辞"，是表示尊敬礼貌的词语，多使用敬语可体现一个人的文化修养。求职者与招聘人员初次打交道，由于这些人员是用人单位的前辈，交流过程中最好用到"请""您""您好""早上好""久仰""请教""包涵""打扰""请多关照""承蒙关照"等敬语。

（2）谦语。谦语亦称"谦辞"，是向人表示谦恭和自谦的词语。自谦和敬人，是一个不可分割的整体。求职者应保持谦逊，戒骄戒躁。

（3）雅语。雅语指一些比较文雅的词语，用来替代平时比较随便，甚至粗俗的话语。例如，在递交简历时，应该说"请阅读"。求职者注意多使用雅语，用人单位就会觉得该求职者彬彬有礼，对其留下较深的印象。

（二）口齿清晰、语言流利、文雅大方

在与招聘人员进行交流的过程中，求职者不仅要注意发音准确，吐字清晰，还要注意控制说话的速度。说话速度过快容易出错，过慢则显得磕磕绊绊，两种情况都会影响语言的流畅度。另外，为了增添语言魅力，可以适当使用一些修辞，但忌用口头禅，更不能出现不文明的语言。

（三）语气平和、语调恰当、音量适中

面试的语言礼仪还涉及语言、语调、语气的正确运用，包括以下几点。

（1）打招呼时宜用上语调，加重语气并带拖音，以引起招聘人员的注意。

（2）自我介绍时，最好多用平缓的陈述语气，不宜使用感叹语气或祈使句。

（3）音量的大小要根据面试现场的情况而定，两人面谈且距离较近时声音不宜过大，群体面试而且场地开阔时声音不宜过小，以面试现场的人员都能听清自己的讲话为原则。

（四）抑扬顿挫、表情适当

语言上尽量生动、形象、幽默、风趣，可以多使用具体实例，多用比喻等修辞手法，多使用名言警句。另外，可以配合适当的表情，但切勿摇头晃脑，前后摇摆。另外，也可辅以手势，但双手尽量不要胡乱挥动。

（五）注意听者的反应

面试的交流更接近于一般的交谈，需要求职者在交谈过程中随时注意听者的反应。例如，听者心不在焉，可能表示其对自己这段话没有兴趣，求职者得设法转移话题；听者侧耳倾听，则可能说明求职者的音量较小，对方难以听清；听者皱眉、摆头则可能说明求职者言语有不当之处。求职者可以根据对方的这些反应，适时地调整自己的语言、语调、语气、音量、修辞，以及陈述的内容等，这样才能取得良好的面试效果。

四、其他礼仪

以上就是职场中常见的几种仪容仪表礼仪，除此以外，还有两种礼仪在职场中也非常重要，一种是时间观念，另一种是面试结束礼仪，下面分别进行介绍。

（一）时间观念

用人单位对求职者在时间观念上的要求通常只有一点，就是守时。守时也是一个基本的职业操守。

求职者在面试时，最好提前 10 ~ 15 分钟到达面试地点，提前太多或迟到都不合适，面试时迟到或是在最后 5 分钟内匆匆赶到是面试时的大忌。因为用人单位不会在意求职者面试迟到的理由，只会将迟到的求职者视为缺乏自我管理能力和职业能力，不尊重用人单位的面试时间安排。而且，有的用人单位会一次性面试大量求职者，如果求职者迟到，可能直接失去面试机会。

求职者如果对面试地点不熟悉，或者该地点的地理位置比较复杂，可以通过导航软件提前熟悉，甚至可以先走一次，熟悉一下具体的线路，进一步明确路上所需的时间，做好提前准备。

（二）面试结束礼仪

许多大学生只注重应聘面试过程中的礼仪，而忽略了面试结束后的礼仪。其实，注重面试

结束礼仪同样能加深用人单位对自己的印象。下面就来看看面试后需要注意的礼仪。

1. 感谢

当用人单位表示面试结束时，不论结果如何，求职者都要表示感谢，并将自己坐的椅子扶正，再次表示感谢后，轻推门离开。

2. 不可贸然打听面试结果

面试结束后，求职者不可贸然地打电话询问相关情况，可以通过感谢信的方式再次加深用人单位对自己的印象。若是一周内没有接到任何回应，可以给用人单位打个电话，询问面试结果，表示自己对该工作的兴趣和热情，同时从对方的语气中听出自己是否有被录用的希望。

案例　　面试迟到导致错失一次绝佳的就业机会

李波是一所著名大学的应届毕业生，他成绩优异且个人能力强，还未毕业就收到了好几家用人单位的面试邀请函。李波经过仔细比较，选择了一家德国企业，并接受了该公司人力资源总监的面试。面试非常成功，该人力资源总监将李波推荐给了公司的副总裁。副总裁是德国人，需要一名中国助理，将来还会把助理带到德国工作半年。

经过协调，双方提前两天将面试的地点定在了李波学校旁边的一家咖啡厅，并敲定了面试时间。人力资源总监提醒李波提前到达面试地点。面试当天，人力资源总监又在约定时间前20分钟的时候，给李波打电话，询问他是否能准时到达。李波答复在找车位，5分钟后就能赶到。但在约定见面时间后约20分钟，副总裁打电话给人力资源总监，说李波迟到了。副总裁在等了15分钟后就自行离开了。期间，李波也并没有联系对方说明不能准时到达。就这样，李波错失了一次难得的机会。

【启示】在本案例中，该公司副总裁是德国人，有较强的时间观念，李波在未能及时赶到的时候，没有提前电话告知，这是没有时间观念的一种表现。求职者让用人单位的面试人员等自己，是很不礼貌的，因为面试人员的时间安排都很紧凑，而迟到会给对方留下很不职业的印象，不仅这次机会错失了，以后如有其他方面的合作，也会受影响。

第二节　商务社交与职场行为礼仪

大学生进入职场后，需要了解和学习一些商务社交与职场行为方面的礼仪，这有助于与同事、客户建立友好合作的关系，缓和或避免不必要的矛盾和冲突。商务社交与职场行为礼仪主要包括商务社交礼仪、日常行为礼仪和办公室人际关系礼仪3个方面的内容，下面分别进行介绍。

一、商务社交礼仪

商务社交礼仪是指商务人士在日常商业活动中所体现的职业素养和行为模式，是社交礼仪的一种具体形式，更趋向于职业化。这里介绍商务设计礼仪中较常见的名片礼仪、握手礼仪和电话礼仪。

（一）名片礼仪

名片是现代社交中一种最为经济实用的介绍性媒介。交换名片是商业交往的第一个标准动作，所以大学生应掌握一些与名片有关的礼节。

1. 准备名片

在商务社交中，通常要提前准备好名片。一般来说，应把自己的名片放在易于拿出的地方，不要将其与杂物混在一起，以免用时手忙脚乱，甚至拿不出来。如果穿西装，则最好将名片置于左上方内侧口袋；如果有手提包，可放于包内伸手可得的地方。

注意不要把名片放在皮夹内、工作证内，或者裤袋内。另外，不要把他人的名片与自己的名片放在一起，否则，慌乱中误将他人的名片当作自己的名片递给客户，是非常糟糕的失礼行为。

2. 出示名片的礼仪

出示名片应该注意出示的顺序，通常是职务低的人先向职务高的人递名片，男性先向女性递名片。当对方有多个人时，应先将自己的名片递给职务较高或年龄较大者；或者按照距离的远近，由近及远依次进行，如果跳跃就会被对方误认为厚此薄彼。

3. 交换名片的礼仪

无论是递送名片或收受名片，都一定要保持恭敬、严谨的态度。这体现了一个人的修养和素质。

一般情况下，在交换名片时，应面带微笑，稍欠身，注视对方，用双手的拇指和食指分别持握名片上端两角，将名片恭敬地递送给对方，同时配以口头的介绍和问候。如果对方是外宾，那么外文一面朝上，字母正对外宾。交换名片时，手的高度不能低于腰部。职位低的人应先给出名片，这是基本的礼貌，但如果对方已经先递出名片，就赶快先收下。随身所带的名片最好放在专用的名片包、名片夹里，或直接放在上衣口袋内。

双手接过名片后应点头致谢，并认真地看一遍。可以轻声读出对方的学位、职称、职务、身份等，以示尊重，遇到不太清楚的地方可马上请教。切忌接过名片一眼不看就收起来，更不要随手摆弄。应认真收好名片，让对方感到受尊重。将对方的名片收藏于自己的名片夹或口袋里后，应随之递上自己的名片。如果自己没有名片可以向对方说明。

（二）握手礼仪

握手礼仪是当今世界最为流行的礼仪，亲人、朋友、商务对象，甚至连陌生人和对手，都可能通过握手表示礼貌。握手礼仪主要包括握手次序、握手方式、握手时间和力度这几个方面的内容，下面分别进行介绍。

1. 握手次序

长辈与晚辈之间，长辈伸手后，晚辈才能伸手相握；上下级之间，上司伸手后，下属才能接握；主人与客人之间，主人宜主动伸手；男女之间，女方伸出手后，男方才能伸手相握；两对男女相遇，应先是女士与女士先握手，再由女士分别与男士握手，最后再是男士与男士握手。在商务活动中，如果对方已经先伸了手，自己就应该毫不迟疑地回握。

2. 握手方式

握手一定要用右手进行，通常要紧握对方的手，时间一般以 1 ~ 3 秒为宜，紧握或简单接触都是不礼貌的握手方式。如果握手的对象是年长者或职务高者，自己应该稍稍欠身相握，有时为表示特别尊敬，可用双手迎握。与女士握手时，不宜握满全手，只握其手指部位即可。此外，戴手套握手是一种非常失礼的行为。

握手时双目应注视对方，微笑致意或问好，多人握手时应顺序进行，切忌交叉握手。拒绝对方主动要求握手的行为都是无礼的，但手上有水或手不干净的情况除外，这时应该谢绝握手，并主动解释并致歉。

3. 握手时间和力度

男士之间或女士之间行握手礼时，只要遵从一般规范即可，握手时间及握手的力度都比较随意。握手的时间长短和力度往往能够表现握手人对对方的不同礼节与态度，握手的时间要恰当，时间长短要因人而异，一般可根据双方的熟悉程度灵活掌握。

握手时的力度要适当，可握得稍紧些，以示热情，但不可太用力。男士握女士的手应轻一些。

握手时身体稍往前倾，不能挺胸昂头，当年长者先伸手时，应急步趋前，用双手握住对方的手，并说出"欢迎您""见到您很高兴"等话语。

🔍 案例　　　**不会握手引起上司不满**

周建是某出版社新晋员工，某天上班时，他遇见了一位他一直都很敬重的学者。这位学者当时正和周建的上司在谈话。周建想，在这么多人面前，更应该表示对学者的尊敬。于是，周建主动上前与这位学者交流。在握手时，周建用左手盖在对方的手背上，以示亲密，并长时间地握住学者的手不放，寒暄了几分钟。谁知，周建的行为被上司看在眼里，引起了上司的不满。

【启示】在本案例中，周建引起上司不满的原因其实是他握手的行为不符合握手礼仪。将左手盖在对方手背上这种握手的方式主要用于特别亲密的老朋友之间。虽然周建很尊敬这位学者，但这样握手显然过于亲热了。另外，握手的时间一般以 2 ~ 3 秒为宜，时间过长也不适宜，特别是这位学者当时还在和其他人谈话，周建与其握手更不该用较长的时间。

（三）电话礼仪

电话和手机已经成为现代人不可缺少的交际工具和重要的社会交往方式，职场中使用电话同样涉及礼仪问题。职场中的电话礼仪包括以下几项内容。

1. 拨打电话

拨打电话时需要选择恰当的时间，注意不要打扰对方的休息。公事一般在上班时间打电话，即使是私人电话也应避开用餐时间、睡眠和休息时间。例如，晚上 22:00 至次日早上 8:00 之间，最好不要打电话。与国外的客户通话时，更加要注意时差问题。

打电话前要明确通话目的，如果要谈的内容较多，尤其是业务电话，可在纸上列出要点和必要的数据。当对方拿起听筒后，应当有礼貌地称呼对方，亲切地问候"您好"，并报出自己的姓名，然后有条不紊地说出要谈的事情。切忌漫无目的地东拉西扯，避免给人留下拖沓、低效的印象。讲话时要求语言流利，吐字清晰，声调平和，语速适中，使人感到悦耳舒适。通话结束前要说一些表示礼貌、友好的话，如"打扰您了"，"谢谢您的指教"等，然后说一声"谢谢""再见"，再轻轻地挂上电话。通话有一个 3 分钟原则，一般是宁短毋长。

2. 接听电话

在通电话的过程中，接听电话的一方是被动者，但通过电话同样可以看出接听者的个人修养。因此，在接听电话时还需专心致志，彬彬有礼。

电话铃声响三声以内应拿起电话，两声最佳。接起电话后应尽快说出"您好，我是某某"。接电话时，态度应当谦恭，声音应当清晰、悦耳。

若接听电话时，对方所要找的人不在，来电者要留言时，代接电话者一定要把时间、地点、人物、事件全部记录清楚，并将接到电话的时间标注清楚，以便将来电内容完整且正确地转告给对方要找的人。

遇到拨错号的情况时，要友好对待。自己比较忙，或者不方便接听电话时要向通话一方介绍自己所处的通话场所、通话时在场人员，选择合适的时间再拨打给对方。

3. 使用手机

随着移动通信技术的发展，手机已经成为人们最主要的通信工具，但无论是在求职面试过程中，还是在职场中，不分场合地使用手机已经成为社交礼仪的大忌，这就需要大学生在就业过程中学习并掌握使用手机的基本礼仪。使用手机的基本礼仪有如下几点内容。

（1）面试前应将手机调成静音或振动状态，保证自己和他人在面试过程中不会受到外界因素的干扰。如遇急事时发送短信往往比打手机更合适一些。面试结束后也不要在公共场所包括楼梯、电梯等人来人往的地方旁若无人地使用手机。使用手机打电话时，应该尽量把自己的声音压低。

（2）在职场中用手机接收信息，最好设定成振动状态。另外，不要一边和别人说话，一边查看手机信息，否则会让对方觉得自己没有受到尊重。

（3）职场中，手机在没使用的时候不要放在手里或是挂在上衣口袋外。手机可以放在随身携带的公文包内或上衣的内袋里，也可以放在不显眼的地方，如手边、手袋里，但不要放在桌子上，特别是不要对着客户。女士则要注意，尽量不要把手机挂在脖子上。

（4）尽量不要在公共场合接打手机，如需接打，也要注意不影响到他人，不给他人造成困扰。应该把自己的声音尽可能地压低，不要大声说话。

（5）拨打客户的手机前要考虑对方是否方便，尤其当知道对方是身居要职或工作繁忙的人时，首先应该考虑这个时间对方是否方便接听，并且做好对方不方便接听的准备。在拨打对方手机时，注意从听筒里听到的回音来鉴别对方所处的环境，并根据环境不同调整自己拨打手机的音量。但不论在什么情况下，是否通话还是由对方来决定，所以接通电话后，最好先询问对方现在是否方便通话。

二、日常行为礼仪

大学生初入职场还需要学习并掌握很多日常行为礼仪，包括会议礼仪、用餐礼仪、电梯礼仪和坐车礼仪等，下面分别进行介绍。

（一）会议礼仪

大学生在职场中应该遵循的会议礼仪主要包括以下几点。

（1）只要是参加工作中的会议，应该提前 3 ~ 5 分钟进入会议室或会场；会议结束后，应该按照一定的次序出场。

（2）会议过程中应该主动关闭手机或将手机设置为静音状态，原则上不能够在会议进行中接听电话。

（3）通常一些以部门为单位的小型会议，以面对正门之位为主席之位，其他与会者可在其两侧就座。而大型会议则是中央的位次高于两侧，所以有必要排列位次，中间的位次最高，其他主持人和与会人员按职务高低在两侧就座，要注意左高右低。

（4）会议过程中应该集中精力，并认真做好会议记录，不可左顾右盼或交头接耳，不要有常看手表、伸懒腰、打呵欠、脱鞋或其他懒散动作。

（5）会议过程中应积极配合主持人或会议中发言的同事、领导，并积极思考会议议题，认真倾听其他人的发言，主动陈述自己的见解。

（二）用餐礼仪

用餐礼仪通常是指在商务活动中进行商务用餐时遵循的礼仪。商务用餐的形式通常分为自助餐和酒会，以及正式的商务宴会两种形式，而商务宴会又有中式宴会和西式宴会两种形式，下面分别介绍这几种不同形式用餐中的礼仪。

1. 自助餐和酒会用餐礼仪

自助餐和酒会一般会由嘉宾或主办方先即席发言，这时应该尽量停止手中的一切活动，如取餐或进餐。由于自助餐和酒会不牵扯到座次的安排，可以在就餐区域中自由走动。在和他人交谈时，应该注意尽量避免咀嚼食物。

一般采用商务自助餐这种形式的公司比较注重勤俭节约和工作效率，所以在用餐时要注意尽量避免浪费，并控制用餐的时间。

2. 中式宴会用餐礼仪

中式宴会中的用餐礼仪需要注意以下几点。

（1）座次。中式宴会中的座次问题是非常重要的礼仪，通常分为主座和客座，主座餐巾纸的桌花和其他位置是不太一样的。如果桌花都一样，可以问一下餐厅的服务员主座的位置。另外，有些餐厅以门为基准点，比较靠里面的位置通常为主座。

（2）使用公筷。中式宴会中尽量不要给其他人夹菜，如果必须给他人夹菜，最好使用公筷。

（3）敬酒。中式宴会中如果作为客人一方，尽量做到客随主便；如果是作为主办方，则要特别注意其他人的习惯，应该尽量地为他人着想。

3. 西式宴会用餐礼仪

西式宴会中的用餐礼仪是根据西餐的礼仪进行的，主要有以下几项。

（1）主菜都需要用餐刀切割，一次切一块食用。

（2）面条需用叉子卷食。

（3）面包需用手撕下小块放入口内，不能用嘴啃食。

（4）喝汤时不能发出声音。

（5）水果是用叉子取用，不能直接用手拿。

（6）正确使用餐具的方法是左手持叉固定食物，右手持刀切割食物。

（7）餐具由外向内取用，每个餐具使用一次。

（8）进餐完毕后，可以将餐刀和叉向右叠放在一起，握把都向右，这样的话服务员就知道你已经用餐完毕，会主动把饭菜撤下去。

（三）电梯礼仪

电梯是很多办公大楼和商务楼的标配交通工具，电梯中同样涉及一些礼仪，主要包括自行搭乘电梯的礼仪和陪同客户搭乘电梯的礼仪两个方面。

1. 自行搭乘电梯礼仪

自行搭乘电梯的礼仪如下。

（1）先上电梯的人应靠后面站，以免妨碍他人乘电梯。

（2）电梯内不可大声喧哗或嬉笑吵闹。

（3）电梯内已有很多人时，后进的人应面向电梯门站立。

2. 陪同客户搭乘电梯的礼仪

陪同客户搭乘电梯的礼仪如下。

（1）电梯内如果已经有人了，应该让客户先进。

（2）电梯内如果没有其他人，应该在客户之前进入电梯，按住开门的按钮，然后再请客户进入电梯。

（3）到达指定楼层时，按住开门的按钮，请客户先出去。

（四）坐车礼仪

随着生活水平的提高，汽车已成为现代社会主要的交通工具，日常生活和商务出行都离不开汽车。工作中与领导、同事、客户一同乘车的情况会经常发生，所以，坐车礼仪也就成了大学生在职场中需要了解和掌握的知识。

（1）轿车。如果有专职驾驶员，通常后排右车窗位为首位，左车窗位次之，中间位再次之，副驾驶位最末。如果是主人亲自驾车，则前排副驾驶位为首位，后排右车窗位次之，后排左侧位再次之，中间位最末。

（2）吉普车。无论驾驶者是谁，都以副驾驶位为首位，后排右车窗位次之，后排左侧位再次之，中间位最末。

（3）接待客车或旅行车。这两种车型通常都以驾驶座位后面第一排为尊，后排位依次类推；同排座位以右侧为首，左侧次之。

三、办公室人际关系礼仪

职场环境是由人构成的，每个个体的行为难免会影响到其他人的想法、整体的气氛、工作的进程。当大学生成为职场新人时，处理好办公室中与同事和领导间的人际关系是融入职场的重要工作内容。下面就介绍办公室人际关系礼仪的内容。

（一）与同事相处的礼仪

与同事相处时，需要注意以下礼仪。

（1）保持适当的距离。同事既是在同一个工作环境中的朋友，又是存在利益关系冲突的竞争对手，因此，要把握好和同事交往的度，最好保持一定的距离。

（2）坚持礼貌问候。坚持每天上下班时，对上司和同事问好、告别，表达对同事的尊敬和关怀；碰到时微笑点头致礼，让所有同事都能感受到自己的友善和亲切。

（3）尊重同事。尊重包括同事的生活习惯、工作和处世方式等，要平等地与同事进行沟通。另外，不可把自己的观点强加给同事，这样才能融洽相处，并获得对方的尊重。

（4）建立团队意识。用人单位希望自己的员工通过团队合作来实现工作目标，如果同事之间相互挑剔，就无法进行协作。所以，职场中需要每个人抛开个人感情因素，积极地与同事进行交流，这样才能发挥团队合作的力量，更好地完成工作任务。

案例　轻信职场"友情"

许丽刚进这家房地产公司时，为了得到公司的认可，几乎成了工作狂，并想出了很多新颖、实惠的点子。第一次策划便得到经理"有创意、很新颖"的表扬，经理的嘉奖让许丽更加自信、大胆地工作。有一次，许丽完成了一份策划书，她很满意地交给了经理。

谁知，第二天经理找到她说："我本来很看重你的才华和敬业精神，没有新点子也没什么，但你不该抄袭其他同事的创意。"经理看许丽一脸惊讶，递给她一份策划书。这份策划书竟然和许丽那份惊人地相似，而策划人竟是她在公司的"好朋友"芳芳。许丽这才明白过来。原来，许丽由于自己才来公司不久，没有什么经验，很多地方也不太懂，经常请教一位叫芳芳的老员工，芳芳每次都很用心地帮助许丽。许丽从心里非常感激芳芳，第二次的策划工作完成后，许丽就主动把策划书拿给芳芳看并征求芳芳的意见。想不到芳芳由于妒忌许丽的工作成绩，把许丽的创意占为己有，这让许丽有口难辩。

【启示】在本案例中，许丽太轻信职场中的"友情"，吃了大亏。所以，与同事相处要适当保持距离，对于自己的工作内容要时时加以记录，包括自己当初提出的想法与做法，最好留存书面证据，必要时可以提出供上司参考。

（5）不乱动同事的私人物品。职场中每个人都有自己的工作区域，如物橱、办公桌等。不随便翻动同事的私人物品是礼仪的基本要求，也是守规矩的表现。如果要在同事的工作区域找东西，最好让同事自己找，因同事不在自行拿取后，一定要向其说明情况并表示歉意。

（6）不传播小道消息。传播小道消息是职场大忌，通常同事都不会相信传播小道消息的人，也不会有人愿意真诚地与其交流。

（7）礼尚往来。当同事带零食、水果到办公室请大家品尝时，不要因为难为情就一味拒绝，否则容易给同事造成自己清高、傲慢，且难以相处的印象。无论接受与否，都应该表示感谢，最好选择一个合适的时间也带一些零食或小礼物回赠同事。

（二）与领导相处的礼仪

礼仪是一个人的思想道德水平、文化修养、交际能力的综合体现，无论自己具备怎样的职场礼仪，除了要认真做好自己的本职工作外，还要做好自己作为下属的本分，学会与领导正确相处遵循与领导相处的礼仪规范。与领导相处的礼仪主要包括以下内容。

1. 遇到领导礼仪

无论是在工作地点还是其他地方遇到领导，有以下一些礼仪需要注意。

（1）遇到领导时，应该注意修整一下自己的衣冠，如果有工作证等标识，则应将其戴好，以示对领导的尊重。

（2）通常见到领导应该主动上前打招呼。如果距离较远，不能直接呼叫，可以注视，在目光相遇后点头示意即可；距离较近则需要用礼貌用语招呼。

（3）如果是在公众场合遇到领导，则礼貌地说："您好！"就可以了，不要表示出特别热情，切忌喋喋不休。

（4）在工作地点的电梯里或办公室中，存在第三者的情况下，不要与领导谈家常，特别是领导的家事。

（5）在公共交通工具中遇到领导，应该主动招呼，离开时要说再见。

知识链接

　　在工作地点附近碰到领导时不能佯装没看见而避开，这是有失于人际关系礼仪的。上下级之间在工作中有职位高低之分，但无意于人之平等与价值，避而不见，反而显得不大方。

（6）如果与领导一起时要提前离开，无论在办公室内还是其他地点，离开时一定要跟领导打招呼，说："对不起，我先走一步了"或者"再见"。

2. 工作中与领导相处礼仪

工作中与领导相处的礼仪如下。

（1）在工作场合说话与办事都要掌握分寸，要维护领导的权威，即便自己与领导是很好的朋友，也不要在工作场合在同事面前讨论两人之间的私事，甚至有勾肩搭背等亲密行为。

（2）从坐着的领导身前经过，一定要说"对不起""不好意思"，或者点头表示歉意。

（3）在工作中的酒会、宴会中一定要等到领导举杯了，下属才能举杯，或者下属可以举杯敬领导。另外，不能拿起杯一句话不说一饮而尽，那可能会导致领导认为下属对工作有不满情绪，切忌在领导面前喝醉失态。

（4）在工作或生活中遇到涉及领导隐私的事件，必须装作没看见或没看清、看不懂，即便看见也不能在工作中因为某种原因提醒，切忌在自己朋友、同事间传播。

（5）进入领导办公室前应敲门，报上名字，最好在门外等待一会儿再进去，可让领导有一定的时间进行准备，最好等待领导许可后再进入。

（6）工作中迟到、早退与请假都应该自己写假条或打电话向领导本人报告，最好不要请家人或同事传话，亲自告知才能表示对领导的尊重。

（7）与领导一同出差时，必须与领导分开入住，且领导进入房间后，需要尊重领导的隐私。

如果要找领导谈工作，必须先打电话联系，切忌贸然去敲门。

（8）工作中要尽量理解领导的命令和要求的意图，但如果出现失误或错误，不能将责任完全推到领导身上，领导说话时不要插嘴，更不要在接受批评时插嘴。要学会自我检讨，不能推卸责任，但不属于自己的责任也要分辨清楚。

3. 生活中与领导相处礼仪

生活中与领导相处的礼仪如下。

（1）如果领导请客吃饭或喝茶，再次见到领导时一定要再次致谢。

（2）如果领导受邀并参加了下属举办的派对或活动，一定要当面致谢，感谢其参加，最好送个小纪念品以示谢意，甚至一张感谢的卡片也行。

（3）领导给下属发红包应及时拆开查看，无论多少立即向领导致谢，切忌把所得金额是多少告诉周围同事。另外，可以选择一个有意义的日子，向领导送上一束花或一张卡表示谢意。

案例　　　　**职场中应该尊重自己的领导**

某公司的销售会议开得很僵，原因是周建不尊重领导，导致领导很难堪，直接中途结束了会议。事情是这样的：周建半年前到公司实习，任销售代表一职，刚大学毕业的他满腹经纶，说起话来更是滔滔不绝。在走访市场及销售业务中，周建对市场的操作及销售管理都有自己的见解，他给上级提了一些建议。但领导认为周建历练少，以他的建议不切实际且难以操作为由拒绝了。

这让周建很恼火，明明自己的想法对公司好，但公司为什么不采纳呢？周建认为是领导故意为难自己。终于，在销售会议上，上级领导对月销量下滑表示不满，要求大家做检讨。周建立即表态，强调如果按照自己的方法去实施根本不会这样，责任在于领导。就这样，领导很难堪，又不好发作，所以销售会议不欢而散。

【启示】人都是各有长短，每一个领导都不是完美的。很有可能领导某些方面不如下属，但是下属绝不能因此而不尊重领导。在工作中，唯领导命是听并无必要，但也应记住，给领导提意见只是本职工作中的一小部分，尽力完善、改进、迈向新的台阶才是最终目的。要让领导心悦诚服地接纳下属的观点，应在尊重领导的前提下，有礼有节有分寸地进行。而且，在提出质疑和意见前，一定要拿出详细的足以说服对方的资料或计划。以上案例中，周建的失误在于不能正确处理与领导的关系，没有真正尊重自己的领导。他的做法无异于给领导这样的印象：一是哗众取宠，爱表现自己；二是对领导不满，不尊重领导。无论是哪一种，领导都不会喜欢这样的下属，每个人都希望获得他人的尊重，更何况是领导呢？假如，周建平日工作时摆平心态，谦虚好学，常与领导沟通及请教，在适当的时机提出自己的见解，恐怕就不会发生以上情况了。

第三节　课后思考与练习

（1）根据本章所学知识，简述大学毕业生就业后，应该注意哪些方面的礼仪。

（2）假如在面试过程中面试人员提出这样一个问题："你认为自己的时间观念如何？"，你作为求职者，该如何回答？

（3）根据图 9-2 所示的图片，分辨哪些是职场着装，并说明理由。

图 9-2 分辨职场着装

（4）根据本章所学知识，说说在职场中应该如何职业地面对单位的同事和领导。

第十章
职业适应

在就业的初期，很多大学毕业生离开大学中简单的生活环境，进入复杂的社会中后产生了各种不适应，其根本原因是没有真正认识到自己角色的转变，没能及时适应职业与工作的变化。因此，进行就业指导的过程中，大学生在规划自己的职业生涯时，需要了解和学习如何完成角色的转变，学习职业适应和职业发展等相关技能，从而提高自己的职业适应能力。

学习目标

◆ 了解从学生到职场新人的角色转变。

◆ 学习如何从学生转变为职场人。

◆ 学习如何适应职业，做一个成功的职场人。

案例导入

某科技产业有限公司招聘了 11 名大学应届毕业生，试用期过后，仅留下了 1 名大专生，其余 10 名大学生被公司陆续开除了。这些大学生被开除的原因是自身素质和道德修养不符合公司对人才的要求，例如，上班经常迟到，工作时间上网聊天，不尊重同事和客户，以及不遵守公司规定等。

【案例小贴士】

从以上案例可以看出，有些大学生在刚跨入社会时，其角色转变、人际关系、思想认识等方面都可能存在一些问题。这件事可以给大学生们提个醒，从进入大学的第一天到面对自己的第一份工作，在注重调整自己知识结构的同时，大学生也应该注重自己的道德修养，把握好处事分寸，从各方面提高自己的综合素质。另外，有些新人在进入公司后，会被分配到一些自己不擅长的岗位，习惯用学生的眼光看待企业，接受不了企业的各种规章制度，没有耐心去了解企业和被企业了解，这种行为是不可取的。进入职场后，最重要的是迅速了解岗位要求、融入企业。

第一节 从学生到职场新人的角色转变

就业的大学生，通常都希望自己能够在工作岗位上做出一番事业与成就。但现实情况是一些大学生不能很好地适应工作环境，无法融入单位，甚至不能正常开展自己的工作。出现这种情况就是因为大学生并没有正确定位自己的角色，还沉浸在学生这个角色中，不了解职业人应该做什么和怎么做。下面就介绍大学生应如何实现角色转变。

一、角色认知

角色认知是指人们对自己所扮演的角色所处的社会地位、职责及行为规范的认识与了解程度。这种认知将会引导员工努力的方向，并改善员工与同事、供应商和其他利益相关者的协作关系。下面就介绍社会角色认知和角色认知的意义。

扫码看微课

职业发展

（一）社会角色认知

简单地说，社会角色是一个人的身份，是指由人们所处的特定社会地位和身份所决定的规范系列和行为模式，是人们对具有特定地位的人行为的一种期望。社会角色认知随着社会的发展而不断更新。

社会角色是社会赋予人的社会权利与义务，它反映了每个人在社会中的地位和在人际关系中的位置，代表了每个人的身份。个人在不同时间、不同环境、不同场合属于不同的社会角色，并享有不同的社会权利，履行不同的社会义务，遵循不同的社会规范。

每个人扮演的主要角色，由其承担的主要任务来决定。例如，大学生的主要任务是学习，其主要角色就是学生。大学生对担任的学生这一角色十分熟悉，但对社会职业人员的角色要求比较陌生。

（二）角色认知的意义

人的职务或职业生涯会不断变化，角色也会随之发生变化，因此角色转变是对作为个体的人在社会关系中的动态描述。大学生告别校园，走上工作岗位，意味着已经脱离各方面的监护，开始独立自主地生活。因此，大学生正确认识自己现阶段的社会角色，尽快地从学生角色融入职业人的角色，实现角色转变，对于大学生的职业成功意义非凡。

1. 有利于尽快适应职业生涯

在新的工作岗位上，大学生面对崭新的工作条件和生活环境、现实化的专业内容、复杂的人际关系，谁能尽快实现角色转变，谁就能较快地适应社会，并掌握成功的主动权。

大多数大学生希望能较快地度过适应期，独立、愉快地开展工作。但其中有一些大学生可能在一两年内都难以适应和胜任工作。因此，有的大学生变得消极迷惘、自暴自弃，甚至不断地更换工作。大学生需要正视自己、面对现实、脚踏实地，这也是度过适应期的关键。

2. 有利于从人才竞争中脱颖而出

竞争性是市场经济的一个基本特征。市场竞争是无情的，适者生存、优胜劣汰是不以人的意志为转移的客观规律。初为职业人时，必然会面临来自各方面的挑战和竞争，只有尽快地将所学的理论知识应用于实践中，并不断提高自身素质和能力，快速进入职业角色，然后熟练开展工作，才能从人才竞争中脱颖而出。

3. 为今后的发展打下良好的基础

从学生到职场新人角色的转变，实质上是从理论落实到实践的过程。能否较快且顺利地实现角色的转变反映出大学生潜在素质和能力水平的高低。我们应该以积极的态度顺应工作的需要，主动适应岗位的要求，努力完善自己，为今后的发展打下扎实的基础。

🔍 案例　　　　对自己的角色认知不足而陷入迷茫

某大学学生就业指导中心的张老师收到了不少新入职的大学生的求助信息。这些大学生觉得目前的工作与其刚进单位工作时想象的不一样，他们觉得自身的能力没有得到发挥，而且每天都重复做着一些简单、单调的工作，和周围的同事相比，心理落差很大。他们中有的人在工作中经常出错，感觉主管并没有重视自己。但是，因为就业过程很不容易，找到一个自己喜欢的工作也难，所以他们既想留在单位继续发展下去，又不知道如何面对目前的这种情况，于是向张老师求助。

【启示】在本案例中，这些大学生遇到的问题都是就业后对自己角色认知不足引起的社会适应不良。对于每一位职场新人来说，从大学毕业到进入社会、参加工作，都需要经历比较大的角色转变，需要大学生正确认知自己的角色，并根据工作调整自己的心态。

二、学生角色与职业角色的差异

学生角色与职业角色的差异主要体现在以下 5 个方面。

（一）活动方式不同

学生以学习书本知识为主要活动。作为受教育者，学生认识社会的途径是间接的，认识的内容也主要是理论性的；同时，在校期间，学生更多的是接受来自家庭和社会的供给和资助，一直处在一种接受外界给予的方式下，因此缺乏自主能力。

而社会职业角色则不同，要求运用自己掌握的知识和能力，通过具体的工作向外界提供自己的劳动。同时，在遵纪守法和遵守用人单位规章制度的前提下，职业角色在生活上也有较大的自由度。

（二）社会责任不同

学生角色的主要责任是学好科学文化知识，掌握社会生活的基本技能，逐步完善自己，以便将来更好地为社会服务，实现自己的人生价值。

而职业角色的责任则是以特定的身份去履行自己的职责，依靠自己所掌握的知识或技能去创造社会效益和经济效益。两种不同的角色分别承担着两种不同的责任。

（1）学生角色责任的履行，主要关系到学生本人掌握知识的多少和能力的高低。

（2）职业角色责任的履行影响非常大，不仅影响着个人价值的实现，还会影响到企业、行业的声誉。例如，一名医生如果医术精湛、医德高尚，就能充分履行自己的职责，不仅能为医生树立风范，还会为所在的医院带来声誉；反之，则会损害医疗工作者和医院的形象。

由此可见，从学生角色到职业角色的转变中，角色所担任的社会责任增强，社会对职场人的责任心有着更高的要求。部分刚走出校门的大学毕业生还没有认识到自己的角色发生了转变，更没有意识到自己所担负的社会责任也增强了，因此出现了不适应的现象。

（三）社会权利不同

学生角色的权利主要是依法接受教育，并取得家庭或社会的经济资助。而职业角色的权利则是在开展工作的过程中依法行使职权，并在履行义务的同时获取报酬和其他相应的社会福利待遇。

扫码看微课

职业规划与定位修改

（四）社会规范不同

角色规范是对角色扮演者的行为规定。不同的社会角色有不同的社会行为规范和要求。

（1）学生角色的社会规范是从教育和培养的角度出发进行规范的，如通过制定学籍管理条例、学生生活管理条例等规章制度，对学生的学习和生活提出相应的要求，以引导学生健康成长，使其日后成为对社会有用的人才。

（2）职业角色是对从业者行为模式的规范，因为职业的不同而千差万别。这些模式既具体又严格，有的一旦违背就必须承担责任，甚至追究法律责任。

（五）全面独立的要求

从学生角色转变到职业角色，对独立性的要求也相应提高。在学生时代，学生在经济上主要依靠家庭的资助；生活上依赖家长的关照；学业上习惯了老师的指导，总是处在被人扶助的环境之中。毕业后离开学校，开始自己的职业生涯后，社会对职业角色全面独立的要求主要表现在以下几方面。

（1）由于有了工作报酬，经济上逐步独立。

（2）工作上要求能够独当一面，不再依靠家庭和老师。

（3）学习上要会自我安排，在自己日常的工作、生活中通过自身的体验来认知和了解社会。

（4）生活上要会自己照顾自己。

这种全面独立的要求，不仅对青年提出了依靠自身力量、加强自我管理的新课题，而且为青年的发展和自身完善提供了更广阔的空间和自由。

三、从学生角色到职业角色转变过程中的常见问题

大学生在走向工作岗位之初，对职业角色难免会有些不适应，此时，大学生应对自己投入的角色有比较清晰的认识，这样有助于克服走上岗位时可能产生的情绪波动，从而更好地认识自己。刚走上工作岗位的大学生在向职业角色转变时主要存在以下问题。

（一）依恋心理

一些毕业生在角色转变过程中容易出现依恋学生角色的情况。大学毕业生走上工作岗位后，来到一个全新的环境，人事皆非，很容易出现怀旧心态。

大学生活是寝室—教室—食堂"三点一线"的读书生涯，对学生角色的体验可以说是非常深刻的，大学毕业生常常会自觉或不自觉地将自己置于学生角色来要求自己和对待工作。例如，以学生角色的习惯方式观察和分析事物，以学生角色的社会义务和社会规范来要求自己，很难适应与领导、同事相处等较为复杂的人际关系，难以承受职业责任的压力，会不禁留恋相对单纯的学生时代。

扫码看微课

职场角色转换

（二）对职业角色的畏惧

一些大学毕业生刚进入新的工作环境时，往往不知道工作应该从何做起，如何开展，而且在工作中怕承担责任，总是畏首畏尾。工作上全靠领导安排，对自己的工作性质、范围、相互关系等还没有足够的认识。因此，在履行角色义务、遵守角色规范方面还存在一定的差距，但此时，别人已不再用学生的眼光来看待你了，而是按能独立承担职业义务的标准来要求你。

（三）眼高手低的高傲心理

一些大学毕业生常以文凭、学位或结业于名校而傲，轻视实践，只想从事高层次的工作，看不起基层工作和基层工作人员，甚至认为一个堂堂的大学毕业生干一些不起眼的事是大材小用，表现出不踏实的浮躁作风和不稳定的情绪。

这类大学生往往缺乏敬业精神，不能深入了解本职工作的性质、职责范围和工作技巧，如果他们不能静下心来踏踏实实地工作和学习，那么，不管什么样的公司都不适合他们。这种高傲心理产生的后果就是眼高手低，在实际工作中表现为大事做不了、小事又不愿做，阻碍了自己顺利进入新的角色。

（四）失望心理

一些大学毕业生往往把毕业后的生活想得过于理想化，对职业角色的期望值过高。一旦接触现实，就容易产生一种失落感，从而出现情绪低落的现象。如果不能及时地从这种失望中走出来，自己将不能尽快融入新的角色。

面对失望心理的处理的方法是，大学生可以在学生阶段多做一些社会调查，尽可能多地熟

悉和了解社会，缩短理想与现实之间的差距，这样毕业后才能更快地投入工作中。

案例　心态问题导致无法正常工作

工作快半年的时间了，但初入职场的大学应届毕业生蒋伟似乎还是没有适应职业人这一角色。蒋伟常常觉得自己是世界上最糟糕的，也是最值得同情的人。从入职到现在，蒋伟一直在抱怨自己的工作，不是条件艰苦、待遇低，就是同事难以相处等一系列问题。蒋伟一直沉浸在这种失望的情绪中难以自拔，对工作也失去了热情。久而久之，蒋伟不自觉地将这种负面情绪带到了工作中，结果可想而知。蒋伟在工作中屡屡犯错。虽然老板严厉地批评了他几次，但他仍然我行我素。最终，他失去了工作。

【启示】在本案例中，蒋伟的这种失望心理是大学毕业生步入工作岗位后的普遍心理现象，其根源就是没有转变好自己的角色。一旦出现这种心态后，一定要及时调整自己，让自己从这种失望中彻底摆脱出来，重新摆正心态，尽快融入新角色。

（五）消极退缩的自卑心理

一些大学毕业生面对新的工作环境和生疏的人际关系，往往缺乏应有的自信。在工作中放不开手脚，看到别人工作经验丰富、驾轻就熟，相比之下就觉得自己这也不行，那也不行，胆小畏缩，甘居人后，从而产生不求有功但求无过的消极心理，这不利于自己聪明才智的正常发挥。

案例　自卑心态导致不适应工作

刘璐是某大学应届毕业生，工作不到一个月，就感觉不大适应。与同事、领导相处，她不知道该如何去做，总觉得自己很多话都不该说，而且，领导说的话她当时也无法专心地听进去，就像没有了思维一样。与同事相处时，也没有多少交流，有很多的事情都不敢去做。例如，她不敢主动给领导倒茶，不敢主动打扫卫生。她也许是缺乏主动性，也许是怕别人说自己做作，反正就是畏畏缩缩的，不敢去做，怕做错，怕做不好，怕给别人留下不好的印象，怕别人背后说自己。而且，刘璐每次觉得自己做事有不妥时，就会在心里纠结半天，想别人会不会说自己不好，会不会给别人留下不好印象。有时她一边想一边冒汗，甚至每天上班前都很紧张，早饭都要吃半小时。可能是因为心里有事，感觉堵得慌，所以也不怎么吃得下。

【启示】在本案例中，刘璐的问题主要是自卑心理导致的。主要的症状是对自己缺乏一种正确的认识，在人际交往中缺乏自信，做事情没有胆量，容易畏首畏尾、随声附和、没有主见。她一遇到事情就以为是自己不好，慢慢地就会失去与同事、领导相处的勇气和信心。只有正确定位自己的社会角色，学习从学生转变到职场人，调整自己的心态，以平等和正确的态度面对工作和职场，才能消除自卑心理。

（六）浮躁心理

一些毕业生在角色转变的过程中，迟迟不能或不愿进入角色，缺乏踏实的敬业精神。尤其是在当下开放的人事制度下，一些毕业生为追求高薪，频频"跳槽"，或者存在"这山望着那山高"的浮躁心理，结果这样既耽误了自己，又损害了公司的利益。

大学生在角色转变中，心理状态极易出现多变和不稳定情况。因此，遇到问题时应争取得到新公司组织和领导的帮助、同事们的理解与鼓励，同时要善于控制和调整自己的心理状态，以乐观豁达、勤奋好学、踏实肯干的作风赢得大家的肯定，使自己顺利进入新角色。

第二节　如何从学生转变为职场人

很多获得就业机会的大学毕业生常常在很短时间内就开始抱怨自己选择的工作，甚至开始跳槽，而且一直找不到自己认为合适的工作。出现这样的问题，大部分的原因是大学生还沉浸在校园生活中，以自我为中心，并没有将自己融入职场工作中。

当代社会是一个人才竞争的时代，需要的是企业与员工之间的共同努力，创造双赢的局面。因此，大学生面对工作的态度不能局限于"自己职业生涯的进步"，还要实现单位或企业共同的"职场成功"。所以，刚刚走出校园的应届毕业生，在好不容易获得了工作岗位，成为职场新人之后，应该从以下几个方面去完善自己，从而更好地完成从学生角色到职场人角色的转变，成为真正的职场赢家。

一、勇于尝试，主动适应新环境

大学生上岗初始阶段，一定要充分认清自己的角色性质、位置、职责范围，明确自己的工作内容、工作特点及社会对这一角色的期望等。只有这样才能明确在工作中怎样去做、做些什么、怎样才能做好等。

用人单位通常会通过开展岗前培训的方式来对新员工进行培训。除此以外，大学生还可以通过主动向老员工请教，阅读有关规定和岗位职责规范等方式，尽快熟悉自己的角色。

大学生走上工作岗位后，要积极进行自我调整，尽快适应新的工作环境，在竞争中生存、发展，从而实现自己的人生价值。

二、放低姿态，接受现实

在毕业前，大学生应该开始思考和认清自己将来打算扮演的社会角色，预计未来的职业，逐渐形成自己的思想意识和世界观。在行动上，培养独立的意志，慢慢确认自己独立的身份，逐渐学会决定自己应该做什么和怎样去做，学会思考职业前景与所从事职业的关系，为将来的发展做准备。

刚参加工作的大学生，对岗位的工作性质只有一般性的了解。一般情况下，用人单位的部门负责人会向新参加工作的人员介绍一些注意事项和与工作岗位相关的安全条例等，有时还会进行有针对性的培训，使新人较快地进入角色，更多地了解其所在部门的工作性质和岗位职责。

尽管如此，初次参加工作时也必须做好充分的心理准备，放低姿态，接受现实，才能在未来的职业发展中，面对各种复杂情况与可能发生的问题，使自己立于主动地位。

具体来说，放低姿态，接受现实，重点是做好以下几个方面的准备工作。

（1）克服依赖性，增强主动性。

（2）提高职业道德，增强职业责任感和义务感。

（3）敢于面对困难，具有克服困难和正确对待挫折的勇气。

（4）勇敢面对每一种考验。

（5）正确对待每一次选择。

（6）制订现实有效的职业生涯规划。

（7）克服性格上的缺点。

（8）合理调适情绪。

案例　　　　**如果能接受现实更容易获得职业成功**

刚满 26 岁的黄玲是某医学院的应届毕业生，黄玲读了 5 年的临床医学，毕业后在县城的一家医院做了内科医生。但工作半年后，黄玲就觉得内科医生不仅收入低，而且医院的圈子太封闭，每天就是医院—食堂—家三点一线的生活，实在是乏味。难道就这样一辈子待在医院里？黄玲越想越不甘心。终于，她下定决心，辞了在医院的工作，去面试了一家企业做销售。

现在，黄玲在一家全球 500 强的企业做药品销售，收入还算令人满意，但就是应酬太多、太累，这让原本就不太擅长交际的黄玲觉得有点不堪重负。她现在感觉每天的工作压力越来越大，渐渐开始不太喜欢这份工作了，反而怀念起以前在医院工作的时光。黄玲又萌生了跳槽的念头，希望换一个更适合、喜欢的工作。

【启示】在本案例中，黄玲的问题就是没有正确实现学生到职场人的转变。跳槽没有对错之分，只是要注意不能盲目地跳槽，在跳槽前应该认真考虑：该不该跳槽？跳槽后自己能做什么？这样才能让自己在就业工作方面少走弯路，更利于自己的工作发展。黄玲如果能够在医院工作中放低自己的姿态，接受做医生这个现实，真正试着融入这个职业，说不定就能感受到医生的工作乐趣，真正接受医生职业并在工作中实现自己的人生价值。

三、打好基本功，深挖专业领域

随着社会和科技的快速发展，知识更新的周期不断缩短，大学生应为适应不同的职业需求打下坚实的"硬件"基础。大学毕业生到了工作单位后，在工作安排上，不可能每个人都是专业对口，许多用人单位需要的是"全才"。为了适应不同工作的需求，毕业生需要不断地学习，及时弥补业务知识的不足。

一般来说，毕业生刚到用人单位时，都会进行岗前培训，借助该机会，毕业生就应该调整学习态度，尽快熟悉规章制度、用人理念、技术特点等，以便尽快适应新的工作环境，更好地融入团队中。

四、淡化个人意识，树立团队合作意识

随着经济全球化和市场竞争的日益加剧，现代职场越来越强调团队意识，仅仅凭自己的本事去开辟一个新的发展空间，或者仅仅做好本职工作，就想脱颖而出获得成功，似乎越来越不可能了。大学生要想在工作中获得成功，就应充分运用人力资源，淡化个人意识，树立团队合作意识，从而融入职场，实现从学生到职场人的角色转变。

团队合作意识是大局意识、协作精神和服务精神的集中体现。团队合作意识的基础是尊重个人的兴趣和成就，核心是团队成员之间的协同合作，最高境界是全体成员能心往一处去，劲往一处使。团队合作意识反映的是个体利益和整体利益的统一，进而保证组织的高效率运转。

（一）树立团队合作意识的必要性

大学生进入单位后，就会被分配到相应的团队中，团队的作用就是为相应上级部门和整个集体不断地解决不同难题和随时迎接不同的挑战。大学生作为未来社会的中坚力量，要完成从学生到职业人的角色转变，就需要淡化个人意识，树立成熟的团队合作意识。不可否认，现代的大学生处在一个特定的社会环境和家庭环境中，部分来自独生子女家庭，这样的成长环境下，部分大学生以自我为中心的意识非常严重，在工作中总是以自我为中心，从自身角度出发，缺乏团队和集体观念。因此，一些大学生在工作中表现出极大的自我情绪，并且不懂得如何控制自己的情绪；部分大学生对团队合作表现出极大的抵触心理，不仅没有团队合作意识，在工作过程中也缺少和他人交流的能动性。所以，大学生就业后就需要积极地融入单位的团队，这样才能搞好与领导和同事的关系，才能对自身的性格进行新的塑造，在多维度团队中适应人与人之间的新关系。

（二）培养团队合作意识

传统学校教育重视文化课程，更注重学生的个人能力，容易忽视对学生团队合作意识的培养，正是因为当代大学生是在这种环境中成长起来的，因此团队合作意识薄弱是必然的结果。大学生进入社会开始工作后，需要通过正确处理与领导及同事的关系，增加集体活动的次数和增强主人翁的意识等方式来培养自己的团队合作意识，从而实现从学生到职场人的角色转变。

1. 学会处理与领导的关系

大学生在校园中习惯了"平等"，进入单位后一时难以接受被人领导，无法适应自己的下属角色。在职场生涯中，大学生除了遵守与领导相处的基本礼仪外，还要学会尊重与服从领导，并主动与领导沟通，完美执行领导给出的任务。

2. 学会处理与同事的关系

人的工作和生活不是孤立的，总是要同其他人打交道与共处的，所以从一定程度上说，人际关系可以产生积极效益，也可能在职业工作中造成难以扭转的困境。对于这一点，不少大学生还没有充分和足够的认识。在单位里供职，同事往往不是自己所能选择的，唯有主动接受他们，并力争与其和睦相处，才有助于自己工作的顺利开展。

3. 多参加集体活动

现阶段的大学生以独生子女为主，自小就生活在独立的环境当中，团队合作意识相对薄弱。就业后，大学生可以有意识地树立自己的团队合作意识，积极参加单位组织的各种集体活动。集体活动形式主要包括文体比赛、集体劳动和聚餐旅游等。大学生通过参加这些集体活动，能增加与同事之间的熟悉程度，将自己融入集体氛围当中，通过活动的相关规则激发自身的团队合作意识。同时，集体活动参加人数往往众多，在这种氛围下能够有效锻炼自己与同事间的相互合作能力，强化自己的团队合作意识。

4. 增强主人翁意识

部分大学生的职业适应能力较差，最主要的原因通常是缺少主人翁的意识。主人翁意识淡薄的直接表现就是对于职场工作严重缺少归属感，将自己排除在工作集体之外，而且对于工作和职场有强烈的环境不适感。同时，正是因为没有树立起主人翁意识，大学生在就业后对工作单位缺少集体荣誉感，团队意识不断弱化。

大学生应该主动、积极地参与到职场工作中，通过认真地工作和不断地完成任务来提升自身的竞争意识，增加在职场中的存在感，同时也能使自己在工作程中不断开拓思维，提高自身的创新能力，进而增强作为职业人的综合素质。

第三节　适应职业，做一个成功的职场人

大学生的职业生涯能否顺利发展，取决于其能否适应和融入社会，也就是说，只有适应社会才能做一个成功的职场人。从现实情况来看，在从学生角色到职场人角色的过渡过程中，并不是所有的大学生都能顺利地主动调节自己的行为以适应环境变化，使自己逐渐达到所从事职业的要求，并顺利完成职业活动。下面就介绍大学生培养职业适应能力的方法，以及大学生可以参考的职业适应技巧等方面的内容。

一、大学生培养职业适应能力的方法

职业适应能力在根本上取决于心理素质、身体素质、思维素质和理解能力等个人素质，以及知识素养和专业能力等要素。大学生如果想要培养和提高个人的职业适应能力，需要经过磨炼和学习获取经验，更为关键的是，要在实际工作和职场活动中讲求学习和工作的方法，不断提升自我，逐步适应新的工作环境。

（一）调整心态，积极应对

一般刚参加工作的大学毕业生所从事的岗位是较为基层的，和自己的理想存在一定的落差。因此，大学生需要做好充分的心理准备，除了要锻炼自己的抗压能力，还要学会以恰当的心态面对新环境。

在面对压力时，最好的解决方法就是尽快熟悉业务，在平凡的工作中寻找乐趣。职场人如果能在平凡的工作岗位上激情不减，表现突出，能在压力下不屈不挠，努力工作，必将披荆斩棘，成绩斐然。

（1）保持好心态。大学毕业生刚进公司后，习惯用学生的眼光看待企业，对企业现状不满，接受不了企业的条条框框，没有耐心去适应企业。其实，每个企业都有优势和劣势，职场新人重要的是学会适应新的环境，在和企业相互深入了解后，找到自己合适的位置。

（2）学习的心态。职场新人面对上司、对待同事时，要以向他人学习的态度进行沟通和交流。不要急功近利，更不能骄傲自满，多多观察和学习他人的经验，弥补自己的不足。

（3）乐观向上的心态。没有任何人的职场经历是一帆风顺的，对于刚刚毕业的大学生来说更是如此，只有经历了波折与风浪后，才会在以后的职业生涯中有更加优异的表现和发展。

（二）加强实践，积累经验

大学毕业生无论是在学习期间，还是进入职场后，都会有大量的机会进一步加强自己的实践工作经验。

1. 实习期间

大学期间的实习是一个非常良好的实践机会，能够帮助大学生进一步地了解社会和职业。同时，大学生也可以在实践中开阔视野，增长见识，为进一步走向社会打下坚实的基础。

因此，毕业生一定要认真对待大学期间的实习，不要认为与真正的工作不相关就马虎应付。事实上，很多用人单位在招聘时比较看重求职者在大学期间的实习经历。

除此之外，大学毕业生还可以通过总结自己的实习经历，认识到自己在哪些实践方面还有欠缺、需要弥补，这无疑能够帮助大学生为真正的职场生活做好充分准备。

2. 平时的学习

平时的学习也是增加工作经验的良好途径之一。很多大学生在毕业之前基本上将自己封闭在一个独立于外界的"真空室"内，这无疑会影响用人单位对他们的评价。因此，大学生在踏入社会之前，应该主动了解和认识社会环境，多参加社会活动，积累更多的社会经验，为今后的职业发展打下基础。

主动接触社会的方法有很多，对于大学生而言，常见的方法就是利用课余时间，通过应聘和就职一些临时的工作岗位来多了解社会。在应聘和临时就职的过程中，大学生不仅可以熟悉应聘的场景和要求，锻炼自己的应变能力，而且还能在临时的工作岗位上，向有工作经验的同事学习，锻炼自己的工作能力。

知识链接

如何才能让自己尽快地适应工作，是每个大学毕业生在踏入职场时所要面对的首要问题。只有提高自己的职场适应能力，才能让自己在职场上站稳脚跟、快速发展。相反，如果职业适应出现了问题，那么影响的可能不仅仅是工作，还有自己的人生道路。

二、大学生职业适应技巧

当代大学生在职业适应的发展方面有比较明确的择业意识和面对竞争的心理准备，但同时也存在团队意识形成的相对滞后、职业适应能力偏低等问题。大学生要想提高职业适应能力，可以采用以下的技巧。

（一）树立良好的职场印象

初入职场的新人必须意识到，塑造良好的职业素养是非常重要的，良好的职场印象主要体现在以下几个方面。

扫码看微课

职场适应

1. 科学的职业理念

职场人对待职业必须从思想上树立正确的且符合市场经济需要的基本看法，即科学的职业理念。没有这种思想做指导，职场人可能就会在行为上走偏。

2. 专业的工作技能

知识和文凭不等于技能。学校所学到的知识，在现实工作中能用到的可能只是很小的一部分。如果你在学校学到的只是知识而不是技能，那么你可能需要花比较长的时间去适应工作。

3. 规范的职业用语

职场人与人打交道时要使用规范的职业用语。例如，银行员工在工作和公共场合中，必须使用的职业用语如"请！""您好！""欢迎光临！""请稍等！""对不起！""请提意见！""谢谢！""欢迎再来！""再见！"等。

4. 良好的职业道德

职业道德是指人们在特定的工作和劳动岗位上进行职业活动时，从思想到行为都应当遵循的道德规范。

（二）尽快融入团队

大学毕业生进入职场后，想要尽快地完成从大学生到职业人的角色转变，积极地展开工作，就需要审时度势，把全部精力放在工作上。同时，开朗的性格、坦诚的为人也有助于我们在新的工作环境中进行广泛的交流，建立融洽的同事关系。

（三）正确看待挫折

不论从事何种工作，遭受挫折总是在所难免的。面对挫折时，一定不要失去内心的平衡，而要积极想办法进行调整，让自己从挫折中解脱出来。

对待挫折可以从以下几个方面入手。

1. 积极进行自我调节，谋求心理平衡

将内心愤懑的消极情绪转化为发奋图强、力争上进的积极情绪；或重新振作，加倍努力工作，实现目标；或改变工作方法，另行尝试，以达到"他山之石可以攻玉"的效果。

2. 正确认识工作上的成败

工作上一帆风顺固然可喜，但遇到挫折也不要灰心，也许这一次挫折就是下一次成功的开始。只要看准目标，扎扎实实，一步一个脚印地走下去，就会成功。到那时，你再回过头来看自己走过的路，或许你会把挫折或失败当成是人生的一种财富。

3. 勇于面对问题

遭受挫折并不可怕，可怕的是不敢面对现实中的问题。勇于面对问题的关键是，把自己定位于问题解决者，而不是让自己成为问题的一分子。在遭受挫折后，可以问问自己以下的 4 个问题。

（1）问题到底是什么？——寻找问题所在。

（2）出现问题的原因是什么？——反思根源。

（3）可能的解决方案有哪些？——思考对策。

（4）哪些是最佳解决方案？——选择决策。

思考以上 4 个问题，并努力去解决问题，就能够战胜挫折，最终迎来曙光。

（四）虚心接受批评

一般来说，单位的领导是不会轻易对刚参加工作的大学毕业生提出批评意见的。如果批评了你，大多是因为你的错误比较多或者比较明显。对待批评的态度决定了一个人成长的高度。

面对批评，要做到认真面对，虚心接受，具体可参考以下的做法。

1. 静静聆听

尽可能地让批评者把意见表达完，如果听完了，你还不清楚错误所在，最好再追问一句："您能说得再具体一点吗？"以便帮自己找出受批评的原因，分析批评是否有道理。

2. 坦然接受

如果是自己错了，就坦然接受，可以勇敢地说一句："是我错了，我接受你的意见，今后

一定改正。"坦然接受批评是最好的办法。

3. 推迟作答

如果批评者自恃有理，态度蛮横，那不妨说："你让我再想想，明天再继续谈好吗？"这样可以控制自己的情绪，以免引起冲突。

4. 婉言解释

如果批评者对事情原委了解不够，批评得没有道理或纯属误会，那么你可以作出解释，以便让对方了解事实真相。"你误会了，事情是这样的……"语言要委婉，语气要平和，这对双方都有好处。

总之，对善意的批评，不能反击，反击会造成尴尬的局面，伤害感情；也不能找借口推脱责任，或默不作声。无论采取什么方法，态度都要认真诚恳，心平气和。如果批评者没有道理，你也不应该耿耿于怀，更不应借机报复。

（五）努力钻研业务

对于涉世尚浅、经验不足的大学毕业生来说，工作中出现某些差错和失误在所难免，但这并不意味着可以理所当然地出现差错或失误。在实际工作中，应该避免差错，或将差错减少到最低限度。要想避免工作中出现差错和失误，可以从以下几个方面入手。

（1）在现任岗位上努力钻研业务，履行职责，完成领导下达的任务。大学毕业生应该明白，学历、知识不等于能力，只有把知识应用于实践，才可能转化为能力。同时，只有实现理论知识和业务实践的不断结合，才能尽快提高业务能力。

（2）加强薄弱环节。每个人都有自己的优点和缺点，而缺点往往是工作失误的主要根源。因此，在具体的工作中要注意弥补自己的缺点和不足。

（3）培养良好的职业品德，树立正确的职业理想和职业价值观。在工作中，要有敬业乐业、献身事业的精神；保持一丝不苟、精益求精的工作作风，尊重他人，团结协作。这些品德不仅是做好工作、为自己开拓未来道路的需要，而且是处理好各种人际关系的必要条件。

（六）了解优秀员工准则

对于大学生来说，适应职场还需要了解职场人应该遵守哪些职业准则。表 10-1 所示为职场中通用的优秀员工准则。

表 10-1　优秀员工准则

准则类型	具体准则
对自己单位的产品抱有极大的兴趣	对单位的产品具有寻根究底的好奇心
	始终保持对单位及产品的兴趣和热爱
	热爱并专注于自己的工作
	天下没有一劳永逸的事情，要不断自我创新

续表

准则类型	具体准则
以热情和执着打动客户	以热情和执着打动客户
	站在客户的立场为客户着想
	坚信"最完善的服务才有最完美的结果"的理念
乐于思考，让产品更贴近客户	了解并满足客户的需求
	思考如何让产品更贴近客户
与单位制定的长期目标保持一致	跟随单位的目标，把握自己努力的方向
	做一个积极主动的人
	奖金和薪水不是唯一的工作动力
	把自己融入整个团队中去
	帮助单位成功，自己才能成功
具有远见卓识，并提高专业知识和技能	对周围的事物要有高度的洞察力
	吃老本是最可怕的
	不断学习，提高自己的工作能力
	掌握新知识、新技能，以适应未来的工作
	做勇于创新的新型员工
灵活的运用那些有利于自己发展的机会	机会从来不会缺乏
	用行动创造机遇
	敢于冒险，才能抓住成功的机会
	珍惜和利用单位提供的不同工作机会
	抓住每一个展现自己的机会
学习经营管理之道，关注单位的发展	学习和懂得经营管理之道
	认定工作的价值，为单位赚取更多的利润
	树立主人翁意识，处处为单位着想
	视自己为领导，把自己的命运和单位的命运结合起来
密切关注和分析竞争对手	时刻关注本行业的发展动态
	树立正确的竞争意识，敢于竞争
	了解和分析竞争对手，才能战胜对手
	学习竞争对手，避免犯对手所犯的错误

续表

准则类型	具体准则
员工必须具备的美德	忠诚 诚实 守信 勤奋 节俭 热情 敬业 责任心
有效利用时间，用大脑去工作	善于动脑分析问题，并妥善解决问题
	有了好的想法就立即去做
	合理有效地利用时间，准时做事
	从时间手中赢得机会
	及时向单位提出合理的建议

第四节　课后思考与练习

（1）某公司总经理在招聘会上说："我们公司不需要应届毕业生！因为这些大学生骄傲自大，根本适应不了社会！"请根据本章所学的知识，说说大学生从学生转变为职场人时，有哪些常见的问题，该如何解决。

（2）阅读下面的案例，分析当事人应该如何适应职场。

大学毕业后，刘艳来到一家中型企业工作。可是没几天，她就开始不喜欢这个企业了，觉得与自己理想中的企业相差太远，好多事情都与自己设想的不一样。说管理正规吧，自己看还有好多漏洞；说不正规吧，劳动纪律抓得又太严，让自己很不舒服。于是，刘艳心态不稳，经常感到不愉快。她还经常向一个同事发牢骚，说："这个企业怎么浑身是毛病，干得真没意思。"不知怎么，刘艳的牢骚就传到了上司的耳朵里，还没等到刘艳对这个企业真正有所认识，她就被炒了鱿鱼。刚开始，刘艳还满不在乎，觉得反正自己不喜欢，走了无所谓。可是，当刘艳在求职大军中奔波了3个月后，还没找到好于这样"浑身是毛病"的企业时，她才感到有些后悔，心想如果下次再有类似的企业接纳自己，一定接受教训，好好干。

（3）阅读下面的案例，分析当事人应该如何缓解工作中的压力。

王红是个让父母骄傲的独生女，从外貌到学习都很不错，是某财经大学的应届毕业生。王红入职了某大型集团财务处，但在工作中，她常常觉得力不从心，很多看似简单的工作，却做起来很吃力，而且经常出错。除此以外，王红发现自己在大学里学到的技能根本用不到工作中去，不禁对自己的能力及专业知识产生了很大的怀疑。渐渐地，她失去了自信，甚至害怕去上班，领导一安排工作，就极度抵触。她每天都处于惶惶不安的状态，压力很大，甚至想辞职。